JN298450

地域再生と
文系産学連携

ソーシャル・キャピタル形成にむけた実態と検証

吉田 健太郎 編著
Yoshida Kentaro

Regeneration of regions and
industry-university Collaboration
in the field of humanities

同友館

はじめに

　情報技術革新とグローバル化によってもたらされた社会環境の変化と格差問題が多くの地域・地方都市を苦しめている。少子高齢化の加速と人口流出はとまらず，地域産業の衰退とともにコミュニティは崩壊寸前であり，持続可能な地域社会の「再生」への取り組みがその必要性を背景に活発化している。そうした持続可能な地域社会の修復を念頭に展開されてきた試行錯誤の取り組みの中に，文系産学連携の可能性が広がりつつある。果たして文系産学連携の取り組みが地域再生の起爆剤となり地域の救世主となりえるのだろうか。

　たとえば，地域経済の再生を目的とした商店街と大学との商学連携事業や，地域と大学との地域ブランド構築事業，地域企業と大学との連携による新商品開発や販路開拓にみられる産学連携事業など，既に多くの実践事例が全国的に多様な形で展開されている。

　しかし，その多くは実践教育あるいは社会貢献を目的とした事業の中に位置づけられ，その意義が科学的に検証されることはほとんどなかったように思う。文系産学連携の成果は，「ケーススタディ」として公刊された論文が若干見当たるものの，体系的な分析・仮説検証を行った実証研究としての成果はいまのところ驚くほど少ない。社会要請から文系産学連携に関わる政策支援が活発化し，同分野での活動が増加基調にある一方で，個別の「経験」を参考に無計画に各地域へ単に適用すればよいというわけでもない。筆者もゼミナールを母体として産学連携の実践教育を足かけ約6年間行って，経験上それなりの成果を肌感覚で感じつつも体系的な取り纏めをできないでいた。自身の反省を含め，文系産学連携の実証的研究の必要性を強く感じている。こうした問題意識が本書の執筆に取り組むきっかけとなっている。

　いわゆる「産学連携」が，地域経済の発展をもたらすのに有効な装置の一つとして注目されるようになって久しい。米国のシリコンバレー（西海岸南部）やドイツのジーンバレー（ミュンヘン郊外），フィンランドのハイテククラス

ター（オウル）のように，特定の国というよりむしろ特定地域が目覚ましい発展を持続的に遂げる中で，その現象は「地域経済と産学連携」あるいは「戦略的地域連携と企業成長」といった関係性の中から学術上の有力な理論として解き明かされてきた。

わが国では，こうした欧米地域の成功事例を華々しい「地域経済の成長戦略」としてのみ目を奪われ，理論化されたその「仕組み」を日本の商慣習・風土・制度・教育，そればかりか地域の現状との適用性を十分に検討することなく，形式的に導入しようとしてきた感が否めない。

しかし，「地域戦略」としての産学連携の本質は，本来，経済的観点からのみ，とりわけ一過性の成長戦略として語られるべきものではなく，持続可能性を前提とした社会的観点からも検討されてしかるべきである。

これまで一般に経済的観点からなさてきた産学連携の議論は理系が中心であり，「人文・社会科学系」いわゆる文系分野の産学連携はほとんど注目されることがなかったが，わが国では現実に起こる社会的課題の解決にむけた活動の中で文系分野のそれが活発化し，21世紀に入ってから本格的な「文系産学連携」の黎明期に入ったといえる。

この四半世紀もの間，わが国の地方都市を中心とする地域経済は衰退の一途を辿っており，その結果，都市機能を失い地域が財政破たんする時代へと突入した。同じ日本に生まれながら，豊かに暮らすための最低限の「機会の平等」をもはや国家が提供することが困難な時代になったと言い換えられる。本来，人間が持つ権利と尊厳すら，どこに生まれ育ったかによって規定されかねない状況になりつつあるうえに，経済発展どころか持続可能性までもが危ぶまれているのである。持続可能な地域社会の再構築を見据える形で，日本の地域の現状と向き合い，そこに活かされる「戦略」をあらためて考えてみる必要があるのではないか。

大学には，「研究・教育・社会貢献」に対する使命があることに異論を持つ大学関係者はいないだろう。大学にとって，理系・文系問わず，研究成果を還元することで社会貢献を果たすことは，研究や教育によって貢献し，社会に対

し存在価値を示すことと同様に重視されなくてはならない。大学は高等教育機関であると同時に，地域社会に存在するステークホルダーのひとつであり重要なソーシャル・キャピタル（社会関係資本）でもある。持続可能な地域社会の再構築に向けて，地域の大学，特に「人間の活動」を研究対象とする文系分野が，社会貢献として果たせる役割は，理系と同等に高まっていると捉えることができよう。

本書の狙いは，ここにある。理系にとどまらず「産学連携」に社会的要請や地域の期待は高まっているものの，「文系産学連携」の実態はおろかその有効性を示す理論的枠組みは必ずしも明らかではない。このことを解明していくことは，わが国の地域再生に大きな意味をもたらすものと考えている。

本書の内容は，具体的に文系産学連携がどのような分野で展開され，どのように奮闘しどのような結果をもたらしているのか，課題や限界はどこにあるのか，その実態の解明と文系産学連携の有効性を説明する理論的枠組みを検討するものである。ソーシャル・キャピタルをキーコンセプトに，持続可能な地域振興にむけた人づくりへ，人づくりからコミュニティの再構築への回帰を通じた文系産学連携がもたらす役割，意義そして限界を明らかにすることを試みている。こうしたことが21世紀の今日地域と大学が直面している現実そのものであり，そしてまたこれに関わる地域政策と大学などの使命と課題を示すものでもある。

最終的にこの分野の研究を発展させていくためには，文系分野の産学連携は，そもそも，どのような連携の形やプロセスが効果を生み出すのか，どのような成果を生み出すのか，持続可能な仕組みは構築可能なものなのか，仮にそうだとしたら，それはどこまで一般化できるものなのか，どのような理論的枠組みを用いることでその説明が可能なのか，評価システムの導入の可否，政策支援の範疇と射程をどのように捉えるのか，等々を検討する必要がある。本書では，こうした理論的枠組みの提示と実態の解明を2部構成によって論じている。

第1部（理論編）では主に，文系産学連携の意義，実態，仕組み，戦略，人

材育成，評価についてアンケートによる調査と理論的枠組みに適用し検討している。

　第1章では文系産学連携の意義と役割についてパットナムのソーシャル・キャピタル論を手掛かりに検討し，産学連携によって地域コミュニティを再構築する取組みにとって，ソーシャル・キャピタル論の意義は産学連携に関わる組織や個人とその関係性について横断的な分析視点を提供し，また産学連携自体の評価の基準を提示することにあることを指摘される。

　第2章では，未だ体系的な整理が行われていない日本での文系分野の産学連携における実態をアンケート調査によって明らかにし，その結果から，「大学は，社会的課題，地域課題の解決へつなぐ，橋渡し役あるいは先導役としてのソーシャル・キャピタル（社会関係資本）になる。そのための仕組み，仕掛け，評価，政策支援が重要となる」との仮説を導き出している。

　第3章では，文系分野の産学連携が抱える目標の曖昧さや評価の難しさが件数を増やす障壁となっているといった問題の背景を組織間コラボレーション（collaboration）の視点から解き明かし，非公式段階の組織間コラボレーションをワイクの組織化に基づいて検討し，プロジェクトの運営や継続に必要なマネジメントのあり方と課題を示している。

　第4章では，地域ブランド・マネジメントの視点から文系大学の役割について論じ，地域のブランド価値を共創するにあたっては，多様な主体がビジョンを共有し，平等主義的・水平的ネットワークが形成された中で，自発的にかつ協調的に協働することが望ましく，文系大学はそうした仕組みをつくるのに，最も適したポジションに立っていることを指摘される。

　第5章では，次世代のリーダーづくりと地域内循環経済の推進について検討し，大学の最も重要な役割として研究会メンバーだけでない大学を通した多方面の分野の人とのネットワークづくりと人材育成であることを強調される。

　第6章では，文系産学連携の評価と持続性のあるものにするために必要な成果測定の可能性について検討し，特に，ミッション重視や社会貢献という定量化が困難な成果を直接的成果（アウトカム）と社会的成果（インパクト）とい

う形で評価することが，重要であることを指摘される。

　第2部（実証編）では，第一部で検討した地域再生に向けた文系産学連携の理論的枠組みを実例に基づいて検証している。

　第7章では，立正大学の産・学・官（公）ならびに地域連携について，とくに経営学部の事例を中心に紹介し，立正大学の事例が持つ意義について，連携の取り組みが可能な限り個人の資質や属性を超えて組織化，制度化にむけて努力している点にあることを論じている。そのうえで，産・官・学など立場の異なる構成員が，お互いの共通する課題を，信頼関係のもとで解決するために，そのコーディネーターとして役割を果たすことが重要であることを強調する。

　第8章では，持続可能なコラボレーションとして成功している青森中央学院大学と龍谷大学のケースを取り上げ，第3章で考察した組織間コラボレーションの内容，すなわち意味づけ，行為は目的に先行する，文法の共有について検証している。検証結果から，これらのケースに共通するのが「資源」であることを指摘したうえで，コラボレーションのなかで認識され，活用されたアクターの資源が，さらなるコラボレーションへの展開へといざなうという「継続あるいは連鎖」に繋がっていく特徴を提示している。また，ソーシャル・キャピタルとしてアクターの資源をブリッジするコーディネーターがいかに重要であるかも強調する。

　第9章では，地域イノベーションを創出する具体的アプローチとして，特に「ブランド構築」の観点から産学連携における文系大学の役割を事例から考察し，立命館大学の「太秦戦国祭りプロジェクト」を例にとりあげ検証を試みている。検証結果から，新たな価値を創造するための土台となるネットワークを形成するにあたって文系大学が果たすコーディネーター的機能の役割は極めて大きく，これこそが地域イノベーションを起こすポイントになると主張する。

　第10章では，第5章で論じた次世代リーダーづくりにおける人材育成の観点から，商業者育成について産学（公）連携で持続的に活動している特に東京都墨田区の事例を中心に文系大学と地域社会との連携についてのあり方を検証している。検証結果から，経営者の経営力向上に取り組むことで，結果として

地域のリーダーとなっていることから，経営力向上のみを目的とした商業人育成を行うのではなく，地域の次世代リーダーの育成を併せ持つ仕組みによって，相乗効果が生まれることを指摘される。

　第11章では，島根県立大学産業コンテスト「MAKE DREAM」の開催の経緯及び受賞プランの実現化の事例から，学生の成長に関する効果や，地域のさまざまな主体にもたらした効果を整理しつつ，本事例が地域内の異質な人々をどのように結びつけ，潤滑油としての役割を果たしたのかについて考察している。学生への教育を契機としたビジネスプランコンテストの開催及びプランの実現化に向けた学生の熱い想いが，多様なアクターの間をつなぐ問題意識を共有する契機を作り出し，各アクターに対して新たな気づきや変化をもたらしていくことを明らかにしている。

　第12章では，第1章の中で概念整理された「人々の自発的な協調活動をもたらし社会の効率性を高めるソーシャル・キャピタル論」を手掛かりに敬和学園大学と立正大学での2つの実践事例をもとに，主に，文系産学連携がもたらすソーシャル・キャピタルの有効性を検証している。検証結果から，その有効性とは，社会環境の変化によって寸断されてしまった地域資源を紡ぎ合わせること（ネットワーク形成）であり，同時に社会的課題や地域課題の解決にむけた関係性づくり（信頼関係の構築）であり，持続可能な地域社会にむけた啓蒙（互酬性の規範）であることを明らかにしている。このことが土台となり「持続可能な地域社会の実現あるいは再生」に繋がっていく可能性を示唆する。

　第13章では，広島大学，広島経済大学，青森公立大学，青森中央学院大学，島根県立大学，信州大学，公立はこだて未来大学，同志社大学，立命館大学，京都産業大学，京都外国語大学，北海学園大学，札幌学院大学の担当者や産学連携実施者に対するインタビュー調査から得られたいくつかの事例から文系産学連携の評価について検討し，類型化することで評価の現状と課題を明らかにすることを試みている。その検証結果から，連携相手により，経済的な評価指標が比較的重要なケースもあるが，多くの事例を通して，成果として共通するのが，学生への教育効果，地域の人たちとのネットワーク，信頼関係の構築，

連携を通じて地域と学生や地域のこれまでつながりがなかったものへの橋渡しができたという点であることを解明している。今後の課題として，文系大学の産学連携の特徴であるソーシャル・キャピタルの形成によって継続的な地域活性化や他の地域へと波及させるために，プロジェクトの継続や他の地域へ波及することを目的として，定量的にもしくは定性的に表現できる部分については可視化していくことを指摘される。

　第14章では，産学連携政策のパラダイム変化を「リサーチパーク・パラダイム」から「ラーニング・リージョン・パラダイム」への変化として捉え，新たなパラダイムにおいて，ソーシャル・キャピタルの蓄積が大きな役割を担うことを信州大学経営大学院の実践事例から明らかにしている。地域振興に向けた中小企業と文系大学の戦略的地域連携を推進していくためには，地域の産学関係者が問題意識を共有し，主体的に取り組んでいくことが不可欠であることを強調したうえで，行政は，プラットホームやネットワークの構築を通じて，そのための環境づくりに徹すべきであることを示唆している。

　本書は，文系産学連携研究会での長期間にわたる議論に触発された9人のメンバーが，それぞれの視点から地域再生に向けた文系産学連携について考察し，各自の専門分野，フィールド調査や実践的な活動に基づき解明・検証した成果を書き下ろしたものである。なお，本研究は科研費・基盤研究C（研究課題番号：23530509）「地域振興に向けた文系大学と中小企業との戦略的地域連携に関する実証研究」の助成を受けたものである。

　本書の懐妊期間には3年の月日を要している。2011年4月に科研費の獲得を契機に始まった文系産学連携研究プロジェクトの到達点である。同プロジェクトの母体が文系産学連携研究会である。同プロジェクトは，本書の執筆にも加わって下さっている加藤吉則先生の強いご意志とご厚意によって誕生したと言っても過言ではない。私が立正大学に着任してまだ間もない頃，加藤先生が立正大学で自ら経営者として実践されてきた産学連携に対する「構想」と「思い」についてお話を伺い感銘を受けたことに本プロジェクトの起点がある。感

銘を受けながらも，日常の教育・研究に惚けていた私に，加藤先生はこれまで行ってきたことを研究成果としてまとめることを強く勧めて下さった。あのとき躊躇する私の背中を押して下さらなかったら，本プロジェクトも本書も生まれることはなかっただろう。加藤先生には，格別の感謝の意をこの場を借りて申し上げたい。

　本研究プロジェクトの特徴は，私の本務校である立正大学経営学部の同僚を中心とする先生方で構成されている。同じ大学の同僚ということは，当然，専門分野が異なる研究者の集まりということになる。そこに，文系産学連携の実践を行ってきた信州大学（当時）や福井県立大学（当時），島根県立大学の先生方に加わってもらった。中小企業論，地域産業政策論，まちづくり論，CSR論，企業文化論，マーケティング論，金融論，会計学など多様性と学際性色の高い特徴を持つ。年代も30代から70代まで幅広い。共通のテーマに対して異なる専門分野の多層な研究者らが議論することは，私の人生の中で得ることのできた最も刺激的で知的な経験の一部であり，私は参加者から実に多くのものを学ぶことができた。

　本書執筆者の面々に心からの謝意を表し，今後とも変わらぬご指導とご鞭撻を賜りたい。そして，私を大学教員として独り立ちできるまでに育ててくれた三井逸友先生に心からの感謝を申し上げる。三井先生には横浜国立大学大学院時代，約5年間にわたり指導教授としてご指導頂いた。三井先生とのご縁がなければ，私がそもそも大学で今のような教育・研究を実践することもなかったであろう。三井先生から受けた学恩は言い尽くせない。

　本書に取り組み始めてから，数年にわたり，われわれは実に多くの友人や同僚から激励と建設的な批判をいただいた。また，全国津々浦々，多くの地域を訪問させていただきお話しを伺わせていただいた。すべての方のお名前をここにあげることはできないが，その方々にも感謝の意を表したい。詳細は，各章の文末に記した謝辞を参照されたい。本書の出版・編集に関しては，特に同友館の佐藤文彦氏の労に負っている。記して犒いたい。

　最後に，本書が完成するまでの間，われわれ研究会一同を温かい愛情で辛抱

強く見守り支え続けてくれたすべての方々に，言葉に言い尽くせないほど感謝を申し上げたい。

※本書出版にあたっては立正大学石橋湛山記念基金より出版補助を受けている。ここに記して感謝の意を表する。

編者　吉田健太郎
2013年　年の瀬に鎌倉にて

目　次

はじめに　*iii*

第1部　理論編

第1章　文系産学連携と人材教育の視座……………………2

　I　はじめに　*2*
　II　文系産学連携台頭の背景　*4*
　III　文系産学連携におけるソーシャル・キャピタル論　*5*
　IV　ソーシャル・キャピタルを切り口とした地域コミュニティの再生　*10*
　V　おわりに　*15*

第2章　文系産学連携の実態と可能性……………………17

　I　はじめに　*17*
　II　調査の目的と概要　*18*
　III　調査結果の概要　*19*
　IV　文系産学連携の仮説　*47*

第3章　組織間コラボレーションとしての産学連携……………………53

　I　はじめに　*53*
　II　組織間コラボレーション概念　*53*

Ⅲ　組織化からみた組織間コラボレーション　*55*
　　Ⅳ　文系分野の産学連携のマネジメント　*60*
　　Ⅴ　おわりに　*64*

第4章　共創的地域ブランド・マネジメントにおける文系大学の役割 …………… *67*

　　Ⅰ　はじめに　*67*
　　Ⅱ　ブランド・マネジメントの視点　*68*
　　Ⅲ　産学連携による地域ブランド・マネジメント　*73*
　　Ⅳ　おわりに　*80*

第5章　持続可能なまちづくりと文系分野の産学連携 ………… *82*

　　Ⅰ　はじめに　*82*
　　Ⅱ　まちづくりの意義と政策の課題　*83*
　　Ⅲ　時代の地域リーダー育成のためのまちづくり研究会　*86*
　　Ⅳ　地域内経済循環の推進　*92*
　　Ⅴ　おわりに　*95*

第6章　産学連携活動の評価 ……………………………………… *98*
　　　　―持続的文系産学連携に向けての考察―

　　Ⅰ　はじめに　*98*
　　Ⅱ　評価の必要性　*99*
　　Ⅲ　産学連携における評価の現状　*101*
　　Ⅳ　非営利組織の評価　*105*
　　Ⅴ　おわりに　*111*

第2部 実証編

第7章 文系・総合大学における産・学・官（公）ならびに地域連携の取組み……116
―立正大学を中心とする事例―

- Ⅰ はじめに　116
- Ⅱ 立正大学の産・学・官（公）ならびに地域連携の取組み　117
- Ⅲ 産学官連携推進センターの設立とその機能　119
- Ⅳ 「品川（学）プロジェクト」の立ち上げ　122
- Ⅴ 立正大学と東京中小企業同友会　126
- Ⅵ 中小企業経営者による「経営総合特論」とその趣旨　129
- Ⅶ 「中小企業家劇」と中小企業問題　131
- Ⅷ 品川女性起業家交流会と経営学部　132
- Ⅸ まとめ　133

第8章 文系産学連携による組織間コラボレーションの取組み事例……137

- Ⅰ はじめに　137
- Ⅱ ケースの紹介　138
- Ⅲ 組織間コラボレーションの視点からの解釈・検証　145
- Ⅳ まとめ　149

第9章 文系産学連携による共創的地域ブランド・マネジメント　152
―実践事例からみた文系大学の役割―

- Ⅰ はじめに　152

Ⅱ　実践事例の概要紹介と検証　*153*
　　Ⅲ　まとめ　*163*

第10章　文系産学連携による商店街再生のための商業人育成 … *167*
　　　　―実践事例による検証―

　　Ⅰ　はじめに　*167*
　　Ⅱ　ソーシャル・キャピタル論からの人材育成　*168*
　　Ⅲ　地域商業の現状と文系大学の産学連携の意義　*171*
　　Ⅳ　産学連携によるソーシャル・キャピタルの強化　*175*
　　Ⅴ　むすびにかえて　*180*

第11章　大学発ビジネスプランコンテストを契機とした地域産業振興 …………………………… *187*
　　　　―「ご当地絵本」発行の事例―

　　Ⅰ　はじめに　*187*
　　Ⅱ　島根県立大学産業コンテスト「MAKE DREAM」開催までの経緯　*188*
　　Ⅲ　「ご当地絵本」プランの実現化　*193*
　　Ⅳ　事例の考察　*196*
　　Ⅴ　おわりに　*200*

第12章　文系産学連携におけるソーシャル・キャピタルの有効性 ………………………… *202*
　　　　―実践事例からの検証―

　　Ⅰ　はじめに　*202*
　　Ⅱ　実践事例の概要紹介と検証　*203*
　　Ⅲ　むすびにかえて　*217*

第13章 事例にみる文系産学連携の評価に関する現状と課題…222

Ⅰ はじめに　*222*
Ⅱ マネジメント，アカウンタビリティのための評価
　国における産学連携の評価　*223*
Ⅲ 産学連携組織における評価　*224*
Ⅳ 教育を中心とした産学連携と評価
　（広島経済大学の興動館プロジェクト）　*229*
Ⅴ 文系産学連携個別プロジェクトの評価の現状　*231*
Ⅵ おわりに　*236*

第14章 産学連携による教育研究と政策課題……………*240*
　　　―信州大学イノベーション研究・支援センターの実践からの示唆―

Ⅰ はじめに　*240*
Ⅱ 産学連携政策のパラダイム変化　*241*
Ⅲ 文系産学連携への挑戦
　〜信州大学イノベーション研究・支援センターの取組み　*243*
Ⅳ 文系産学連携推進に当たっての政策課題　*252*
Ⅴ 結びに代えて　*257*

おわりに　*261*
質問票　*265*

第1部

理論編

第1章 文系産学連携と人材教育の視座

I はじめに

　21世紀に入ってから大学が果たす役割として，教育・研究に加え，第三の使命として社会貢献の重要性が提唱されてきた。もちろん，高い教養と専門能力を有する多様な人材の輩出と，真理を追究し新たな知見を創造し，その成果をもって社会のイノベーションをもたらすことが大学の主たる使命であることは言うまでもない。しかし，これらが大学の内発的な使命であるとすれば，社会貢献という使命は社会という外部の視点から提起されているという意味で，まさに「第三の使命」なのである。大学はこの外発的な使命を果たしているか否かによって，大学の社会的存在意義が問われることになり，大学の経営にとって重要な意味を持つことになる。

　実際に，「大学が社会の要請にどう応えているか」「どのような役割を果たしているか」といった社会貢献に対する取組みが大学の質を評価する重要な要素になってきている。このことは，これまで受動的に取り組まれてきた産学連携が，社会貢献への積極的な取組みをアピールするための戦略的なポリシーとして位置づけられるという決定的な変化をもたらしている。すなわち，地域のステークホルダーと密接な連携を図りつつその一員として問題の解決に取り組むことが，大学の存在価値と評価を高める有効な施策であり，同時に大学の経営環境が厳しさを増すなかで，マーケットの動向を意識した戦略的なマネジメントが大学の活性化を図るための必須の条件となっているといえよう。

　このように考えてみると，大学が社会の一員として産学連携に取り組むという姿勢はともすれば観察者の立ち位置で取り組まれてきた産学連携のありようではなく，地域が抱える問題を自らの課題として引きうけ，当事者として主体

的に取り組まなければならず，そこに新たな仕組みが求められていることを含意している。それはこれまでの理工系大学の産学連携に多く見られる「学」の特定のシーズ（知的資源）を「産」の特定のニーズに落とし込んで問題解決を図るといったものではなく，価値観の異なる多様なアクターが主体となり，対等な立場でイノベーション（新たな成果）を共創していく仕組みである。

　一般にイノベーションは同質的な価値の共有からではなく，異なる価値の共存によってもたらされる。したがって，社会のニーズと連動した産学連携はそうした「人」を基本とするものであって，理工系のように「技術（シーズ）」の優劣だけでニーズ側から選定されるわけではない。その意味で多様なアクターの融合の培地となりイノベーションの種を育む文系分野の産学連携は，ますます重要となると考えられる。

　近年，文系産学連携は理系産学連携と比べ低コスト・低リスクでありながら，その成果やスピルオーバー（波及効果）などからも，その有用性が漠然とではあるが認識されてきている。しかしながらその活用はあまり進んでいないのが実態である。その理由の一つに文系産学連携にとってアクター間の情報交換や自発的協調活動の促進が重要であるという認識は広まっているものの，それをどのような場として実現し，協調活動へと高めていくかの決定的な答えが見つかっていないことがあげられる。

　こうした状況をふまえて，本章では人々の自発的な協調活動をもたらし社会の効率性を高める社会的要因として提起されている「ソーシャル・キャピタル論」を手がかりに文系産学連携のありようを考察する。具体的には，コミュニティの分析ツールとして広く利用されているソーシャル・キャピタル概念がどのような性格をもち，どのような要素から構成され，それが地域コミュニティの再生にどのような役割を果たす可能性を有しているのかを要約し，そのうえで，この概念が提示している社会分析の視点と論理を適用することによって，コミュニティ再生にむけた産学連携が取り組むべき課題と方法を提示することにある。

Ⅱ 文系産学連携台頭の背景

　経済のグローバル化や少子高齢化による「市場の狭隘化」,「人口減少」,「競争の激化」などは大学と地域にさまざまな深刻な問題をもたらしている。18歳人口の減少は，受験市場における大学間の競争を激化させ，私立大学にあっては志願者が大都市の大規模校に集中し，もともと大きなマーケットを持っていなかった小規模大学や地方大学に定員割れが拡がっている。「地域格差」と「規模の格差」の影響を免れない大学では，経営破綻や統廃合に追い込まれる極めて厳しい状況が続いている。地域にとっても少子高齢化による人口構成の変化はさまざまな問題を引き起こしている。経済面では若年労働力の相対的減少が新しい技術への潜在的対応力を弱め経済の成長を低下させており，社会面では年金，医療，福祉等の住民に対する基礎的なサービスの低下が地域の活力の減退をもたらしている。これらは産業の衰退や雇用機会の喪失といった経済問題にとどまらず，文化を継承し創造していく地域力を削ぐ要因となって，人々の暮らしや地域を秩序づけていた構造の維持を困難にしている。

　大学は地域に支えられている存在であり，大学が存続し続けていくためには存立の基盤である地域社会が健全であることが不可欠である。文系大学の産学連携が取組む喫緊の課題に地域再生を掲げた理由はここにある。

　地域再生に向けた産学連携とは地域の活力を作りだすための取組みであり，その活力を作りだす人々との関係性，すなわち社会構造の再構築のための仕組みということになる。

　さて持続可能な社会構造の構築というとき，維持すべき「構造」とはなにか，そしていかにすれば，これを再生することができるかを考えておく必要がある。社会構造の特質は「社会」をどのように考えるかにより異なる解釈となる。

　社会という用語は一般的には人の集まりとか人が集合し共同生活をする形態を指すが，社会学の辞書では，「人と人との間の関係・結合」とあり，それは複数の社会的行為が相互期待を媒介にして相互行為（相互作用）となり，社会

関係としてパターン化されたものといえる。これに対して「構造」は、何らかの斉一性や規則性の存在を示したものとされる。したがって社会構造と言うとき、社会を構成する人々がどのように結束されているかを示す概念として使われている。そしてその基層には人々を結束させる何らかの触媒となる意識（たとえば、帰属意識とか連帯感、あるいは社会の成員に共有されているインフォーマルな規範といった人々の緩やかな紐帯となるもの）の存在が含意されている。このように考えていくと、社会構造の再生とは社会を構造化し維持しているこれらの意識の束を元の状態に復元させることと同義となる。

　ソーシャル・キャピタル論では、このように個人の協調行動を起こさせ、人々の安定した関係性をもたらす、社会に埋め込まれた資源を「ソーシャル・キャピタル（社会関係資本）」と定義し、経済学の資本と同様に、社会全体の効率性を高め、社会を活性化させるものとしている。以下、地域社会の再生に向けた産学連携の文脈から、人々を結束させる触媒となりコミュニティの活性化をもたらすとされているソーシャル・キャピタル論の意義を考察していこう。

Ⅲ　文系産学連携におけるソーシャル・キャピタル論

1　ソーシャル・キャピタルの概念整理

　ソーシャル・キャピタルという概念は、アメリカの教育学者ハニファン（Hanifan, L.J.）が、学校をうまく機能させていくためには地域や学校におけるコミュニティの関与が重要である、という説明に使用したことから始まる。これ以降、ソーシャル・キャピタル概念は多くの研究者によって社会特性の変化を説明する概念として使われるようになる。しかしその内容をどう理解するかについては完全に一致をみているわけではない。

　たとえば、ソーシャル・キャピタルを総括的に論じたリン（Lin, N.S.）はソーシャル・キャピタルを「個人のもつ社会的ネットワークに埋め込まれた資

源,それへのアクセス,そして資源の利用が個人にもたらす便益」と定義し,またコールマン(Coleman, J.S.)はソーシャル・キャピタルを社会構造の中に埋め込まれている要素であり,個人の特定の目的や特定の行為に役立つものである,と機能の面から定義する[1]。これに対して,この概念を社会に普及させたパットナム(Putnam, R.D.)は1993年の著書において,「調整された諸活動を活発にすることによって社会の効率性を改善できる,信頼,規範,ネットワークといった社会組織の特徴」[2]と定義し,ソーシャル・キャピタルを社会に賦存するものとしている。この定義の特徴はそれまでの「私的財」と考えられていたソーシャル・キャピタルを,社会のパフォーマンスに影響を及ぼす「集合財」としてみなしていることである。パットナムがイタリアとアメリカの共同体の衰退の実証研究にソーシャル・キャピタルを使用して以来,社会の状態を測定する尺度として幅広く使われるようになっていく。

　ソーシャル・キャピタルを「capital」と呼び,他の資本と同様に扱うことに対しては異議を唱える経済学者も多いが,パットナム等は資本を「個人の効用や生産性を向上させる道具および訓練」と捉え,経済学の物的資本や人的資本と同様にこれを資本とみなしている。資本主義社会における資本とは収益を期待して生産ないしサービス過程に投じられる資源であるが,物的資本(機械設備等)が生産性を高めるため,また人的資本(教育・訓練等)は個人の能力・特性を向上させるために投じられた資源である。これと同様に,ソーシャル・キャピタルも社会的コンタクトや協調行動によって個人および集団の生産性を高めるため社会関係に投じられた資源とみなすことで「資本」であるとしている。パットナムが提唱するソーシャル・キャピタル論は,相互信頼,互酬性の規範,社会的ネットワークからなる社会関係に埋め込まれている資源であり,個人としての能力を高める人的資本とは異なり,個人やその活動を横断して持ち運べるようなものではない。社会的つながりを通じてのみアクセスすることができる公共財なのである[3]。

　パットナムのソーシャル・キャピタル論の最大の貢献は,「信頼・規範・ネットワーク」といった目に見えない資源を単体ではなく,広く社会に賦存す

る「集合財」としてキャピタライズ（可視化）し，市場で評価しにくい価値を客観的に測定可能なものとして扱えるようにしたことにあるといえよう。

2 ソーシャル・キャピタルの概念構造

　パットナム（1993）の定義では，ソーシャル・キャピタルの構成要素は「信頼・規範・ネットワーク」とされていたが，その後の2000年の著書では「個人のつながり，すなわち社会的ネットワーク，およびそこから生じる互酬性と信頼性の規範」と改められ，人々の関係性（つながり）と相互依存的な利益交換（互酬性）の意味を強めるものとなっているが，ソーシャル・キャピタルの基本的構成要素に変化は見られない[4]。構成要素を産学連携の文脈から表現すれば，「アクターの間の信頼関係」，「アクターに共有される規範」，「アクターを結合しているネットワーク」ということになり，これらの関係は信頼関係が互酬性の規範とネットワークから生まれるというように，有機的に結びついて相互に補完し強化する関係にある。これらの構成要素の性格は社会への布置状況と構成変数（たとえばネットワークの密度，紐帯の強弱，範囲の程度等）により，異なるものとなる。また，ソーシャル・キャピタルの機能は使用目的と相関であり，ネットワークの範囲やつながりの程度によって異なるタイプのソーシャル・キャピタルが形成される。

(1) 構成要素の特徴

　信頼とはコミュニティ内部における人々が共有する規範に基づいて規則を守り，誠実かつ協力的に振る舞うことへの期待である[5]。信頼が高まれば，取引相手を知るための情報費用や取引費用が軽減され，協力は円滑に進んでいく。また，協力自体が信頼を醸成していく好循環を生み出す。パットナムによれば，信頼は人々を結びつける潤滑油の働きをするものであり，親密な関係にある人への「厚い信頼」と地域における一般的な人びとに対する「薄い信頼」に分類される。「薄い信頼」のほうが個人的な知己を超えて信頼の範囲を拡げ，より広い協調活動を促進することにつながることから，ソーシャル・キャピタルの形成に役立つとしている[6]。

規範は，社会の成員が一定の状況において「何をすべきで何をすべきでないか」の行為基準である。パットナムは規範の中で互酬性を最も重視する。互酬性は相互扶助的な利益交換であり，双務的な贈与の場合には，「均衡のとれた互酬性」（誕生日プレゼントのような同じ価値品目の交換）と，一般化された互酬性（お歳暮といったすぐに見返りを求めない利他的な交換）の二つの態様がみられる。信頼すればいつかは相手からも信頼として返ってくるという確信が，当事者全員の相互信頼と連帯を強めていく可能性を保有している。ここでいう「一般化された互酬性」が自発的参加による産学連携活動等には有益であるとされる[7]。

ネットワークはソーシャル・キャピタルにとって，信頼関係や互酬性の規範が埋め込まれている重要な要素である。ネットワークは人と人のつながりであり，その強弱によって「水平型」と「垂直型」のネットワークに分類される。「水平型」は同じ地位や立場にある人々を主体として結合されたネットワークであり，「垂直型」は上司と部下といったヒエラルキーな関係にみられるような，従属的な非対称的な関係にある不平等な行為主体によって結合されたネットワークである。産学連携に自発的かつ積極的に参加を促すネットワークとしては，情報の流れや協調活動をより円滑に進めることができる水平型ネットワークが有効と考えられる[8]。

(2) ソーシャル・キャピタルの類型

パットナムはソーシャル・キャピタルを「形態」，「大きさ」，「機能」の面から幾つかのタイプに分類している。これらの中で，「結束型」と「橋渡し型」が最も基本的かつ重要なソーシャル・キャピタルであると述べ，それらがもつプラスの影響とマイナスの影響からその有効性を検討している。

「結束型」のソーシャル・キャピタルは同じ組織に属する同質的な人びとを結びつける強力な接着剤ともいうべきもので，強い絆と共通の排他的な思考によって内部の結束力を高める働きをする。これは特定の互酬性を安定させ，強い信頼関係と協力規範をもたらし，連帯と団結を強める基盤となるが，内部の結束が強すぎると外部の人々に対して閉鎖的となり，組織の硬直化につながっ

ていく(9)。

　これとは対照的に，「橋渡し型」のソーシャル・キャピタルは異なる組織の関係の薄い異質な人々を結びつける潤滑油ともいうべきもので，内部結束は弱いものの開放的で，広い範囲のつながりをもたらすことを特徴としている。外部資源との連繋や情報伝達を強化し，地域レベルの信頼関係を醸成していくことが必要な産学連携にとって，広く地域社会のすべての人々にアクセスをオープンにし，幅広い信頼と連帯をもたらす「橋渡し型」ソーシャル・キャピタルは特に重要である。

　以上，本節では持続可能な地域社会の再生という観点から，ソーシャル・キャピタルについてその構成要素の特質と，タイプの違いによる機能を考察してきた。ソーシャル・キャピタル論では，持続可能な社会とはソーシャル・キャピタルが豊かに埋め込まれている社会であり，そうした社会では地域の人々の自発的な協調行動が促進され，社会の効率性が高まり，社会活動への積極的参加によってソーシャル・キャピタルを増強し，蓄積させていく(10)。これを産学連携の文脈にあてはめれば，「ソーシャル・キャピタルが豊かであれば，地域アクターの自発的協調活動を促進し，連携事業への積極的参加をもたらし，多くのステークホルダーをアクターとして巻き込み，ソーシャル・キャピタルを拡大する原動力となって，さらなる課題解決への活力が高まっていく」となり，好循環の道筋を示すものとなる。

　しかしながら，ここには持続可能に発展していく社会組織とはどういうものであり，文系産学連携にとって如何なるソーシャル・キャピタルが有効であるかという分析の視点と，それがいかにして培養されるのか，というインプリケーションは得られても，そもそもそうした論理の初期条件となるソーシャル・キャピタルがどこから生まれるのか，そのために必要な条件は何かについては何も示されてはいない。また，ソーシャル・キャピタルの源泉である個人の人格形成に影響する社会的・文化的諸要因および波及効果についても語られていない。

　次節では，地域再生に向けた産学連携を活動のフィールドとする人材育成の

視座を獲得するという観点から，個人行動を協働に走らせる互酬性といった利他的な思考が，どこからもたらされ，どう醸成していくべきか，についてソーシャル・キャピタル論の人間モデルとの対比において考察する。

Ⅳ　ソーシャル・キャピタルを切り口とした地域コミュニティの再生

1　地域コミュニティ論とソーシャル・キャピタル

　これまでのパットナムの研究の解釈をふまえると，その研究の意義は，信頼や規範といった目に見えない市場で評価しにくい価値を客観的に可視化することで，社会態様の尺度となる公共財として提示したことにある。他方で，ソーシャル・キャピタルが諸個人の関係性のなかで非意図的に創出されるとされ，各個人に合理的に割り当てられるとしながらも，個々人の性格や役割についての記述がみられない。それはソーシャル・キャピタルを個人の行動を説明する概念として提起していないことを意味しているものと思われる。それでもパットナムがどのように人間を想定しているかは，たとえば「互酬性は相互期待を伴う交換の持続的関係」，あるいは「取引コスト（犠牲）を最小にして効率性（効用）を高める相互取引」といった記述にみられるように，ソーシャル・キャピタル論における個人が新古典派経済学のホモエコノミクス，つまり自己の利益の追求を目的として合理的に行動する人間であることは明らかである。その意味では，ソーシャル・キャピタル論は合理的行動をとる人間の非合理な側面に着目した理論である。

　このように，ソーシャル・キャピタル論がモデルとしている人間は，現実の人間（自然人）ではなく，価値中立性と規範的側面からの自由な理論を構築するために仮想された人間である。しかも，この同質化された人間を主体において社会現象が語られ，それ以外の要素はすべて捨象されたものとなっている。そこには人間と自然を分離し，無縁な対立者として対象化し，機械と同じく因果法則に支配された存在であるとする西洋的な見方を見てとることができる。

それゆえ，ソーシャル・キャピタル論で語られている社会の「豊さ」とは何か，誰にとって，どういう質のものかは見えてこない。

しかし，人は地域の中の自然や風土をはじめとして，歴史や文化などさまざまな関係を結んで生きていく存在である。このような他者との諸関係を切り離し，人間を中心にすえて諸現象を捉える見方からは，わが国の地域社会が抱えている諸問題（関係性の崩壊）にアプローチすることは難しいと思われる。したがって，地域再生というとき，地域を人間と自然等の関係性を軸にして改めて捉え直して考える必要がある。

本章では地域という表現をコミュニティの省略系として用いているが，人々が自然や風土など，さまざまな他者と関係を結んで暮らしている世界と捉えている。内山は，自然と人間が同じ時空で生き，自然と人間が一体的世界を作っていると捉えることは日本の自然観や人間観からすれば必然であり，コミュニティの特性をこのように捉えることが，コミュニティの再生を論じる際の重要な視点であると指摘する[11]。内山によれば，コミュニティは小さなコミュニティが積み重なる多層構造になっており，それらはいずれも切り離して単独では語ることはできない関係にある。なぜなら，このようなコミュニティの基層には自然と人間が結び，人間が共有世界をもって生きていた精神が存在しており，これを土台にして地域に応じたコミュニティが形づくられているからである。それゆえに，コミュニティが壊されていくというとき，それは自然と人間を結びつけ，共有世界として守りながら生きる精神（世界）が壊されていくことを意味する[12]。

このような内山の議論からコミュニティ再生のあり方を問えば，これまでのようにコミュニティの構造（形）の再現やそのサブシステムの取り換えによるものがその本質ではなく，その基層にあってコミュニティを結合している精神を再創造していくことに本質がある，ということになる。ここにはソーシャル・キャピタルを醸成し，コミュニティ機能を活性化させていくための人材教育の視点が示されている。

2 コミュニティ再生にむけた人材教育の視座

　地域コミュニティがコミュニティとして健全であるためには，その基層には暮らしている人々を結びつけ，そこに共に生きていくという精神が定着していることが必要である。パットナムのソーシャル・キャピタル論は常にソーシャル・キャピタルが豊かであることを初期条件として論理が展開されている。ソーシャル・キャピタルが希薄であり，あるいは存在しない場合に，それをどう醸成するかは述べられていない。ソーシャル・キャピタルは関係財であるから，それが希薄であるということはそもそもその社会の成員の互酬性という利他的精神を有していないことになるが，そうではなく，それらの個々人への賦存状態（質と量）に差が大きくなったため，それまでその差を埋め共振作用をもたらしていた「通底奏音」[13]が機能停止の状態となっているからとも考えることができる。そう考えるならば，パットナムの研究はアメリカ社会を成り立たせていた個人主義（利己心に基づく合理性）の行き過ぎが，個々人の価値観に温度差をもたらし，「通底奏音」が機能停止の状態となってきたことへの警鐘ともいえるであろう。

　とはいえ，パットナムのソーシャル・キャピタル論では，この「通底奏音」となる精神について言及することなしにコミュニティの市民度の比較分析が行われている。コミュニティはそれぞれ独自の文化と伝統を持ち，自然・風土・歴史が埋め込まれた個性的存在であるから，それぞれの基層をなしている精神は同じではない。したがって，コミュニティを理解するためには，人間，自然，社会といった世界に関するその土地固有のものの見方，世界観を知ることが重要となる。世界観とは何か大げさな響きもあるが，誰もが持っている身体に埋め込まれた無意識のモノの見方ともいうべきもので，この無意識の世界観に支配されて人々は日常の行動をとっているものである。これはどこからもたらされるのであろうか。

　風土と自然の関係を研究してきた鈴木（1978）は，世界観を創っていくのは人間と自然環境との配置関係であるとして，森林の環境からは「円環的世界

観（東洋的思想）」と砂漠の世界からは「直線的世界観（西洋的思想）」に分類した。砂漠の世界では，草も木もなく，動物の屍もただ骨を残すだけで何かを生み出すことはない。始まりから終末へ向かって一直線に進むという西洋の直線的世界観を創りだす。これに対して，高温で多湿な森林地帯では，動物の屍は土に還り，木の芽が芽吹き，新たな生命へとつながっていくように，初めもなく終わりもなく永遠に流転を繰り返していく。それが円環的思想，仏教の輪廻転生という世界観を創りだしていく。西洋的思想が自然を驚異とし，征服するものと捉えるのに対して，東洋的思想は，人間も自然の一構成員とみなし，またこの世に生きとして生きるもの全てが互いに関係し合いながら共生していく存在として捉える。すなわち，この世界観のもとでは，自然界であれ，人間界であれ，あらゆる現象（存在）は単独では存在しえず，すべてが関係性の上に現象する。それゆえ，他との関係から切り離された永遠不変の実在は存在しない。人は他者との関係的な世界を通じて個人が形成され，他者とのさまざまな関係を身体化しながら自己の視点を構築していく存在であるが，自己と他者の立場を同一視する思想は，仏教で自他不二（他人の中に自分を見て自分の中に他人を見る）の思想として説かれており，自他融合の中で互酬性といった利他性が醸成されるとする視点が示されている。

　この世の事象はさまざまな要素が網の目のように互いに相関しあう存在であり，その存在自体や性質は（因果的にせよ，非因果的にせよ）関係性の上に成り立つという東洋的世界観からは身の回りで起きているさまざまな問題，たとえば，家族制度の崩壊，地縁関係の弱体化，無縁化の進行，里山の崩壊とそれに起因する野生動物の食害など，すべては人と人，自然と人間，社会と人間など，それまでのバランスがとれていた自然的・社会的・心理的要因の関係の崩壊に起因するものとなる。したがって，文系産学連携による地域コミュニティの再生とは疲弊した地域の活力を作りだすための活動であり，その活力を作りだして関係性を再構築する取組みと言うことができる。文系産学連携は価値観の異なる多様なアクターが主体となり対等な立場でイノベーションを共創していく活動である。

共創とは，読んで字の如く「共に創る」ということを意味する。「独創」が他には真似できない才能や資質に基づく発想のユニークさに裏付けられる営為であるがゆえに，「個人」や「限定された小さな組織」など，周囲から隔離された状況のなかで独自の着想を頼りに創られていくのに対し，「共創」は「共感し，協力し合いながら創ること」が基本である。そのため，共創には「独立した状態」ではなく，常に周囲と共鳴し合った状態が必要不可欠となる。その前提には，「異質な人たちとの協働」「お互いの意見や立場を了解し合う土壌」「ミッションを共有し高い信頼関係」が存在していなければならない。異質な人が混ざり合わないとカオスは生じないし，カオスが生じなければそこに何らの化学変化（イノベーション）も起こらず，新しい価値も創られることはないからである。異質な人々の共創であるからこそ，同質では見えてこない新しい価値を創発することも可能となる。そのためには共創的産学連携のフィールドは異質や多様性を許容する自由でオープンなインタラクティブな場であることが必要となる。

　それゆえ産学連携を活動のフィールドとする人は，他者との関わりの中で多様性を理解し，他者と円滑に関わっていくために，自らを前向きに律する姿勢，他者の喜びや悲しみを想像し共有できる感受性，そして人間としての教養を有する人材である。共創の世界では専門的知識や技術など，どんな力を持っていたとしても，自分のことだけを考える人を実力者とはみなさないであろう。自分と周りの人のことを考え，その考えを行動に移すことのできる人であってこそ，異なる価値観が共存する連携活動の円滑な推進が可能となる。したがって，このような共創的精神を「個人」に賦存すべきソーシャル・キャピタルとして涵養する教育を行い，それらを産学連携やボランティア活動，あるいはインターンシップなどを通じて暗黙知として身体化していく教育を実践していくことが社会貢献を第三の使命とする大学にとっては不可欠となる。

第1章　文系産学連携と人材教育の視座　　*15*

V　おわりに

　本章では，文系産学連携によって地域の再構築はどのようにして可能となるのか，そもそも地域とは何か，求めている豊かさとはどのようなものか，その再生にとって必要な条件はどのようなものか，そこで大学教育はどのような役割を果たすことになるのか，をパットナムのソーシャル・キャピタル論を手掛かりに検討してきた。

　パットナムのソーシャル・キャピタル論の貢献は，信頼や規範といった目に見えない資源を広く社会に賦存する集合財として可視化し，市場では評価しにくい価値を客観的に測定可能なものとして扱えるようにしたことである。

　産学連携によって地域コミュニティを再構築する取組みにとって，ソーシャル・キャピタル論の意義は産学連携に関わる組織や個人とその関係性について横断的な分析視点を提供し，また産学連携自体の評価の基準を提示することにあるものと思われる。すなわち，地域コミュニティを再構築する取組みは，まずそこにおけるソーシャル・キャピタルの賦存状況を調査し，当該コミュニティの現況を把握することで，再構築に必要な条件や，とるべき方法を策定することを可能とする。その産学連携自体も連携目的にとって有効とみなされるタイプのソーシャル・キャピタルを醸成することで，効率的な活動が可能となりえる。また，同時に客観的な基準に基づいた連携成果の検証が可能となろう。

　しかし他方では，ソーシャル・キャピタルが求めている豊かさとはどういうものか，ソーシャル・キャピタルはどのように培養され，蓄積されるかは明らかにされていない。しかもコミュニティの豊さを語る関数であるはずの，コミュニティの個性（自然，風土，文化などが歴史を経て蓄積された個性的存在）についての検討もなく，したがってそこに暮らす人びとが，どのようなその土地固有の精神性を共有しているかについての考察も省かれている。本章は，これらソーシャル・キャピタル論において抜け落ちている問題こそが，地域再生にむけた産学連携を考える際の本質的問題であると捉えて，その方法論的な考察を試みたものである。

(注)

(1) Lin（1990）；邦訳（2008）p.71
(2) Putnam（1993）；邦訳（2001）pp.206-207
(3) Putnam（2000）；邦訳（2006）p.16
(4) 同上書，p.14
(5) Fukuyama（1995）；邦訳　1996）p.63
(6) Putnam（2000）；邦訳（2006）p.159
(7) Putnam（1993）；邦訳（2001）pp.213-214
(8) 同上書，p.215
(9) Putnam（2000）；邦訳（2006）p.17
(10) Putnam（1993）；邦訳（2001）p.220
(11) 内山（2012）p.42
(12) 同上書，p.32
(13) バロック音楽において伴奏部を支え補いながら常に底流に流れている低音旋律のこととされているが，ここではその比喩的表現として，表面に現れずに心の底流にあって人びとに共鳴作用をもたらしているもの，の意味で使用している。

【参考文献】

Coleman, J.S. (1990) *Foundations of Social Theory*, Harvard University Press.（久慈利武監訳『社会理論の基礎（上）』青木書店，2004年）

Francis, F. (1995) *International Creative Management*, New York, Tuttle-Mori Agency, Ink, Tokyo.（加藤　寛訳『「信」無くば立たず』三笠書房，1996年）

Lin, N. (2001) Social Capital: *A Theory of Social Structure and Action*, Cambridge University Press.（筒井敦也・石田光規・桜井政成・三輪哲・土岐千賀子訳『ソーシャル・キャピタル：社会構造と行為の理論』ミネルヴァ書房，2008年）

Putnam, R.D. (1993) *Making Democracy Work: Civic Traditions in Modern Italy*, Princeton University Press.（河田潤一訳『哲学する民主主義―伝統と改革の市民的構造』NTT出版，2001年）

Putnam, R.D. (2000) *Bowling Alone: The Collapse and Revival of American Community*, New York; Simon & Schuster.（柴内康文訳『孤独なボウリング：米国コミュニティの崩壊と再生』柏書房，2006年）

内山　節（2012）『共同体の基礎理論』農文協
鈴木秀夫（1978）『森林思考・砂漠の思考』日本放送出版会

（加藤　吉則）

第2章 文系産学連携の実態と可能性

I はじめに

　世界各国では現在，産学連携の活動が急速に進み，そのことが地域経済の持続的な発展に繋がっている。特に，諸外国では，理系と文系の垣根を越えた仕組みの中で，大学が持つ文系機能や地域における社会科学分野の支援[1]が大学の理系機能を十分に引き出すことで，産学におけるシナジー効果を生み出し，功を奏す事例も少なからず観察できる[2]。他方で，わが国では産学連携の活動は理系分野に限ったものが大半を占める。国や自治体の産学連携に対する政策支援は，全体的な傾向からみると，理系に対する産学連携支援の方が多かったように思われる。事実，現状ではわが国の産学連携の実績は，理系中心のものとなっている。

　欧米ほどの成果には至っていないかもしれないが，最近ではわが国でも，欧米の事例を範として，文理融合の産学連携によって少しずつ成果を上げる大学が出始めている[3]。一方では，持続可能性すら危ぶまれる状況に置かれている地域がわが国の各地には存在し，そうした地域では，懸命に地域や地場企業，そして大学が時代の変化に適応する形で生き残ろうとする過程の中で，試行錯誤の結果，文系分野での産学連携が行われてきた実態もある。筆者も，その実践者のひとりである。

　このように日本での文系分野の産学連携における実態というものは，まさに黎明期にあり，必ずしも体系的な整理が行われているわけではない。今回その実態を把握すべく，さまざまな手法で資料収集に奔走したが，大学の文系分野で行われている全国レベルでの産学連携の全体像，ならびに個別事例の実態の蓄積を体系的に把握することはできなかった。

こうした背景のもと，日本の文系産学連携の実態を体系的に把握すべく，今回のアンケート調査の設計を行った。

本章では，本アンケート調査の結果を紹介しながら，文系分野の産学連携の実態像を明かにしていく。ここで得られたデータから，本書における仮説を導き出す。これを手掛かりにしながら第2部では定性的手法によって事例分析を進め仮説検証を試みる。

II 調査の目的と概要

1 調査の目的

本アンケート調査[4]の目的は，第一に，「文系産学連携事業の実施状況」を主に産学連携事業の窓口となる担当者に質問し，全国の文系分野の大学における産学連携が，現状どのような領域でどのような形でどの程度実施されているのか，その動向の把握と全体像の整理を行うことにある。第二に，主に産学連携事業の実施担当者に対し「事業を始めるに至った契機」，「産学連携における目的・成果・課題」，「産学連携事業の実際の運営方法と役割」などを質問し，各教員や研究室などで個別に実施されている文系大学の産学連携が実際に現場では，どのような分野において，どのような仕組みと方法によって展開されているのか，そこからどのような成果を生み出しているのか，その実態を明らかにすることを目的としている。

2 調査の概要

本アンケート調査の概要は以下の図表2-1のとおりである。

第2章　文系産学連携の実態と可能性　　19

図表2-1　アンケート調査概要

件名	大学文系分野における産学連携の取組みの実態に関するアンケート調査
実施期間	2012年5月～7月
調査対象	全国の文系学部を持つ国立・公立・私立の大学・大学院
回答者	文系分野産学連携事業の窓口となる担当者，及び，産学連携事業の実施担当者
実施方法	郵送調査
発送数	618通
有効回答数	169サンプル
回収率	27.30%

（出所）筆者作成

　上述の調査目的を踏まえ，調査対象が全国にその範囲が及ぶこと，質問の量が比較的多くなることなどの理由から，実施方法としては「郵送調査」を選択した。今回のアンケート調査の対象となる「大学文系分野」は，文部科学省がホームページ上で公表する大学一覧（国公立・公立・私立別）をもとに，『大学ランキング』朝日新聞出版（2012年）の「日本の大学750校完全ガイド」と各大学のホームページ上の公開情報などを基礎情報として選定した[5]。質問票の設計は，2012年2月～4月にかけて，研究会において数回にわたり議論を行ったうえで作成し，アンケート票は各調査対象機関へ翌月5月上旬に配布した。3ヶ月後に督促・回収ならびに集計作業を行い[6]，169サンプル（回収率27%）の有効回答を得ることができた。

Ⅲ　調査結果の概要

1　文系分野における産学連携事業の動向

(1) 文系分野における産学連携事業の実施割合と傾向

　まず，人文・社会科学系領域で展開される文系型の産学連携（以下「文系産学連携」という）の実施の有無については，本調査に回答した大学の約半数

図表 2-2　文系産学連携事業実施の有無
（回答者：実施校・窓口担当，実施担当。非実施校のすべて）

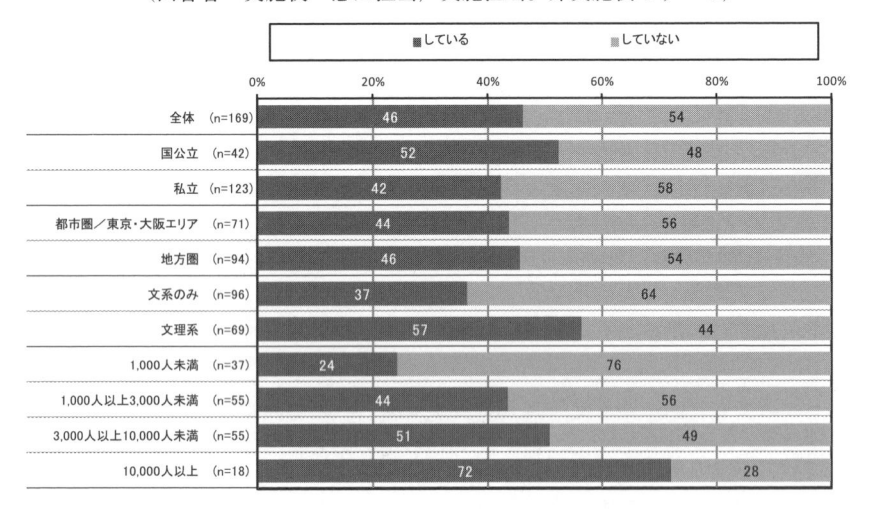

	している	していない
全体 (n=169)	46	54
国公立 (n=42)	52	48
私立 (n=123)	42	58
都市圏／東京・大阪エリア (n=71)	44	56
地方圏 (n=94)	46	54
文系のみ (n=96)	37	64
文理系 (n=69)	57	44
1,000人未満 (n=37)	24	76
1,000人以上3,000人未満 (n=55)	44	56
3,000人以上10,000人未満 (n=55)	51	49
10,000人以上 (n=18)	72	28

（46％）が連携事業を実施していると回答している（図表2-2参照）。56％が10年以内に開始しており，文系産学連携は近年に本格化しつつある比較的新しい取組みであることがうかがえる（図表2-3参照）。

図表2-2は，今回の回答校全体の中で以下の4つの分析軸に分類し，文系産学連携の有無を示す回答結果である。分析軸としては，①設立形態別：【国公立】or【私立】，②地域別：【東京・大阪圏の都市部にある大学】or【都市部以外の地域の大学】，③学部構成別：【文系学部のみで構成される文系単科大学】or【文理系双方の学部で構成される総合大学】，④大学規模別：【学生数1,000人未満】or【1,000人以上3,000人未満】or【3,000人以上10,000人未満】or【10,000以上】，の4つである。

上記分析軸に基づく結果から，私立（42％）より国公立（52％），文系単科大学（37％）より総合大学における実施（57％）が上回っていることが分かる。また，地域別で見ると，都市圏より地方圏の方が実施率は高く，規模別でみると大学規模が大きくなるほど，実施割合が高い傾向にある。全体的には，文理系双方の機能を併せ持った総合大学で学生数規模が大きい大学は，文系産

第2章　文系産学連携の実態と可能性　*21*

図表2-3　文系産学連の開始時期
（回答者：実施校・窓口担当）

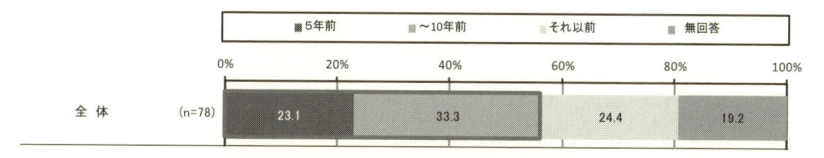

	～5年前	～10年前	それ以前	無回答
全体 (n=78)	23.1	33.3	24.4	19.2

図表2-4　文系産学連携の進捗状況
（回答者：実施校・実施担当）

	計画段階	実行段階	チェック段階	改善段階	その他	無回答
全体 (n=78)	16.3	48.7	12.8	9.0	5.1	7.7

学連携を実施する傾向にあることが分かる。

(2) 文系産学連携の進捗段階

　各大学の実施担当者に現在実施している文系産学連携が，①【計画段階：共通意識が形成され，全体の目標やビジョンが明確化する】，②【実行段階：構造や制度を整えながら活動を実施する】，③【チェック段階：運営の評価や改善が可能になる】，④【改善段階：課題や目標が深化する】の4つ中でどの段階に達しているのかその位置づけ（進捗）を評価してもらうと，②【実行段階】という回答が49％と約半数を占める（図表2-4参照）。

　残りの半数は，①【計画段階】（17％），②【チェック段階】（13％），③【改善段階】（9％）に分散しており，全体としては前半プロセスの段階にある大学が大勢を占める。

　図表2-5は，これを分析軸別に整理したものであるが，相対的にみたときに私立より国公立大学，地方圏より都市圏大学，文系単科より総合大学，小規模よりも大規模大学がそれぞれ一歩先の段階へ進んでいることが分かる。先ほどの開始時期の結果も踏まえると，文系産学連携の事業の発展プロセスは，年度単位でただちに成果が出るものではなく，計画から改善に至るまでのプロセス

図表2-5 分析軸別産学連携の進捗状況
（回答者：実施校・実施担当）

	国公立	私立	都市圏	地方圏	文系のみ	文理系	1000人未満	3000人以上1000人未満	満13000人未満	上1000人以
	(n=22)	(n=52)	(n=31)	(n=43)	(n=35)	(n=39)	(n=9)	(n=24)	(n=28)	(n=13)
計画段階	9	21	13	21	26	10	33	21	14	8
実行段階	55	44	42	51	34	59	56	46	43	54
チェック段階	14	12	23	5	14	10	-	13	14	15
改善段階	9	10	13	7	9	10	11	4	11	15
その他	9	4	3	7	6	5	-	4	11	-
無回答	5	10	7	9	11	5	-	13	7	8

には複数年度以上の長期スパンを必要とするのかもしれない。

(3) 実施動向（増減傾向）

　図表2-6は，産学連携事業全体（理系を含む）の中で文系産学連携の割合が3年前と比較した増減の変化があった大学の割合を示したものである。

　これをみていくと全体で37％の回答校において文系産学連携が増加している。横ばいが55％であり，減少は1％にとどまり，近年において産学連携の文系産学連携に取り組む割合は増加基調にあることが分かる。細かく分析軸別にみると，ここ数年の動向においては，大規模よりは小規模，文系単科大学より総合大学，都市圏より地方圏，私立より国公立の方が増加傾向にある。

　なお，今回の調査で，全体の理系を含む産学連携の中に占める文系分野の事業数割合（実施校回答）は，現状，平均で3割強程度であり，実施校では文理系分野双方を行う大学が少なくないことが分かる。

(4) 実施動向（重要度・投資意向）

　次に，文系産学連携の導入・展開を「かなり重要」と回答する大学が51％

図表 2-6　文系産学連携の増加割合
（回答者：実施校・窓口担当）

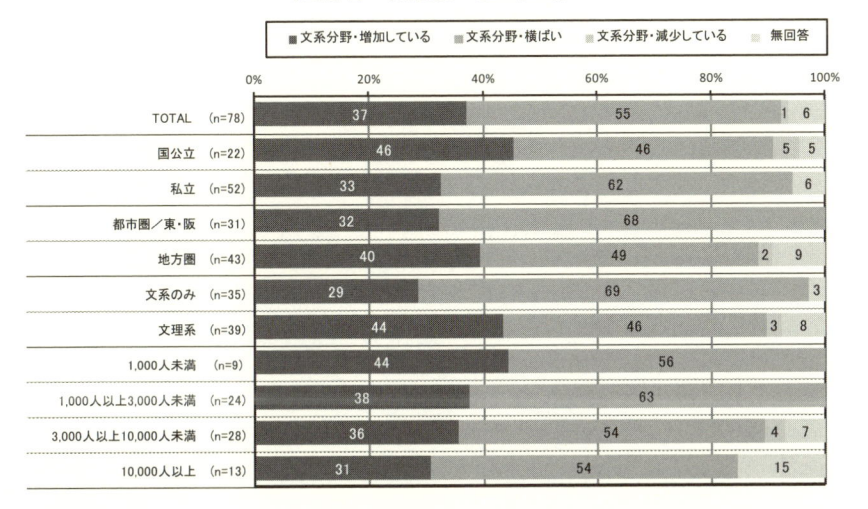

凡例：■文系分野・増加している　文系分野・横ばい　文系分野・減少している　無回答

区分	文系分野・増加している	横ばい	減少している	無回答
TOTAL (n=78)	37	55	1	6
国公立 (n=22)	46	46	5	5
私立 (n=52)	33	62		6
都市圏／東・阪 (n=31)	32	68		
地方圏 (n=43)	40	49	2	9
文系のみ (n=35)	29	69		3
文理系 (n=39)	44	46	3	8
1,000人未満 (n=9)	44	56		
1,000人以上3,000人未満 (n=24)	38	63		
3,000人以上10,000人未満 (n=28)	36	54	4	7
10,000人以上 (n=13)	31	54		15

と半数を超える。「かなり重要」と「重要」との合計は9割を超え，導入・展開に関して重要視している大学は極めて多い（図表2-7参照）。

図表2-7は，文系産学連携の実施担当窓口が回答したものであるが，実際の事業実施担当者（教員や研究室等）の回答結果も，同様に，「導入・展開」を重視していた。なお，現在文系産学連携を実施していない非実施校においても，「今後展開したい」と回答する大学が半数以上あり，関心の高さがうかがえる。

今後の文系産学連携に対する予算措置・組織づくり・人員配置に関して，「行いたい」と考えている大学は7割以上であり，投資意向も高いと言える。

分析軸別に見てみると，国公立，私立の間には，産学連携の重要性，展開意向について大差はないが，投資意向には差が見られ，ここでも国公立校が私立に比べ意欲的である。文系産学連携に対する政策的プライオリティが増しつつある兆候が垣間みられる。文系単科，総合大学でみると，総合大学は文系単科に比べて投資に対する意欲が高くなっている（図表2-8参照）。

図表2-7　文系産学連携の導入・展開の重要度
（回答者：実施校・窓口担当）

凡例：■かなり重要　■やや重要　■どちらともいえない　■あまり重要ではない　■全く重要ではない　無回答

区分	かなり重要	やや重要	どちらともいえない	あまり重要ではない	全く重要ではない	無回答
全体 (n=78)	51	42	5	1		
国公立 (n=22)	64	32	5			
私立 (n=52)	50	42	6	2		
都市圏 (n=31)	52	42	7			
地方圏 (n=43)	56	37	5	2		
文系のみ (n=35)	37	51	9	3		
文理系 (n=39)	69	28	3			
1,000人未満 (n=9)	44	44	11			
1,000人以上3,000人未満 (n=24)	54	33	13			
3,000人以上10,000人未満 (n=28)	50	46	4			
10,000人以上 (n=13)	69	31				

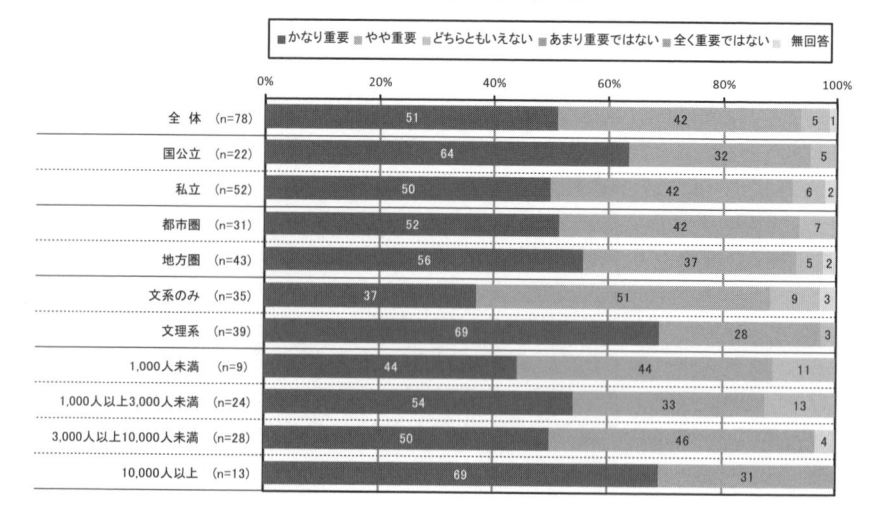

図表2-8　文系産学連携への投資意向
（回答者：実施校・窓口担当）

凡例：■ぜひ行いたい　■まあ行いたい　■どちらともいえない　■あまり行いたくない　■全く行いたくない　無回答

区分	ぜひ行いたい	まあ行いたい	どちらともいえない	あまり行いたくない	全く行いたくない	無回答
全体 (n=78)	36	35	27	3		
国公立 (n=22)	59	32	9			
私立 (n=52)	29	37	33	2		
都市圏 (n=31)	42	32	26			
地方圏 (n=43)	35	37	26	2		
文系のみ (n=35)	23	34	40	3		
文理系 (n=39)	51	36	13			
1,000人未満 (n=9)	22	22	56			
1,000人以上3,000人未満 (n=24)	33	42	25			
3,000人以上10,000人未満 (n=28)	46	36	14	4		
10,000人以上 (n=13)	39	31	31			

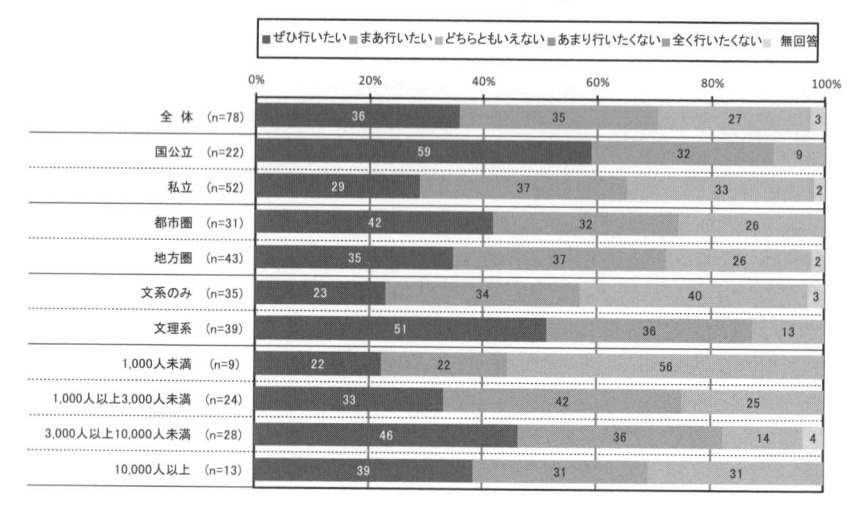

2 文系産学連携の仕組み（体制・主体・分野・相手・内容）

(1) 文系産学連携の体制と主体

図表2-9は，産学連携を実施している大学に対して，産学連携を統括する部署と専任スタッフの有無を聞いたものであるが，文系産学連携実施校のうち78％が統括部署を持ち，71％に専任スタッフを配置している。

分析軸別にみると，国公立大学は統括部署，専任スタッフの配置の点で私立より充実しており，総合大学においても統括部署・専任スタッフの配置割合は高いことが分かる。また，規模拡大に応じて配置率が高まる傾向がある。すなわち，現状においては「大規模・国公立・総合大学」ほど，専門部署，スタッフの配置率が多く，産学連携を実施するためのインフラが整備されているといえる。

図表2-10は，文系産学連携を実施している主体についての調査結果である

図表2-9　産学連携統括部署/専任スタッフの有無
（回答者：実施校・窓口担当）

	統括する公式組織・有	統括する公式組織・無	専任スタッフ・有	専任スタッフ・無
TOTAL (n=78)	78	22	71	30
国公立 (n=22)	96	5	91	9
私立 (n=52)	75	25	64	37
都市圏／東・阪 (n=31)	77	23	74	26
地方圏 (n=43)	84	16	70	30
文系のみ (n=35)	71	29	63	37
文理系 (n=39)	90	10	80	21
1,000人未満 (n=9)	78	22	56	44
1,000人以上3,000人未満 (n=24)	71	29	58	42
3,000人以上10,000人未満 (n=28)	86	14	79	21
10,000人以上 (n=13)	92	8	92	8

図表2-10　文系産学連携実施主体
(回答者：実施校・窓口担当)

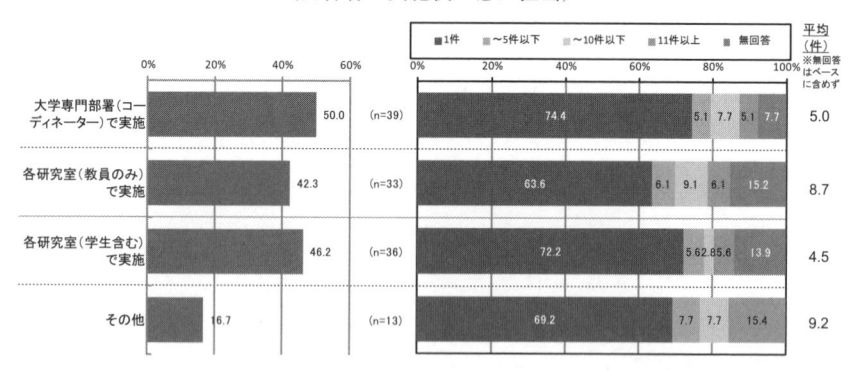

実施主体	実施率(%)	n	1件(%)	～5件以下(%)	～10件以下(%)	11件以上(%)	無回答(%)	平均(件)※無回答はベースに含めず
大学専門部署(コーディネーター)で実施	50.0	39	74.4	5.1	7.7	5.1	7.7	5.0
各研究室(教員のみ)で実施	42.3	33	63.6	6.1	9.1	6.1	15.2	8.7
各研究室(学生含む)で実施	46.2	36	72.2	5.6	2.8	5.6	13.9	4.5
その他	16.7	13	69.2		7.7	7.7	15.4	9.2

が，「大学専門部署（コーディネーター）」が50％，「各研究室（教員のみ）」が42％，「各研究室（学生含む）」が46％とほぼ均等に分散している。

さらに，大学規模別に細かくみていくと，1,000人未満の小規模大学では，大学専門部署が実施するケースが多く，大学規模が大きくなるにつれて，各研究室が独自に連携事業を実施する傾向がある。学生を含む研究室の連携事業は，特に10,000人規模の比較的学生数の多い大学に実施傾向がうかがえる（図表2-11参照）。

次に，予算の獲得者の観点から実施主体を見てみると，予算獲得者が「大学専門部署」が39％，「大学研究室」が22％と，連携相手より大学側の資金調達が半数以上を占めている。資金調達，出資面では，企業，自治体などの連携相手より大学が産学連携のイニシアティブをとっている傾向が見てとれる（図表2-12参照）[7]。

分析軸別では，大学内での出資主体を見ると，私立は「大学専門部署」（48％）が最も多いが，国公立では，「大学研究室」（32％）が大きなウェイトを占めている。小サンプルながら1,000人未満規模校では，「企業」による資金調達の割合が高い（33％）。

図表2-13は，実施担当者に対し，産学連携において「リーダーシップを取っ

第2章 文系産学連携の実態と可能性

図表2-11 分析軸別連携実施主体
(回答者：実施校・窓口担当)

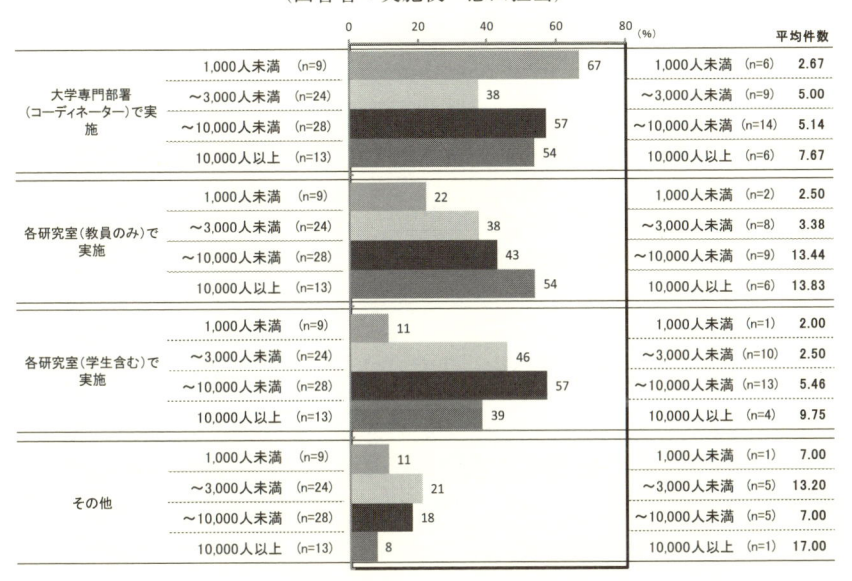

実施主体	区分	割合(%)	区分	平均件数
大学専門部署(コーディネーター)で実施	1,000人未満 (n=9)	67	1,000人未満 (n=6)	2.67
	～3,000人未満 (n=24)	38	～3,000人未満 (n=9)	5.00
	～10,000人未満 (n=28)	57	～10,000人未満 (n=14)	5.14
	10,000人以上 (n=13)	54	10,000人以上 (n=6)	7.67
各研究室(教員のみ)で実施	1,000人未満 (n=9)	22	1,000人未満 (n=2)	2.50
	～3,000人未満 (n=24)	38	～3,000人未満 (n=8)	3.38
	～10,000人未満 (n=28)	43	～10,000人未満 (n=9)	13.44
	10,000人以上 (n=13)	54	10,000人以上 (n=6)	13.83
各研究室(学生含む)で実施	1,000人未満 (n=9)	11	1,000人未満 (n=1)	2.00
	～3,000人未満 (n=24)	46	～3,000人未満 (n=10)	2.50
	～10,000人未満 (n=28)	57	～10,000人未満 (n=13)	5.46
	10,000人以上 (n=13)	39	10,000人以上 (n=4)	9.75
その他	1,000人未満 (n=9)	11	1,000人未満 (n=1)	7.00
	～3,000人未満 (n=24)	21	～3,000人未満 (n=5)	13.20
	～10,000人未満 (n=28)	18	～10,000人未満 (n=5)	7.00
	10,000人以上 (n=13)	8	10,000人以上 (n=1)	17.00

図表2-12 分析軸別予算獲得者
(回答者：実施校・実施担当)

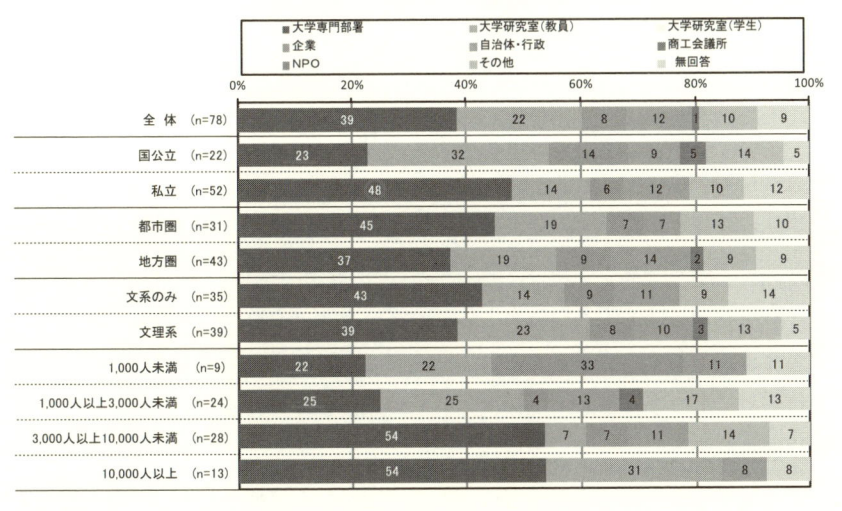

凡例：大学専門部署／大学研究室(教員)／大学研究室(学生)／企業／自治体・行政／商工会議所／NPO／その他／無回答

区分	大学専門部署	大学研究室(教員)	大学研究室(学生)	企業	自治体・行政	商工会議所	NPO	その他	無回答
全体 (n=78)	39	22		8	12	1		10	9
国公立 (n=22)	23	32		14	9	5		14	5
私立 (n=52)	48			14	6	12		10	12
都市圏 (n=31)	45			19	7			13	10
地方圏 (n=43)	37			19		14	2	9	9
文系のみ (n=35)	43			14	9	11		9	14
文理系 (n=39)	39			23			3	13	5
1,000人未満 (n=9)	22	22			33			11	11
1,000人以上3,000人未満 (n=24)	25	25		4	13	4			13
3,000人以上10,000人未満 (n=28)	54			7	7	11		14	7
10,000人以上 (n=13)	54				31			8	8

図表2-13 現状のリーダーシップ者
（回答者：実施校・実施担当）

凡例：■大学専門部署　■大学研究室（教員）　■大学研究室（学生）　■企業　■自治体・行政　■商工会議所　■NPO　■その他　■無回答

区分	大学専門部署	大学研究室(教員)	大学研究室(学生)	企業	自治体・行政	商工会議所	NPO	その他	無回答
全体 (n=78)	30	45		6	3			9	8
国公立 (n=22)	36	36		5	5			14	5
私立 (n=52)	29	44		8	2			8	10
都市圏 (n=31)	36	42		7				13	3
地方圏 (n=43)	28	42		7	3			8	12
文系のみ (n=35)	37	34		6				11	11
文理系 (n=39)	26	49		8	5			8	5
1,000人未満 (n=9)	56	33							11
1,000人以上3,000人未満 (n=24)	21	42		4	8			17	8
3,000人以上10,000人未満 (n=28)	32	43		11				7	7
10,000人以上 (n=13)	31	46		8				8	8

ているのは誰か」をたずねた回答結果である。「大学研究室（教員）」が45%と最大であり，「大学専門部署」30%がこれに続き，大学側がリーダーシップを発揮するケースが圧倒的に多い。

表の添付は紙面の関係上割愛するが，「産学連携をうまく機能させるために誰がリーダーシップをとるべきか」という「理想」を問う質問に対しては，「大学専門部署」が54%と最も多く挙げられた「大学研究室（教員）」が23%とこれに続いた。

現状，理想と現実ともに企業，自治体などの連携相手よりは大学がリーダーシップを発揮すべきとの声は一致するが，「研究室（教員）」がリーダーシップをとる現状から「大学専門部署」にリーダーシップを取ってもらいたいという理想と現実のギャップが見てとれる。実際の運営は教員主導のまま産学連携の取組みやインフラ整備が増加傾向にある現状がよみとれる。

(2) 連携分野

次に，実施校の統括部署の窓口担当者が回答した連携を行っている分野をみ

図表2-14　文系産学連携の連携分野
（回答者：実施校・窓口担当）

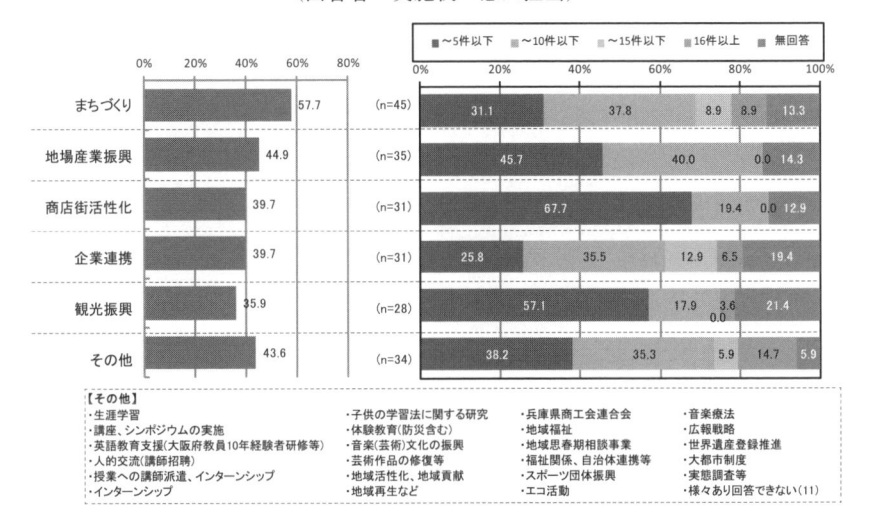

凡例：～5件以下　～10件以下　～15件以下　16件以上　無回答

分野	実施率(%)	n	～5件以下	～10件以下	～15件以下	16件以上	無回答
まちづくり	57.7	45	31.1	37.8	8.9	8.9	13.3
地場産業振興	44.9	35	45.7	40.0	0.0	0.0	14.3
商店街活性化	39.7	31	67.7	19.4	0.0	0.0	12.9
企業連携	39.7	31	25.8	35.5	12.9	6.5	19.4
観光振興	35.9	28	57.1	17.9	3.6	0.0	21.4
その他	43.6	34	38.2	35.3	5.9	14.7	5.9

【その他】
・生涯学習　・子供の学習法に関する研究　・兵庫県商工会連合会　・音楽療法
・講産、シンポジウムの実施　・体験教育(防災含む)　・地域福祉　・広報戦略
・英語教育支援(大阪府教員10年経験者研修等)　・音楽(芸術)文化の振興　・地域思春期相談事業　・世界遺産登録推進
・人的交流(講師招聘)　・芸術作品の修復等　・福祉関係、自治体連携等　・大都市制度
・授業への講師派遣、インターンシップ　・地域活性化、地域貢献　・スポーツ団体振興　・実態調査等
・インターンシップ　・地域再生など　・エコ活動　・様々あり回答できない(11)

　てみると，約6割の大学が「まちづくり」[8] を，約5割が「地場産業振興」を，そして約4割の大学が「商店街活性化」「企業連携」を行っており[9]，地域振興・企業成長に関わる分野が主な内容となっていることが分かる（図表2-14参照）。また，同様に連携事業における現場の実施担当者（教員や研究室等）に対して質問を行っているが，結果はほぼ同じ傾向がみられた。

　表の添付は割愛するが，各分析軸別における連携分野の特徴では，「まちづくり」「地場産業振興」分野では地方圏が都市圏をやや上回り，「企業連携」「観光振興」「商店街活性化」分野では都市圏が地方圏をやや上回っていた。

　規模別でみると特に，3,000～10,000人未満の中規模大学において，各分野で積極的な実施傾向が見られる。また，1,000人未満の小規模大学では「まちづくり」に取り組むケースが多く，10,000以上の大規模大学では「商店街活性化」に取り組むケースが多く見受けられる（図表2-15参照）。

(3) 連携相手

　図表2-16は，文系産学連携を実施する大学が連携を行う相手組織とその割

図表2-15　分析軸別連携分野
（回答者：実施校・窓口担当）

分野	規模	割合(%)	規模	平均件数
まちづくり	1,000人未満 (n=9)	44	1,000人未満 (n=4)	2.00
	~3,000人未満 (n=24)	46	~3,000人未満 (n=10)	3.70
	~10,000人未満 (n=28)	75	~10,000人未満 (n=17)	3.82
	10,000人以上 (n=13)	46	10,000人以上 (n=5)	5.80
商店街活性化	1,000人未満 (n=9)	22	1,000人未満 (n=2)	1.00
	~3,000人未満 (n=24)	33	~3,000人未満 (n=7)	1.57
	~10,000人未満 (n=28)	43	~10,000人未満 (n=10)	1.20
	10,000人以上 (n=13)	54	10,000人以上 (n=6)	2.83
地場産業振興	1,000人未満 (n=9)	33	1,000人未満 (n=3)	1.67
	~3,000人未満 (n=24)	50	~3,000人未満 (n=12)	1.83
	~10,000人未満 (n=28)	61	~10,000人未満 (n=13)	2.23
	10,000人以上 (n=13)	23	10,000人以上 (n=2)	1.00
観光振興	1,000人未満 (n=9)	22	1,000人未満 (n=2)	1.00
	~3,000人未満 (n=24)	38	~3,000人未満 (n=8)	1.63
	~10,000人未満 (n=28)	50	~10,000人未満 (n=10)	1.30
	10,000人以上 (n=13)	23	10,000人以上 (n=2)	8.50
企業連携	1,000人未満 (n=9)	11	1,000人未満 (n=1)	2.00
	~3,000人未満 (n=24)	42	~3,000人未満 (n=8)	3.00
	~10,000人未満 (n=28)	50	~10,000人未満 (n=10)	11.00
	10,000人以上 (n=13)	31	10,000人以上 (n=3)	11.00
その他	1,000人未満 (n=9)	56	1,000人未満 (n=5)	2.20
	~3,000人未満 (n=24)	42	~3,000人未満 (n=10)	4.60
	~10,000人未満 (n=28)	36	~10,000人未満 (n=10)	15.60
	10,000人以上 (n=13)	54	10,000人以上 (n=6)	14.33

合を示したもの（窓口担当者回答）であるが，自治体行政，商工会議所，NPOなどが約4割と占め，次いで企業・金融機関などの営利組織との連携が約3割，無回答約2割，その他約1割となっており，社会性の高い非営利組織との連携が最も多くなっていることがわかる。

分析軸別では，国公立と私立，都市圏と地方圏の間において，顕著な差は特にみられないが，規模別では，1,000人未満の小規模大学では，企業との連携はほとんどなく自治体との連携が比較的多い傾向がある[10]。一方で，10,000人規模以上の大規模大学では，中小企業を含む「企業」との連携が比較的多い傾向が見受けられる。

(4) 企業連携の相手規模

図表2-17は，企業連携の相手企業における規模を示したものである（実施

図表2-16 連携相手
（回答者：実施校，実施担当）

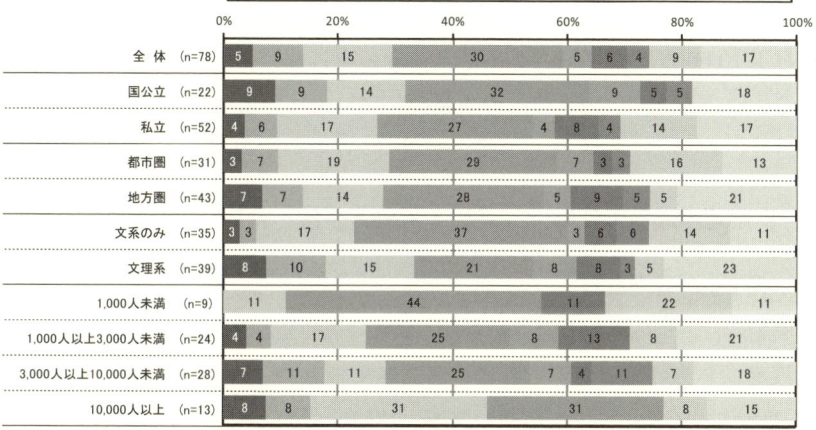

凡例: ■小企業（従業員20人以下） ■中小企業（従業員20～300人） ■大企業（従業員300人以上） ■自治体・行政 ■商工会議所 ■非営利団体（NPO） ■金融機関 ■その他 ■無回答

区分	小企業	中小企業	大企業	自治体・行政	商工会議所	非営利団体	金融機関	その他	無回答
全体 (n=78)	5	9	15	30	5	6	4	9	17
国公立 (n=22)	9	9	14	32		9	5	5	18
私立 (n=52)	4	6	17	27	4	8	4	14	17
都市圏 (n=31)	3	7	19	29		7	3	3	16	13
地方圏 (n=43)	7	7	14	28	5	9	5	5	21
文系のみ (n=35)	3	3	17	37		3	6	6	14	11
文理系 (n=39)	8	10	15	29		8	3	5	23
1,000人未満 (n=9)		11	44		11	22	11		
1,000人以上3,000人未満 (n=24)	4	4	17	25	4	13	8	21
3,000人以上10,000人未満 (n=28)	7	11	25	7	4	11	7	18
10,000人以上 (n=13)	8	8	31	31		8	15

図表2-17 企業連携の相手規模
（実施校・実施担当）

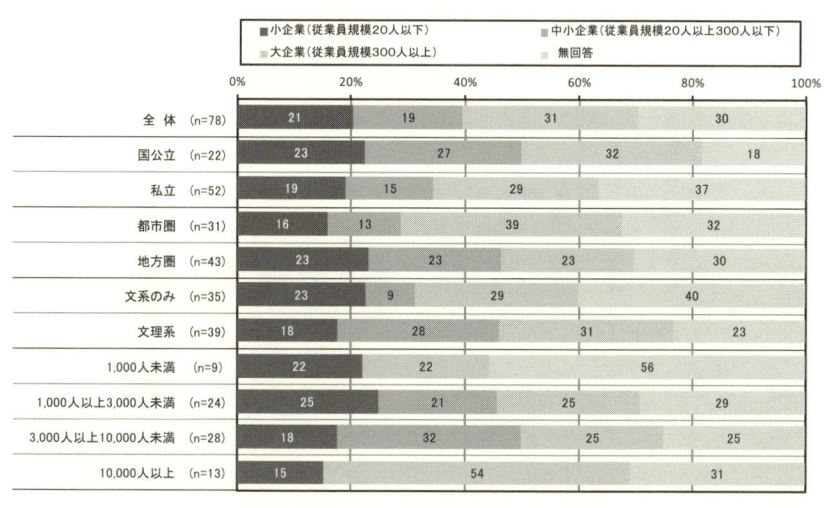

凡例: ■小企業（従業員規模20人以下） ■中小企業（従業員規模20人以上300人以下） ■大企業（従業員規模300人以上） ■無回答

区分	小企業	中小企業	大企業	無回答
全体 (n=78)	21	19	31	30
国公立 (n=22)	23	27	32	18
私立 (n=52)	19	15	29	37
都市圏 (n=31)	16	13	39	32
地方圏 (n=43)	23	23	23	30
文系のみ (n=35)	23	9	29	40
文理系 (n=39)	18	28	31	23
1,000人未満 (n=9)	22	22	56	
1,000人以上3,000人未満 (n=24)	25		25	29
3,000人以上10,000人未満 (n=28)	18	32	25	25
10,000人以上 (n=13)	15	54		31

担当回答)。大企業との連携が31％なのに対して，中小企業との連携は中小零細と合わせて40％となっており，全体的には，やや中小企業との連携が多い傾向がみてとれる。また，総合大学は文系単科大学に比べて，中小企業との連携率が高い傾向がある。さらに細かくみると，中小企業との連携割合は，3,000人以上10,000人未満の中小規模大学，ならびに国公立，地方圏が多い傾向がある。一方で，10,000人以上の大規模においては，大企業との連携率が高くなっている。

3　文系連学連携の仕掛け（目的・契機・手段・動機づけ）

(1) 大学側の連携目的

開始時における連携の目的を質問したところ，9割の大学が「地域貢献・地域振興」を挙げている。これに「研究成果の教育・社会への還元」（59％），「参加学生の成長」（47％），「知名度・認知度の向上」（36％）が続く結果となっている。図表2-18は，その大学側における連携目的を分析軸別に示した

図表2-18　大学側の連携目的・地域別
(回答者：実施校・実施担当)

		地域貢献・地域振興	研究成果の教育・社会への還元	参加学生の成長	知名度・認知度の向上	社会的責任	外部ネットワーク構築・深化	予算の獲得	シコミュニケーションによる情報共有化	受験生の増加	大学存続経営の状況立て改善	その他	無回答
国公立	(n=22)	96	68	18	36	46	27	32	9	5	-	2	5
私立	(n=52)	89	58	64	35	33	19	15	12	12	4	2	-
都市圏	(n=31)	87	71	61	42	36	26	23	10	16	-	-	3
地方圏	(n=43)	93	54	42	30	37	19	19	12	5	5	2	-
文系のみ	(n=35)	89	54	51	40	29	14	14	11	14	6	3	-
文理系	(n=39)	92	67	49	31	44	28	26	10	5	-	-	3
全体	(n=78)	91	59	47.4	35.9	35.9	21.8	19.2	12.8	9.0	2.6	1.3	1.3

第2章 文系産学連携の実態と可能性

図表2-19　大学側の連携目的・規模別
（回答者：実施校・実施担当）

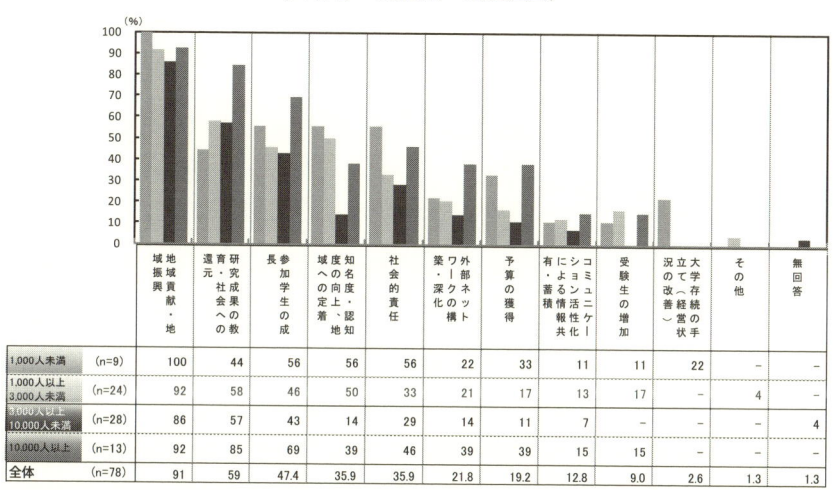

		地域貢献・地域振興	研究成果の教育・社会への還元	参加学生の成長	知名度の向上・認知度の定着	社会的責任	外部ネットワークの構築・深化	予算の獲得	情報の共有・蓄積によるシナジー効果	受験生の増加	大学存続の手立て（〜経営状況の改善〜）	その他	無回答
1,000人未満	(n=9)	100	44	56	56	56	22	33	11	11	22	–	–
1,000人以上3,000人未満	(n=24)	92	58	46	50	33	21	17	13	17	–	4	–
3,000人以上10,000人未満	(n=28)	86	57	32	14	29	14	11	7	–	–	–	4
10,000人以上	(n=13)	92	85	69	39	46	39	39	15	15	–	–	–
全体	(n=78)	91	59	47.4	35.9	35.9	21.8	19.2	12.8	9.0	2.6	1.3	1.3

ものであるが，まず，設立形態・学部構成・地域・規模問わずどの大学も「地域貢献・地域振興」など社会性の高い目的を掲げていることがわかる。一方で，国公立と私立では，「参加学生の成長」に対する目的の違いが顕著にあらわれており，国公立に比べ，私立はそれを重視する傾向がみてとれる。どちらかといえば，国公立が研究志向，私立が教育志向の産学連携へと向かう傾向があるのかもしれない。また，私立よりも国公立大の方が予算獲得を目的とする大学が多くなっている。

規模別にみたときの特徴は，10,000人以上の大規模大学では，中小規模の大学に比べ「研究成果の教育・研究への還元」「参加学生の成長」に対する意識が高い。なお，1,000未満の小規模大学では，「大学存続の手立て」を目的とする大学が存在する一方で，中規模・大規模大学では，これに対する回答は皆無であった（図表2-19参照）。

(2) 連携相手の連携目的

　大学側の連携目的に対して，連携相手が開始時に想定する連携目的をみてみ

図表 2-20　連携相手の連携目的
（回答者：実施校・実施担当）

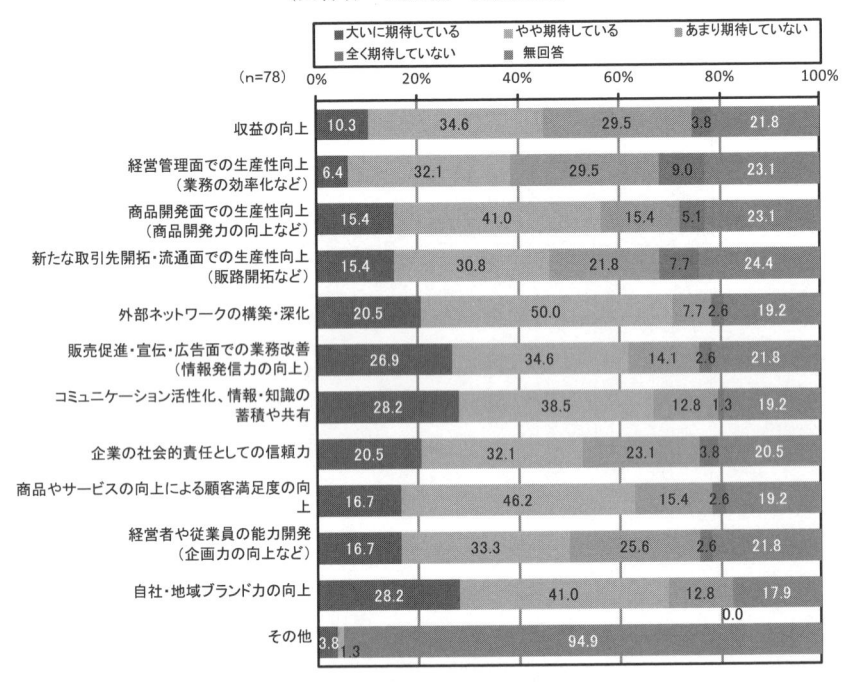

■大いに期待している　■やや期待している　■あまり期待していない
■全く期待していない　■無回答

(n=78)

項目	大いに期待している	やや期待している	あまり期待していない	全く期待していない	無回答
収益の向上	10.3	34.6	29.5	3.8	21.8
経営管理面での生産性向上（業務の効率化など）	6.4	32.1	29.5	9.0	23.1
商品開発面での生産性向上（商品開発力の向上など）	15.4	41.0	15.4	5.1	23.1
新たな取引先開拓・流通面での生産性向上（販路開拓など）	15.4	30.8	21.8	7.7	24.4
外部ネットワークの構築・深化	20.5	50.0	7.7	2.6	19.2
販売促進・宣伝・広告面での業務改善（情報発信力の向上）	26.9	34.6	14.1	2.6	21.8
コミュニケーション活性化、情報・知識の蓄積や共有	28.2	38.5	12.8	1.3	19.2
企業の社会的責任としての信頼力	20.5	32.1	23.1	3.8	20.5
商品やサービスの向上による顧客満足度の向上	16.7	46.2	15.4	2.6	19.2
経営者や従業員の能力開発（企画力の向上など）	16.7	33.3	25.6	2.6	21.8
自社・地域ブランド力の向上	28.2	41.0	12.8	0.0	17.9
その他	3.8	1.3	94.9		

ると(11)，「コミュニケーション活性化，情報・知識の蓄積や共有」（28％）と「自社・地域ブランド力の向上」（28％）が最も多く，「情報発信力の向上」（27％）「企業の社会的責任としての信頼力」（20％）が続く。一方で，「収益の向上」は1割程度にすぎない。Top 2 Box（T2B：大いに期待している＋やや期待しているの合計）でみてみると，約7割の連携相手が「自社・地域ブランド力の向上」「外部ネットワークの構築・深化」「コミュニケーション活性化，情報・知識の蓄積や共有」を目的として挙げており，ただちに成果を求めるというよりは，むしろ成長にむけた途中経路において何らかの形で大学から経営資源を補完することを目的としている傾向が読み取れる（図表2-20参照）。

図表2-21　連携相手の契機
（回答者：実施校・窓口担当）

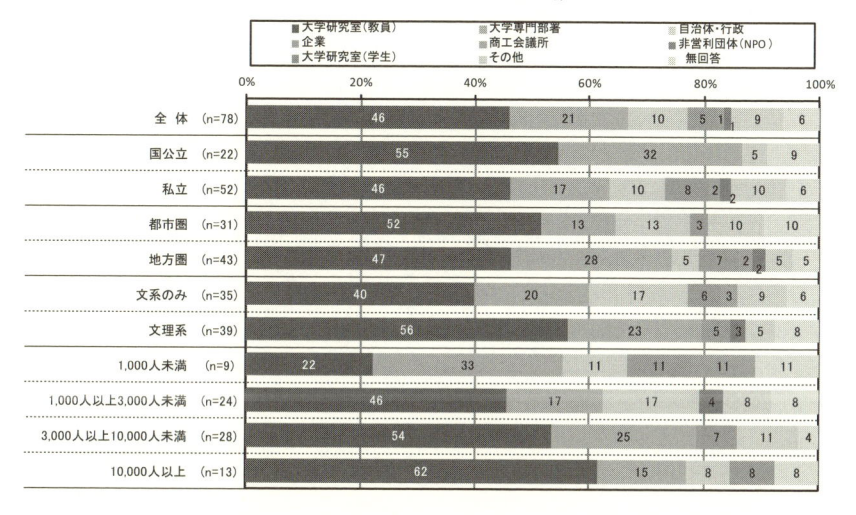

	大学研究室(教員)	大学専門部署	企業	商工会議所	大学研究室(学生)	その他	自治体・行政	非営利団体(NPO)	無回答
全体 (n=78)	46	21	10	5	1	9			6
国公立 (n=22)	55	32				5			9
私立 (n=52)	46	17	10	8	2	10			6
都市圏 (n=31)	52	13	13			10			10
地方圏 (n=43)	47	28	5	7	2	5			5
文系のみ (n=35)	40	20	17	6	3	9			6
文理系 (n=39)	56	23		5	3	5			8
1,000人未満 (n=9)	22	33	11	11		11			11
1,000人以上3,000人未満 (n=24)	46	17	17	4		8			8
3,000人以上10,000人未満 (n=28)	54	25		7		11			4
10,000人以上 (n=13)	62	15		8		8			8

（3）連携の契機（きっかけ）

　開始のきっかけは規模や地域，国公立私立の別にかかわらず大学側からの働きかけが多く，特に大学の「研究室（教員）」が46％と約半数を占める（図表2-21参照）。

　図表2-22，2-23は分析軸別に産学連携の開始の契機を聞いたものだが，共通して「個人的人脈」が大きく，「案件のマッチング・照会」がこれに次ぐ。連携の契機として最も多く挙がるのは「個人的人脈」であり，「予算措置」や「専門人員の配置」などのインフラの有無より，各教員の持つ人的ネットワークが開始に際して重要であることが分かる。

　さらに詳細に特徴を見てみていくと，地方圏においては，規模にかかわらず都市圏よりも「勉強会・講習会」などのFace to Faceの出会いが産学連携へと発展させる契機となるケースが多いことがうかがえる。国公立・地方圏では，案件のマッチング・照会が連携の契機となる割合が都市圏・私立よりも高くなっており，連携相手からみる大学の敷居の高低には，地域・設立別に差がみ

図表2-22 連携相手の契機・地域別
（回答者：実施校・実施担当）

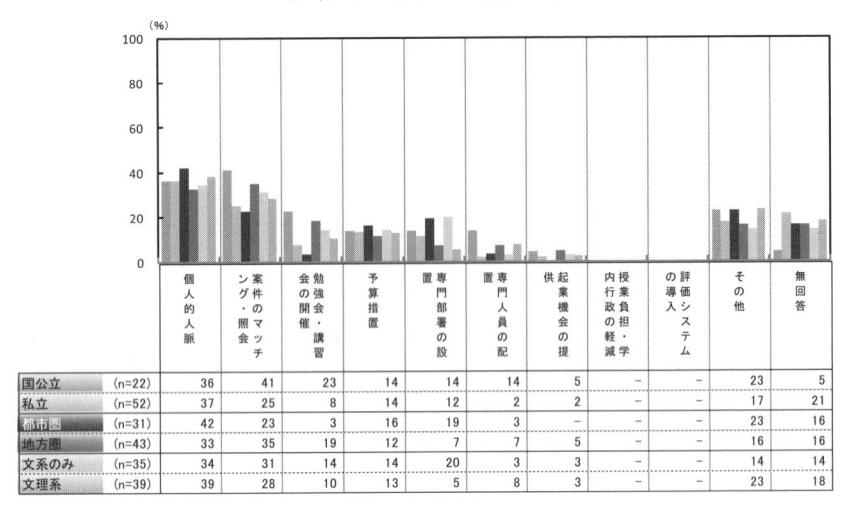

		個人的人脈	案件のマッチング・照会	勉強会の開催・講習会	予算措置	専門部署の設置	専門人員の配置	起業機会の提供	授業負担の軽減・行政内	評価システムの導入	その他	無回答
国公立	(n=22)	36	41	23	14	14	14	5	–	–	23	5
私立	(n=52)	37	25	8	14	12	2	2	–	–	17	21
都市圏	(n=31)	42	23	3	16	19	3	–	–	–	23	16
地方圏	(n=43)	33	35	19	12	7	7	5	–	–	16	16
文系のみ	(n=35)	34	31	14	14	20	3	3	–	–	14	14
文理系	(n=39)	39	28	10	13	5	8	3	–	–	23	18

図表2-23 連携相手の契機・規模別
（回答者：実施校・実施担当）

		個人的人脈	案件のマッチング・照会	勉強会の開催・講習会	予算措置	専門部署の設置	専門人員の配置	起業機会の提供	授業負担の軽減・行政内	評価システムの導入	その他	無回答
1,000人未満	(n=9)	33	33	33	11	11	–	–	–	–	–	22
1,000人以上3,000人未満	(n=24)	42	25	4	21	17	–	4	–	–	13	13
3,000人以上10,000人未満	(n=28)	25	36	18	7	14	11	–	–	–	32	14
10,000人以上	(n=13)	54	23	–	15	–	8	8	–	–	15	23

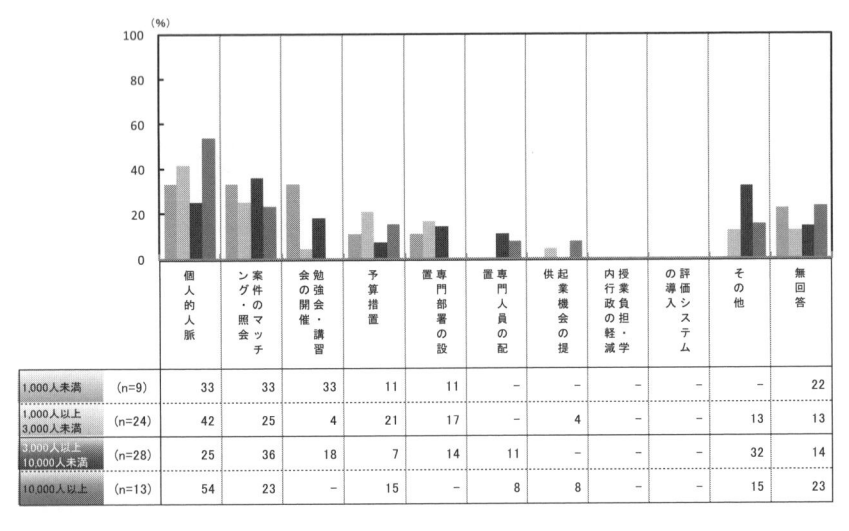

られる。また，都市圏，文系単科大学では，専門部署の設置が契機となる傾向がみてとれる（図表2-22，2-23参照）。

なお，中規模大学から「その他」の自由記述欄への回答が多かった。そこから読み取れる特徴は，大学と自治体との交流協定や包括協定，自治体への売り込みなど「自治体との戦略的連携」を契機とするもの，また，実践教育やゼミ活動の延長，ビジネスコンテストなど「人材育成」そのものを契機とするものなどが挙げられる（図表2-23参照）。

(4) 連携の手段（問題解決・成長戦略の切り口）

実施している事業分野に対して，どのような切り口で問題解決あるいは成長を図ろうとしたかという質問には，「地域資源発掘・地域ブランド」が64％，「コミュニティ再生」50％とここでも地域振興に繋がる手段が挙げられる。その他「新商品・新サービス開発」(42％)，「PR・情報発信の改善」(39％) などが続く（図表2-24参照）。また，国公立大は「地域資源発掘・地域ブランド」「多角化展開」「ネットワークの構築」「新規販路の開拓」などさまざまなアクションにおいて私立と比較して上回り，切り口の対応力に差があると思われる（図表2-25参照）。

規模別では，特に，1,000人以下の小規模大学に「その他」自由記述への回

図表2-24　連携手段
（回答者：実施校・実施担当者）

	地域資源発掘・地域ブランド	コミュニティ再生	新商品・新サービス開発	PR・情報発信の改善	ネットワークの構築	顧客満足度向上	新規販路の開拓・相談・技術	業務の効率化	流通システムの改善	多角化展開	ビジネスコンテスト	その他	無回答
全体 (n=78)	64.1	50.0	42.3	38.5	28.2	25.6	14.1	12.8	9.0	7.7	7.7	19.2	3.8

図表2-25　連携手段・地域別
（回答者：実施校・実施担当者）

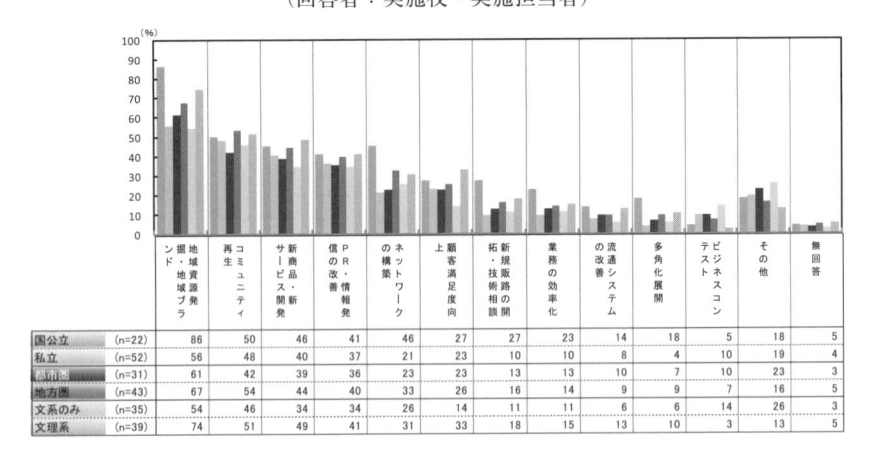

		発掘・地域資源・地域ブランド	コミュニティ再生	新商品・新サービス開発	PR・情報発信の改善	ネットワークの構築	顧客満足度向上	新規販路の開拓・技術相談	業務の効率化	流通システムの改善	多角化展開	ビジネスコンテスト	その他	無回答
国公立	(n=22)	86	50	46	41	46	27	27	23	14	18	5	18	5
私立	(n=52)	56	48	40	37	21	23	10	10	8	4	10	19	4
都市圏	(n=31)	61	42	39	36	23	23	13	13	10	7	10	23	3
地方圏	(n=43)	67	54	44	40	33	26	16	14	9	9	7	16	5
文系のみ	(n=35)	54	46	34	34	26	14	11	11	6	6	14	26	3
文理系	(n=39)	74	51	49	41	31	33	18	15	13	10	3	13	5

図表2-26　連携手段・規模別
（回答者：実施校・実施担当者）

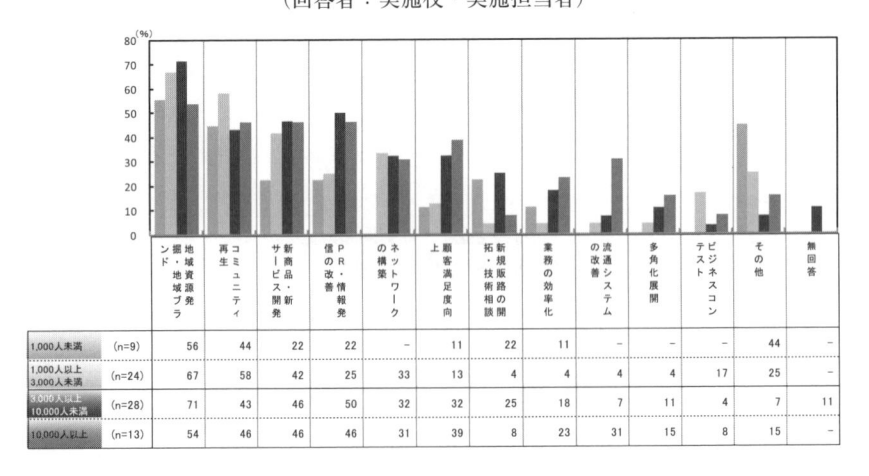

		発掘・地域資源・地域ブランド	コミュニティ再生	新商品・新サービス開発	PR・情報発信の改善	ネットワークの構築	顧客満足度向上	新規販路の開拓・技術相談	業務の効率化	流通システムの改善	多角化展開	ビジネスコンテスト	その他	無回答
1,000人未満	(n=9)	56	44	22	22	-	11	22	11	-	-	-	44	-
1,000人以上3,000人未満	(n=24)	67	58	42	25	33	13	4	4	4	4	17	25	-
3,000人以上10,000人未満	(n=28)	71	43	46	50	32	32	25	18	7	11	4	7	11
10,000人以上	(n=13)	54	46	46	46	31	39	8	23	31	15	8	15	-

答が多く，その特徴をみてみると，デザイン開発，イベントやビジネスプランのサポートなど，地域や企業に寄り添ったきめ細やかな手段を講じるケースが挙げられる（図表2-26参照）。

ここでみる産学連携の「手段」と先にみた「目的」（図表2-20参照）とを照

第2章 文系産学連携の実態と可能性

らし合わせてみると，やはり，文系産学連携では，社会性の高い目的に対し，解決の糸口として人文社会科学領域における手段を用いる特徴が読み取れる。

(5) 連携の動機づけ

続いて，連携の動機づけについてみていくと，実施校の約半数（44%）が教員へのインセンティブを行っておらず，大学側からの各教員への働きかけは活発とは言えない。

図表2-27は少ないながらも現状実施しているインセンティブの内容を確認したものだが，行われているインセンティブとしては，「案件のマッチング・照会」（26%）と「予算措置」（21%）が最も多い結果となっている（図表2-27参照）。

他方，国公立大では私立に比べてインセンティブを与えており，各項目で私立を上回っている。特に「評価システムの導入」で差が見られる。また，各項目で総合大学が文系単科大学を上回っており，大学規模別で見ると，3,000〜10,000人未満規模校において幅広いインセンティブの導入がみられる（図表

図表2-27　担当者へのインセンティブ・地域別
（実施校・窓口担当）

		案件のマッチング・照会	予算措置	専門部署の設置	専門人員の配置	評価システムの導入	勉強会・講習会の開催	起業機会の提供	授業負担の軽減	内行行政学	その他	実施していない	無回答
国公立	(n=22)	32	32	27	18	23	14	9	−	−	−	23	−
私立	(n=52)	25	17	12	10	4	4	−	2	−	−	52	2
都市圏	(n=31)	32	23	13	13	3	10	7	3	−	−	48	−
地方圏	(n=43)	23	21	19	12	14	5	−	−	−	−	40	−
文系のみ	(n=35)	23	17	14	6	3	3	−	−	−	−	54	3
文理系	(n=39)	31	26	18	18	15	13	5	−	−	−	33	−

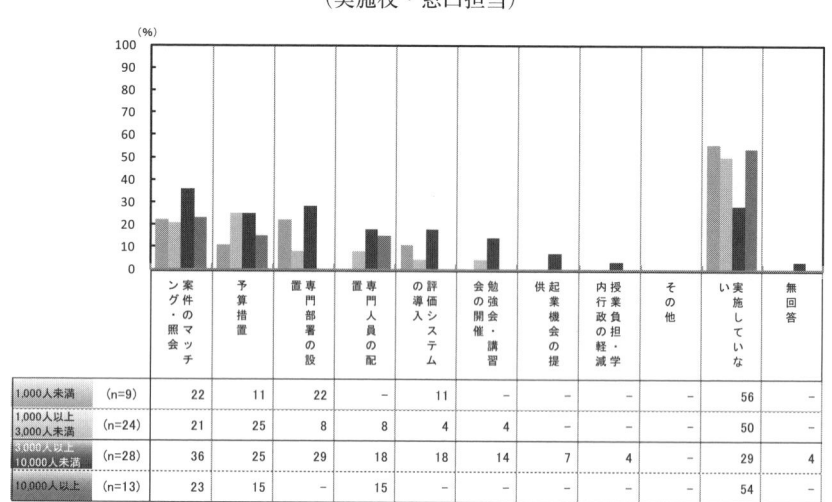

図表 2-28　担当者へのインセンティブ・規模別
(実施校・窓口担当)

		案件のマッチング・照会	予算措置	専門部署の設置	専門人員の配置	評価システムの導入	勉強会・講習会の開催	起業機会の提供	授業負担の軽減・学内行政	その他	実施していない	無回答
1,000人未満	(n=9)	22	11	22	–	11	–	–	–	–	56	–
1,000人以上 3,000人未満	(n=24)	21	25	8	8	4	4	–	–	–	50	–
3,000人以上 10,000人未満	(n=28)	36	25	29	18	18	14	7	4	–	29	4
10,000人以上	(n=13)	23	15	–	15	–	–	–	–	–	54	–

2-27,2-28参照)。インセンティブは,私立よりは国公立,小規模よりは大規模大学で積極的に与えられていることがわかる。翻って,大学側の担当者への政策的なインセンティブが積極的ではないこうした状況下において,既にみてきたように,全体的に担当者ベースで産学連携の実施傾向は増加基調にあることから,必ずしも政策的インセンティブの導入が産学連携実施の直接的な動機づけとはなっているわけではない。

4　文系産学連携の成果と課題

(1) 大学側における連携の達成できた成果

　大学側の達成度が最も高い成果は,「参加学生の成長」でTop Box (TB:かなり達成できた) が40%, Top 2 Box (T2B:かなり達成できた+達成できた計) が「地域貢献・地域振興」(TB:35%, T2B:77%)。「社会的責任の達成」(TB:24%, T2B:73%),「研究成果の教育・社会への還元」(TB21%, T2B:72%),が達成率の高い結果となっている (図表2-29参照)。

図表2-29 大学側の連携成果
(回答者:実施校・実施担当)

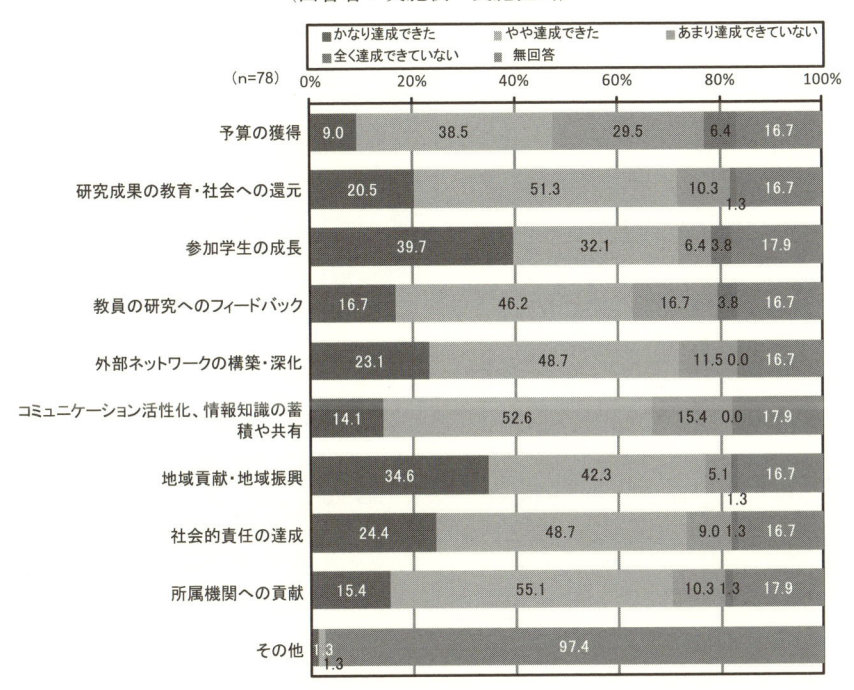

凡例:■かなり達成できた ■やや達成できた ■あまり達成できていない ■全く達成できていない ■無回答

(n=78)

項目	かなり達成できた	やや達成できた	あまり達成できていない	全く達成できていない	無回答
予算の獲得	9.0	38.5	29.5	6.4	16.7
研究成果の教育・社会への還元	20.5	51.3	10.3	1.3	16.7
参加学生の成長	39.7	32.1	6.4	3.8	17.9
教員の研究へのフィードバック	16.7	46.2	16.7	3.8	16.7
外部ネットワークの構築・深化	23.1	48.7	11.5	0.0	16.7
コミュニケーション活性化、情報知識の蓄積や共有	14.1	52.6	15.4	0.0	17.9
地域貢献・地域振興	34.6	42.3	5.1	1.3	16.7
社会的責任の達成	24.4	48.7	9.0	1.3	16.7
所属機関への貢献	15.4	55.1	10.3	1.3	17.9
その他	1.3		97.4		1.3

　設立形態別にみていくと，国公立の成果で目立つのは，「研究成果の教育・社会への還元」(86%)，次いで「地域貢献・地域振興」「社会的責任」(ともに82%)となっている。私立の成果の特徴でも国公立同様に，「地域貢献」「社会的責任」に対するスコアは高くなっている。一方で，国公立と比較し私立の特徴としては「参加学生の成長」(75%)が高いスコアを示している。

　地域別では，地方圏の成果の特徴は，ほぼ国公立のそれと符合する。都市圏の特徴は，他の分析軸と比べ相対的に「コミュニケーションの活性化，情報・知識の蓄積や共有」(73%)や「参加学生の成長」(74%)，「所属機関への貢献」(74%)が高いスコアを示している。

　文系単科と総合大学とでは，文系単科が総合大学に比べ，「ネットワークの

図表2-30 文系産学連携における大学側の成果
(実施校・実施担当)

区分	カテゴリ	予算の獲得	研究成果の教育・社会への還元	参加学生の成長	教員の研究へのフィードバック	外部ネットワークの構築・深化	コミュニケーション活性化、情報・知識の蓄積や共有	地域貢献・地域振興	社会的責任の達成	所属機関への貢献
	国公立 (n=22)	55	86	64	58	73	64	82	82	82
	私立 (n=52)	46	67	75	61	69	67	77	71	67
都市圏	東・阪 (n=31)	42	65	74	61	68	71	77	68	74
	地方圏 (n=43)	54	79	70	63	72	63	77	74	70
	文系のみ (n=35)	49	69	71	57	64	69	77	71	71
	文理系 (n=39)	49	77	72	67	77	64	80	77	72
	1,000人未満 (n=9)	56	67	44	44	67	67	78	78	78
	1,000人以上3,000人未満 (n=24)	50	71	79	71	75	63	74	71	67
	3,000人以上10,000人未満 (n=28)	46	79	71	61	75	68	82	71	79
	10,000人以上 (n=13)	46	69	77	62	54	69	77	69	62

※グラフの数値は、TP(トータルポジティブ)値

構築」(77%) ならびに「コミュニケーションの構築、情報・知識の蓄積」(69%) が高いスコアを示している。一方、総合大学は文系単科に比べて、「研究成果の還元」(77%) ならびに「研究へのフィードバック」(67%) のスコアが高い特徴を示している。

規模別では、1,000人未満の小規模大学では「予算の獲得」(55%) の財政面での効果が相対的に高く示されており、10,000以上の大規模大学では「コミュニケーションの活性化、情報・知識の蓄積」(69%) の学習効果が高く示されている (図表2-30参照)。

(2) 連携相手側における連携の成果

大学側の達成成果に対し、連携相手側の達成成果についてみていくと、「企業の社会的責任としての信頼力」(TB：18%、T2B：53%)、「販売促進・宣伝・広告面での業務改善」(TB：13%、T2B：54%)、「外部ネットワークの

図表2-31 連携相手側の連携成果
（回答者：実施校・実施担当）

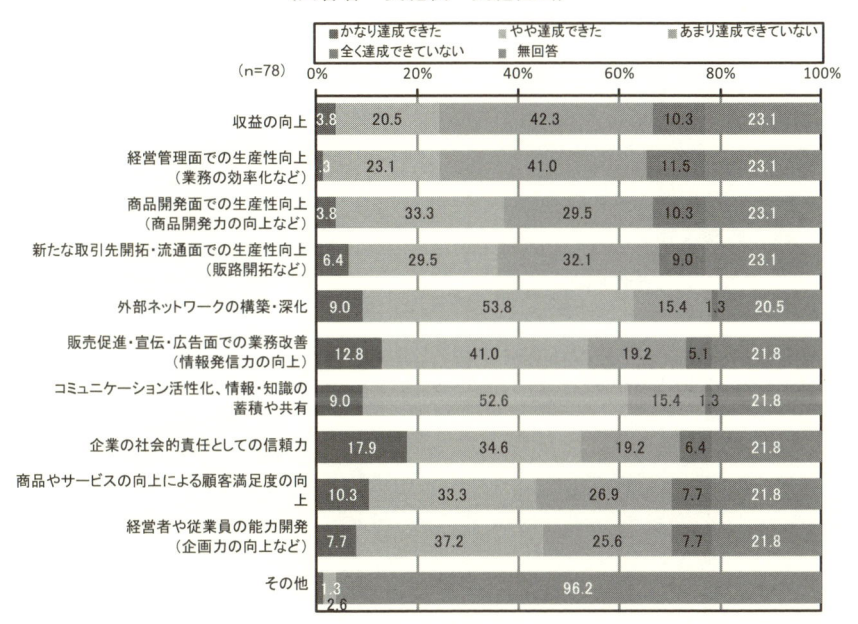

凡例：■かなり達成できた ■やや達成できた ■あまり達成できていない ■全く達成できていない ■無回答

(n=78)

項目	かなり達成できた	やや達成できた	あまり達成できていない	全く達成できていない	無回答
収益の向上	3.8	20.5	42.3	10.3	23.1
経営管理面での生産性向上（業務の効率化など）		23.1	41.0	11.5	23.1
商品開発面での生産性向上（商品開発力の向上など）	3.8	33.3	29.5	10.3	23.1
新たな取引先開拓・流通面での生産性向上（販路開拓など）	6.4	29.5	32.1	9.0	23.1
外部ネットワークの構築・深化	9.0	53.8	15.4	1.3	20.5
販売促進・宣伝・広告面での業務改善（情報発信力の向上）	12.8	41.0	19.2	5.1	21.8
コミュニケーション活性化、情報・知識の蓄積や共有	9.0	52.6	15.4	1.3	21.8
企業の社会的責任としての信頼力	17.9	34.6	19.2	6.4	21.8
商品やサービスの向上による顧客満足度の向上	10.3	33.3	26.9	7.7	21.8
経営者や従業員の能力開発（企画力の向上など）	7.7	37.2	25.6	7.7	21.8
その他	1.3		96.2		2.6

構築・深化」（TB：9％，T2B：63％），「コミュニケーション活性化，情報・知識の蓄積や共有」（TB：9％，T2B：62％）が上位に見られる（図表2-31参照）。

　このことから，直ちに「数値」に成果が表れる企業や地域経済における収益の向上，生産性の向上といった直接的な経済成果というよりは，むしろ，企業や地域が自立し，独力で成長していくための組織や人の「能力開発」「変革力」「自立力」に繋がる間接的な支援である「ネットワークの構築」「業務改善」「知識蓄積」などが成果となる傾向がうかがえる。

　設立形態別にみていくと，国公立大学は私立に比べ，「外部ネットワークの構築・深化」（73％）が高いスコアを示し，私立では，「コミュニケーション活性化，情報・知識の蓄積や共有」（60％）が国公立よりも相対的に高いスコアを示している。また，地域別の特徴の違いについては，都市圏が地方圏に比

図表2-32　文系産学連携における連携相手側の成果
(実施校・実施担当)

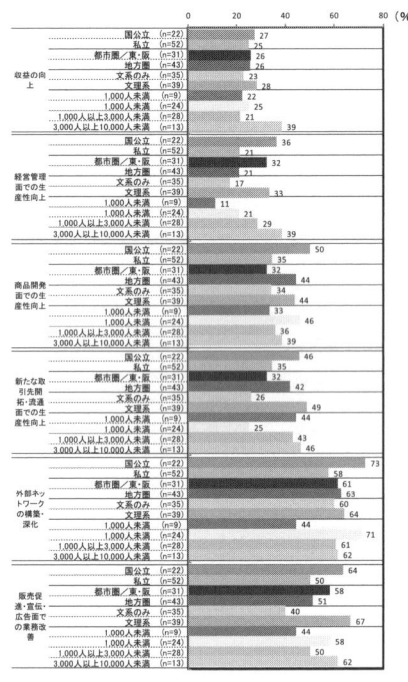

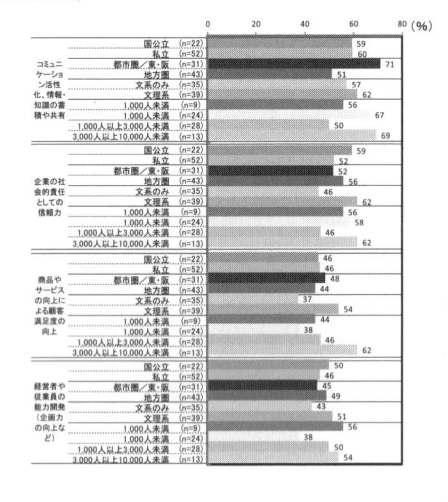

べて「コミュニケーション活性化，情報・知識の蓄積」(71％)が相対的に高く，地方圏では都市圏に比べ「商品開発力の向上」(44％)「販路開拓」(42％)のスコアが高い。また，文系単科と総合大学の相違点に着目してみると，総じて総合大学が文系大学に比べ高いスコアとなっており，文系単科より総合大学の方が成果は達成されやすい傾向がみてとれる。規模別では，総じて大規模な大学が小規模大学に比べ，達成している成果のスコアは高くなっているが，唯一，「経営者や従業員の能力開発」の項目は，1,000人未満の小規模大学が，中規模・大規模大学に比して相対的に高いスコアを示している(図表2-32参照)。

図表2-33　期待と達成成果の相関図
（実施校・実施担当）

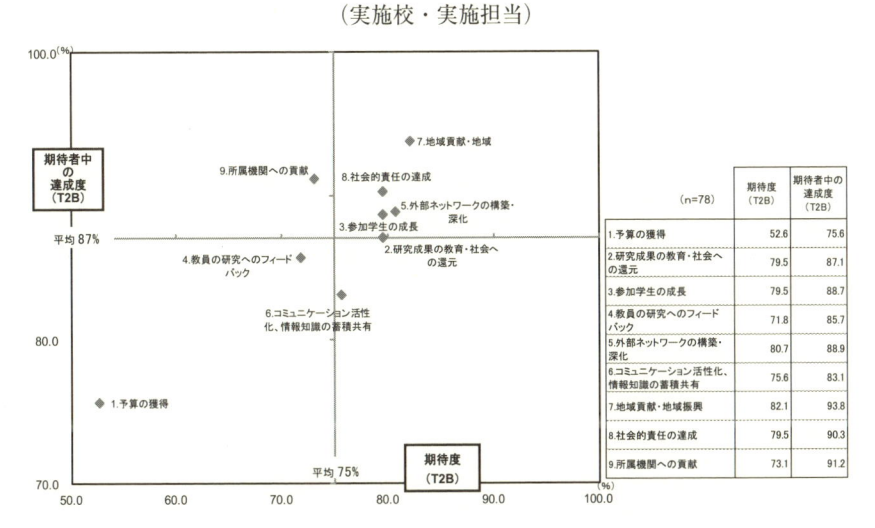

(n=78)	期待度 (T2B)	期待者中の達成度 (T2B)
1.予算の獲得	52.6	75.6
2.研究成果の教育・社会への還元	79.5	87.1
3.参加学生の成長	79.5	88.7
4.教員の研究へのフィードバック	71.8	85.7
5.外部ネットワークの構築・深化	80.7	88.9
6.コミュニケーション活性化、情報知識の蓄積共有	75.6	83.1
7.地域貢献・地域振興	82.1	93.8
8.社会的責任の達成	79.5	90.3
9.所属機関への貢献	73.1	91.2

(3) 期待と成果のギャップ

図表2-33は，産学連携実施前の「期待度：T2B」と実施後の「達成度：T2B」の相関を示した図であり，実施担当者における実施前と実施後の期待と成果のギャップを示している。

特徴をみていくと，「地域貢献・地域振興」の期待率，達成率が最も高く，期待者（82％＝64人）中の達成率が94％となっている。この他に「外部ネットワークの構築・深化」（期待81％＝64人，達成89％），「社会的責任の達成」（同80％＝62人，90％），「参加学生の成長」（同80％＝62人，89％），「研究成果の教育・社会への還元」（同80％＝62人，87％）が，期待度（T2B）平均と期待者中の達成度（T2B）平均を上回っており，これらの項目は，産学連携への期待が大きくは裏切られていないという事が分かる（図表2-33参照）。

一方，期待は高いが達成平均に及んでいないのが，「コミュニケーション活性化，情報知識の蓄積共有」となっており，学習効果を促す仕組みには現場で課題を抱えていることが見え隠れする。

図表2-34　産学連携の課題・分析軸別
(回答者：実施校・窓口担当，実施担当。非実施校のすべて)

区分	かなりある	ややある	どちらともいえない	あまりない	全くない	無回答
全体 (n=169)	15	36	40		11	7
国公立・実施校 (n=22)	23	55	18			5
国公立・非実施校 (n=20)		30	55			15
私立・実施校 (n=52)	21	42	19	2	15	
私立・非実施校 (n=71)	10	27	58		1	4
都市圏・実施校 (n=31)	29	36	19	3	13	
都市圏・非実施校 (n=40)	8	30	58			5
地方圏・実施校 (n=43)	16	54	19		12	
地方圏・非実施校 (n=51)	14	26	57		2	2
文系のみ・実施校 (n=35)	9	54	23	3	11	
文系のみ・非実施校 (n=61)	8	26	59		2	5
文理系・実施校 (n=39)	33	39	15		13	
文理系・非実施校 (n=30)	17	30	53			
1,000人未満・実施校 (n=9)	11	44	33		11	
1,000人未満・非実施校 (n=28)	14	18	64			4
1,000人以上3,000人未満・実施校 (n=24)	8	54	25		13	
1,000人以上3,000人未満・非実施校 (n=31)	23	68			10	
3,000人以上10,000人未満・実施校 (n=28)	21	54	14		11	
3,000人以上10,000人未満・非実施校 (n=27)	19	44	37			
10,000人以上・実施校 (n=13)		54	15	8	8	15
10,000人以上・非実施校 (n=5)	20	20	60			

(4) 文系産学連携における課題

　文系産学連携の実施にあたっての問題点・課題については，全体で「かなりある」が15％，「ややある」の36％を加えると，半数以上の大学で問題・課題を抱えていることがわかる（図表2-34参照）。

　さらに，産学連携の実施の有無で分けると，実施校が「かなりある」21％，「ややある」との合計が65％。非実施校が「かなりある」11％，「ややある」との合計が39％と実施校の方が，課題意識が強い傾向がある（図表2-33参照）。

　国公立，私立では，私立に課題が相対的に多く，地域別では，地方圏が都市圏よりも相対的に課題が多くなっている。文系単科と総合大学では，総合大学が課題を相対的に多く抱え，規模別では，大規模大学ほど課題を多く抱える傾向がある（図表2-34参照）。

　次に課題内容を詳しくみていくと，「要員の不足」（56％），「適切なコーディネーターの不足」（53％），「リーダーの不足」（34％）など人材不足を訴える

第2章　文系産学連携の実態と可能性　47

図表2-35　産学連携の課題内容
(回答者：すべて)

項目	%
要員が不足している	56.2
適切なコーディネーターが不足している	53.3
受け入れ体制が整備されていない	38.5
産学連携に対するリーダーシップが発揮されていない	34.3
産学連携事業によって達成すべき経営目標が明確である	33.1
投資へ見合う成果が不透明である	30.2
責任者が所在している各研究室	26.6
産学連携事業が仕組みが整備されていない	26.6
評価の仕組みが定められていない	24.3
それぞれの教員に個別対応の仕組みがかかる	22.5
事業運営資金がかかる	21.9
本学の専門領域に合うスキームがない	21.9
調整に時間がかかる	20.1
当該分野に対する知識が不足している	17.8
責任の所在があいまいである	17.2
コーディネートが大変である	12.4
提案が企業や地域任せになっている	10.1
そもそものやり方がよく分からない	8.9
現場の理解が得られない	3.6
その他	7.1
無回答	—

全体 (n=169)

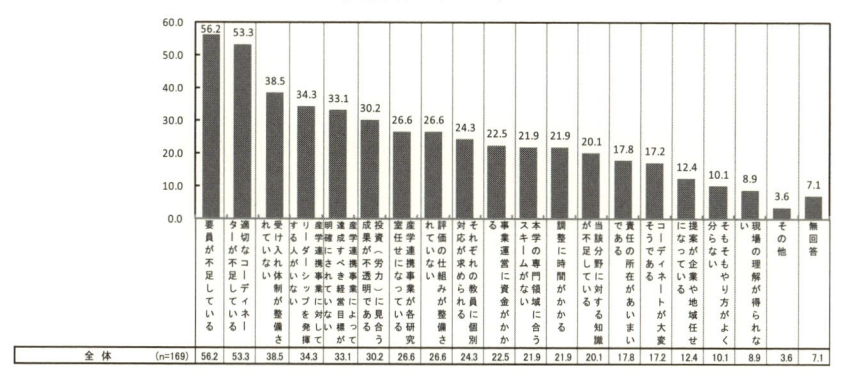

内容が多く，この他に「受け入れ体制の整備」(39%)，「産学連携事業により達成すべき経営目標が明確でない」(33%)，「投資に見合う成果が不透明」(30%) など仕組みに関する課題が上位にあがっている (図表2-35参照)。

Ⅳ　文系産学連携の仮説

　以上，文系産学連携の動向，仕組み，仕掛け，成果，課題の切り口から，実態を把握すべくアンケート調査結果をみてきた。ここでは，簡潔にアンケートの結果概要のポイントを小括し，調査結果を踏まえた仮説とリサーチクエッションを提示する。ここで示された仮説とリサーチクエッションをもとに，第2部では，実際に事例を取り上げながら，つぶさに分析を試み一般化の可能性を探っていく。

【調査結果におけるポイントの小括】
- 文系産学連携は，現時点では黎明期にあたる。動向における全体的傾向は，文系産学連携は近年重要視される傾向が強く，実施割合も年々増加基調にある。進捗状況としては「実行段階」の大学が多く，まだまだ試行錯誤の段階

- それゆえ現時点においては，実施者が考えている理想とする文系産学連携の「形」と現実のその実態には少なからずギャップが存在している。
- 連携のイニシアティブやリーダーシップは，大学，とりわけ教員がイニシアティブをとるケースが多く，そのことが契機となり，産学連携が実現・実施されている。
- 一方で，教員に対し特にそのための政策的インセンティブを積極的に実施している大学は必ずしも多くはない。教員が自発的に動いているケースが大勢を占める。
- 連携の目的や成果は，さまざまであるが，概して社会的課題，地域課題，企業の社会的責任など社会性の高い問題に対する処方箋を求める傾向が高く，時間は要するが結果的に現場では期待以上の成果をあげている実感を持っている。
- それゆえ連携分野は，まちづくりや地域振興が多く，連携相手は，企業に限らず公共団体や経済団体などの非営利組織や行政機関が企業以上に多く存在する。
- 連携相手となる企業の規模は，大企業よりも中小企業が多い。また，企業連携に関しては，業務改善，コミュニティやネットワーク構築など「結果」というよりは，むしろ「プロセス」に関与し，学習を促し最終的には自立支援につながっていく傾向がみられる。
- こうした「プロセスに関与する」という意味においては，自治体やNPOなどの連携相手においても，同様の特徴がみられる。
- 大学側における成果では，社会貢献のほか，教育や研究面での還元において手ごたえを感じている。
- 他方で，設立形態，地域，学部構成，規模が異なる大学では，産学連携の目的や仕組み，仕掛けが微妙に異なり，一様に傾向を体系化することはままならない。
- しかし，総じて文系産学連携は，地域課題や社会的課題の解決を導くうえ

で，その役割を果たす重要な装置となっている実態がある。
- また，文系単科大学よりも総合大学の方が「研究成果の還元」ならびに「研究へのフィードバック」など研究に関わる成果が達成されやすい傾向がみられる。
- 成果とインフラ充実度との相関関係はみられず，期待以上に達成感を感じている大学において，必ずしも，充実したインセンティブ制度やインフラが整備されているわけではない。

以上をふまえ導出した仮説とリサーチクエッションは以下のとおりである。

【仮説】

> 大学は，社会的課題，地域課題の解決へつなぐ，橋渡し役あるいは先導役としてのソーシャル・キャピタル（社会関係資本）になる。そのための仕組み，仕掛け，評価，政策支援が重要となる。

【リサーチクエッション】
(1) 日本の文系分野における産学連携は，地域内発のイノベーションを促進するためのプロセスにおいて，地域や企業の自立化に向けた学習効果をもたらす役割を担っているのではないか？
(2) 社会問題の解決や経済発展いずれであっても，そうした課題解決あるいは発展するために大学は，より効率的な方法へと導くための要素と要素の結合プロセスにおいて，何らかの役割を果たしうるのではないか？
(3) その役割とは，地域振興あるいは企業成長のために，大学文系分野がソーシャル・キャピタルとして，そのために必要な資源と資源をブリッジ（橋渡し）すること，あるいはイニシアティブをとり，彼ら自身がイノベーションを起こす「気づき」と「契機」を創り出すことなのではないか？
(4) そしてそのソーシャル・キャピタルは，設立形態，地域，学部構成，大学規模に関係なく地域再生や課題解決のための仕組みを動かす重要な原動力

となっているのではないか？
(5) しかし，ソーシャル・キャピタルが機能するためには，結局のところ，教員や実施主体の資質，問題意識そしてモチベーションに規定されてくるのではないか？この「資質」こそが文系産学連携の内容の濃淡ひいては成果の高低を規定するひとつのファクターとなっているのではないか？
(6) そうだとすれば，この教員ならびに実施主体の資質を高めるための業績評価や政策支援の役割と意義が問われるべきではないか？

ここで導出した仮説とリサーチクエッションをもとに，以降，検証をすすめていく。

(注)
(1) たとえば，オースティンにおけるテキサス大学オースティン校に設立されたIC2研究所の教育プログラムやビジネス交流会事業による創業支援やシリコンバレーにおけるネットワーク形成支援を行うNPO（非営利組織）や民間企業（500 Startupsなど）が運営するインキュベーション施設事業，ベンチャーキャピタル（Yコンビネータなど）による創業支援がある。また，地域経済団体が実施するビジネスコンテストやビジネスマッチング事業なども含まれる。
(2) たとえば，米国の米国・オースティン，ドイツ・ミュンヘンの事例などがある。米国事例については，西澤・福嶋（2005），吉田（2012）参照。ドイツについては，近藤（2002）参照。また，堀潔（2005）によれば，海外の文系産学連携の取組みには，人材開発の観点から実施されているオランダのロッテルダム大学の起業家教育の先進事例などもある。
(3) たとえば，本著14章において紹介する信州大学経営大学院の事例（樋口論文）がある。
(4) 実際に使用したアンケート票の原本は，本書文末資料に添付した。詳細は，原本を参照されたい。
(5) 筆者が調査する限り，文部科学省は大学・学部における文系・理系の分類を行った資料を公表していなかった（2012年4月時点）。本研究では，今回の調査対象となる「文系学部・研究科」を以下のとおり捉えることにした。人文科学・社会科学系を大枠として，小分類として文学部，心理学部，社会学部，法学部，経済学部，経営学部，外国語学部，国際関係学部，宗教学部，芸術学部および

それに準ずる学部・研究科。なお，文理の境界線が曖昧となるいわゆる「文理融合系」についても以下の領域は，調査対象とした。健康福祉，生活科学，教育学部，およびそれに準ずる学部・研究科。
(6) 個票の配布・督促・回収ならびに集計作業については，調査委託業者（株式会社ユーティル）に外部委託した。
(7) 文系産学連携事業に対して支出した予算額を質問したところ，平均で3,263万円であることがわかった。ただし，国公立の平均約9,300万円に対して私立では平均約250万円と大きな差がみられた。
(8) ここでいう「まちづくり」は，商店街に限定されない中心市街地・農業・漁業・観光・地場産業・コミュニティ・福祉などを含む産業連関を持つ「地域活性化」を意味する。その他の項目「地場産業振興」「商店街活性化」「企業連携」「観光振興」については，パイロット調査で実在してため個別に設問を準備した。
(9) 各大学における各分野のぞれぞれの平均実施件数は，10件以下が大半を占める。
(10) 図表2-12の予算獲得者の調査結果との関係性をみると，1,000人未満の小規模大学は企業との連携は相対的には少ないが企業連携を行うケースは企業側が出資するケースが多い可能性が高いことが推測できる。
(11) 連携相手は多岐にわたるため，連携相手に対して直接アンケート票を送付することはできなかった。そのため，それぞれの連携相手と実際に連携を現場で行った実施担当者（教員）に，「連携相手が連携に期待すること」を質問し，連携相手の連携目的を導き出した。

【参考文献】

清成忠男（2000）「産学連携：意義と限界」『組織科学』Vol.34, 白桃書房

近藤正幸（2002）『大学発ベンチャーの育成戦略　大学・研究機関の技術を直接ビジネスへ』中央経済社

酒井隆（2012）『アンケート調査と統計分析がわかる本』日本能率協会マネジメントセンター

西澤昭夫・福嶋路共編（2005）『大学発ベンチャー企業とクラスター戦略』学文社

堀潔（2005）「起業家教育のための産学連携の必要性　オランダの起業家教育例に学ぶ」三井逸友編『地域インキュベーションと産業集積・企業間連携』お茶の水書房

吉田健太郎（2012）「地域振興と産学官連携　起業家育成と中小企業革新における大学の役割」三井逸友編『21世紀中小企業の発展過程　学習・連携・承継・革新』同友館

渡辺考編（2008）『アカデミック・イノベーション――産学連携とスタートアップス創出』白桃書房

Eaton, D. and Kabir, J. (et.al) (2007) Chapter2, "The Role of Innovation in Building a Sustainable Technology Cluster: the Austin Case" *The Flowchart Approach to the Formation of Industrial Cluster*, JRP Series No.14, IDE-JETRO).

Florida, R. (2005) *Cities and the Creative Class*, Routledge.

Kuchiki and Tsuji (2008) *The Flowchart Approach to Industrial cluster Policy*, Macmillan.

Miller, R. and B. Le Bouf (2009) *Developing University-Industry Relations: Pathways to Innovation from the West Coast*, Jossey-Bass.

Porter, M. (1994) *On Compettion*, Harvard University.

Saxanian, A. (1996) *Regional Advantage: Culture and Competition in Silicon Valley and Route 128*, Harvard University.

Zoltan, A. (2008) *Entrepreneurship, Growth and Public Policy*, Edward Elgar, Cheltenham.

（吉田　健太郎）

第3章 組織間コラボレーションとしての産学連携

I はじめに

　一般的に文系分野の産学連携は，理系分野のそれと比べ，件数が多くない，さらには，その内容についても，違いがあると言われている[(1)]。第2章においても，文系分野の産学連携に関するアンケート結果より目標の曖昧さや評価の難しさが課題として浮き彫りになっており，これらの問題が予算の獲得とあいまってプロジェクトの運営や継続を困難にしてしまい，件数が増えない一因となっていると思われる。

　本章は，文系分野の産学連携が抱えるこれらの問題の背景を組織間コラボレーション（collaboration）の視点から解き明かし，プロジェクトの運営や継続に必要なマネジメントのあり方，そしてその課題を示すことを目的とするものである。さしあたり，組織間コラボレーションの概念を検討し，そのプロセスを「組織化」としてとらえ，文系分野の産学連携と理系分野のそれとの違いについて考察していくことにしよう。

II 組織間コラボレーション概念

　コラボレーションは，協働と訳される。まさに"to work together"である。もちろん，コラボレーションはひとりでは成し得ない。したがって，二人以上の人びとから構成される。しかし，コラボレーションの構成はかならずしも個人とは限らず，今日，むしろ集団や組織が構成メンバーとなることが多い（組織間コラボレーション）。組織間コラボレーションは，グレイ（Gray, B.）によれば「さまざまな側面から課題を見ている複数の集団が，その違いを建設的

に明らかにしながら自らの能力の限界を超えて解決策を探索する過程」である（Gray 1989)[2]。このグレイの定義から，異質なメンバーによる構成を前提とし，資源や能力の限界を克服しながら，課題の解決にあたるという，異質性・限界性・目的性を特徴とする組織間コラボレーションの側面が浮かび上がるであろう。

産学連携であれば，構成メンバーは，企業，大学，行政（国や地方自治体），NPOなどであり，分野をまたぐ組織間コラボレーションは，クロスセクター・コラボレーションと呼ばれ，そこではより異質性が強調される。

なんらかの課題を解決するために，これらのアクターから構成される組織間コラボレーションが生まれる。佐々木他によれば，組織間コラボレーションは，課題の内容に基づいて①エゴセントリック型，②相互補完型，③新価値創造型に分類されるという（佐々木他 2009）。

①エゴセントリック型とは，ある構成メンバーが自己の課題を達成するために，他の構成メンバーの協力を仰ぐというもの（主役と脇役の関係）で，一方向的である。消費者参加型製品開発がこれにあたるという。

②相互補完型とは，複数の構成メンバーが各々の課題を達成するため，協力しあうものであり，双方向的である。地域と大学の連携がこれにあたるという。

③新価値創造型とは，構成メンバーの協力によって，全体として特定の課題を解決するものであり，多方向的である。この新価値創造型は，ソーシャル・イノベーションの視点が背後にあるという[3]。

次に，組織間コラボレーションの段階であるが，前出のグレイによれば，図表3-1のように，問題設定段階から，方針設定段階を経て，実行段階に至るという（Gray 1989)[4]。

①問題設定段階では，ステークホルダー（利害関係者）の間で解決すべき課題がはっきりとしてくる，アクターとして認識されるようになる，そしてコラボレーションをしていくなかでいかなる資源が必要かもわかってくる。

②方針設定段階では、アクターの間で共通の目的や活動の方向が設定され、それにともない議論すべきアジェンダや遵守すべきルールが形成される。
③実行段階では、アクター以外の人々や団体からの支持や支援を確保しながら、システムや機構が構築される。

図表3-1　組織間コラボレーションのプロセス

① 問題設定段階
・問題に対する共通の定義
・協働することへのコミットメント
・ステークホルダーの識別
・ステークホルダーの適切さ
・招集者の特徴
・資源の識別
② 方針設定段階
・基本的なルールの確立
・アジェンダの設定
・下位グループの発足
・情報検索の協力
・オプションの探索
・合意の形成と契約の締結
③ 実行段階
・後援者あるいは支持団体への対処
・外部支援の形成
・組織づくり
・合意の監視とその遵守の確保

（出所）Gray, B. (1989) *Collaborating: Finding Common Ground for Multiparty Problems*, Jossey-Bass p.57 Table4 を筆者翻訳

Ⅲ 組織化からみた組織間コラボレーション

1 バーナードの組織化

　組織間コラボレーションの段階において注目すべきことは、方針設定段階以前に問題設定段階があることである。組織間コラボレーションは、必ずしも、はじめに共通の目的や活動の方向が設定されているわけではなく、組織論の大

家バーナード（Barnard, C.I.）がいうところの公式組織ではない状態（非公式組織）から始まるのである。

以下では，バーナードによる公式組織の組織化とワイク（Weick, K.E.）による非公式組織のそれを対比させながら，組織間コラボレーションのプロセスについて検討していく。

本稿でコラボレーションと呼んでいるものをバーナードは，コオペレーション（cooperation）と呼んでいる[5]。バーナードのコオペレーションを構成するのは，個人である。個人は，ものごとを選択することができ，そして目的を決めることができる。しかし，目的を達成するにあたり，さまざまな点（生物的とか，社会的とか，個人的とか）で限界があって，うまくいかない。そこで，限界を克服するためにコオペレーションが生まれるのである。

われわれが見聞する，あるいは所属する会社や学校，病院など組織の原点がコオペレーションにある。コオペレーションによってろ過された，組織そのものの定義をバーナードは，「二人以上の人々の意識的に調整された活動や諸力の体系」としている。(Barnard 1938；邦訳 1968)[6]。ぎりぎりまで余計なものをそぎ落とした組織というものを考えたバーナードは，組織が成立するにあたり，少なくとも協働意欲（貢献意欲とも呼ばれる），共通目的，コミュニケーションが必要であると主張する。また，組織が成立したとしても，さらに組織が存続するためには，共通目的を達成する能力や程度である有効性が維持できること，また，個人の協働（貢献）意欲を引き出す能力や程度である能率が維持できることが条件となる。

たとえば，有効性を維持するためには，目的を達成するために選択された手段が適切ではなければならない。そこでは，意思決定がマネジメントの対象となる。また，能率を維持するためには，貢献に釣り合う誘因を提供しなければならない。したがって，インセンティブがマネジメントの対象となる。このような意思決定なり，インセンティブなりのしくみを構築していくことこそが組織化であると言えよう。

なお，ここでのバーナードの組織とは，公式組織のことであることに注意し

たい。それでは、公式組織ではない非公式組織とはなにか。バーナードによれば、非公式組織は、他人と接触し、相互に作用し、集団が発生している状態であるが、そこでは共通目的が除外されている。しかし、公式組織が成立するにあたり、非公式組織は、共通目的を受容するような、あるいは協働（貢献）意欲が湧くような心的状態を作り出す機能を持っているという。

2　ワイクの組織化

　バーナードとは違った立場で組織化についてアプローチしたのがワイクである。ワイクの組織化のベースにあるのは人びとの相互作用である。ワイクのいう相互作用とは、ある人の行動が他者の行動に依存することであり、これが一方向から双方向へ、さらに多方向へと拡大していく（相互連結行動という）ことで、組織が出来上がっていく。ワイクは、組織化を「意識的な相互連結行動（interlocked behaviors）によって多義性（equivocality）を削減するのに妥当と皆が思う文法」と定義する（Weick 1979；邦訳 1997）[7]。ここで多義性とは、ものごとの意味が曖昧でさまざまな解釈ができる状態であり、組織化によって多義性が削減される[8]。また、文法とは、相互連結行動を繰り返すなかでそれらを意味あるものにする読み取りレシピや組み立てルールのようなものである。

　ワイクは、さらに相互連結行動について以下のように述べている。そもそも相互連結行動は、人びとが各々、自分自身の目的を達成すべく、自分以外のだれかに働きかけ、相手の行動を喚起することから始まる。そこでは、個人目的はあっても（したがって全体として多様な目的があるが）、共通目的が必ずしもあるとは限らない。そして、目的を達成する手段、それは往々にしてはじめは個人レベル（個人目的を達成するためのもの）であるかもしれないが、レシピやルールなど文法がはっきりしてきて手段が共有されていき、集団あるいは組織レベルになっていく。

　ワイクは、「個々人は、それぞれある行為を遂行したいと欲し、それを実現するためには他者に何事かをやってもらう必要があるから、互いに集まるので

ある。人々が集合的に行為するために，目標の一致は必要でない。それぞれが別々の理由で別々の目標を追求していてもそれは可能である。この最初の段階で互いに求めるものは，行為の貢献である」と述べている（Weick 1979 ; 邦訳 1997）[9]。

多様な目的がここかしこで存在しながらも，それらを達成するための手段がつながっていき，収束していき，やがて共通の手段が生まれてくる。共通の手段が集団あるいは組織を形成していく。そして，共通の目的がだんだんと姿を現してくる。

ひとたび共通の目的が形成されると，目的を達成すべく分業がなされ，手段が枝分かれしていく（多様な手段）。それに従い，選好や欲求といったものが分散し，各々の目的が定義しなおされ，結果として再び目的が多様なものになる。したがって，集団あるいは組織は，多様な目的，共通の手段，共通の目的，多様な手段というプロセスを辿ることになる。

ワイクの組織化のプロセスにおいて特徴的であるのは，行為が目的に先行するということである。そこにあるのは，イナクトメント（enactment），環境の創造と訳される概念である。イナクト（enact）は法律を制定するといった意味があるが，ワイクは，組織のなかの人々がこれまでの行為を振り返って，事後的に，回顧的に，自らを取り巻く環境を定義しながら，それに適応していくと考える。松本は，ワイクのイナクトメントについて「環境を外在的な所与の条件とはせずむしろ内在的な構築物ととらえて，自らの行為によって自らの環境に変化をもたらすこと，すなわち，あたかも法律を制定するかのごとく"これがわが社のおかれた環境だ"と主観的・恣意的に定義づけることを意味する。そしてまた，組織とは自らがイナクトした（創り上げた）環境に（つまり過去の構築物に），以後の（または現在の）行為と認識が絡めとられるものなのだということが暗示されているのである」と言及している（松本 2006）[10]。

3 組織化からみた組織間コラボレーション

バーナードの組織化は，公式組織としてのものであり，それは，人びとが集

まった後で、目的を達成する、成果を獲得するための行為を引き出すことを問題としているのに対して、ワイクの組織化は、非公式組織としてのものであり、それは、人々が集まって行為が結ばれ、集団が形成される契機なり、プロセスなりを問題としているのである（岸田 1994，中條 1998）[(11)]。

グレイの組織間コラボレーションのプロセスにおいて、問題設定段階から方針設定段階が、非公式組織であり、方針設定段階から実行段階が公式組織であると言えよう。なぜならば、方針設定段階において、共通目的が形成されるからである。そして、共通目的が形成される以前に、非公式組織段階において、課題が明確になる必要がある。組織間コラボレーションにおいては、はじめから課題と（共通）目的が一致しているとは限らないのである。

ここでの課題とは、たとえば、地場産業振興や商店街活性化といった抽象的なものである。それに対して、目的とは、地域ブランドのコンセプトやコミュニティ再生のしかけといった具体的なものである。

抽象的な課題から具体的な目的が導き出されるためには、ひとつには、課題そのものに対して、問題の原因や背景といったものが明確になる必要がある。それと同時に、各々のアクターが保有する資源や能力が認識されなければならない。これらの資源や能力が分かっていなければ、問題の所在がいかに明確であろうとも、それを解決する方法や筋道がみえてこないため、全体として何を為すべきか（共通目的）が定まりにくい。そこではワイクの組織化のように、問題設定段階におけるアクター間の議論や行動を振り返るなかで、イナクトメントによって、共通目的が導き出されるのかもしれない。

もちろん、課題と目的が一致している組織間コラボレーションもあるであろう。すなわち、はじめから課題がはっきりしており、したがって問題の所在や解決の方法が分かっており、必要な資源や能力がよく認識され、また、それを保有するアクターが特定されていれば、組織間コラボレーションは公式組織として機能できる（バーナードの組織化）。エゴセントリック型や相互作用型に代表されるような理系分野の産学連携がこれにあたると思われる。たとえば、次世代商品開発において、商品を特徴づける特殊な技術が必要であり、特定の

技術について共同で研究するといった組織間コラボレーションである[12]。

それに対して，新価値創造型に代表される文系分野の産学連携は，前述したように，課題と目的が一致していない非公式組織としての機能から始まる，いわば共通目的を導き出す組織間コラボレーションであると言えよう（ワイクの組織化）。さらに，文理融合の産学連携においては，非公式組織段階においては文系分野が，公式組織段階においては理系分野が主導することも想像される。

組織間コラボレーションの視点から文系分野の産学連携をとらえるならば，第2章のリサーチクエッションである「（文系分野の産連携の）役割とは，地域振興あるいは企業成長のために，大学文系分野がソーシャル・キャピタルとして，そのために必要な資源と資源をブリッジ（橋渡し）すること，あるいはイニシアティブをとり，彼ら自身がイノベーションを起こす『気づき』と『契機』を創り出すことではないか」は支持され得るものである。

Ⅳ 文系分野の産学連携のマネジメント

1 環境と資源，目的

文系分野の産学連携を組織間コラボレーションとしてとらえると，それは，はじめに目的ありきの組織ではなく，課題のもとに参加した人々によって目的が形成される。ワイクが，探検家は自分が何を探検しているかを，探検し終えてはじめて知ることができるというベイトソン（Bateson, G.W.）の言葉をたびたび引用しているように，行為は目的に先行する。ワイクが好んで使うのがイナクトメントである。イナクトメントは，環境の創造であり，環境の定義であり，環境の意味づけ（sense making）である[13]。

組織間コラボレーションにおいては，課題や問題に関するアクター間の議論やアクターによる調査や試行など実際の行動のなかで，組織間コラボレーションにとっての環境の一部となる課題や問題に対する意味づけがなされる，とい

うことになるであろう。このことが共通目的の形成にとって重要であることは明白である。しかし，環境だけではなく資源もまた，議論や行動のなかで認識されるのではなかろうか。

　そもそも，アクターは，個別目的（共通目的ではない）を達成するにあたり，自己の保有する資源や能力に限界があり，それを克服するためにコラボレーションに参加する，というのが前提である。したがって，アクターは，自分自身の資源や能力について熟知しているはずである。しかし，はたして本当にそうであろうか。たとえば，ゼミナールで考えてみると，担当の教員はゼミナールに所属する学生の能力を前もって熟知しているだろうか。もちろん，レポートや成績の内容からその学生の能力を知ることができよう。しかし，ゼミナールという組織においてひとり一人の学生の能力がいかに活用されるか，すなわちゼミナールにとって個人の能力がどう機能するか（ゼミナールにとっていかなる価値があるか）は，ゼミナールにおける議論や行動のなかで次第にわかってくるものである。このことから，資源や能力の中身・内容とその機能・価値を分けて考えねばならないことが理解できよう。

　組織間コラボレーションに参加するアクターは，自己の保有する資源や能力の中身・内容を前もって熟知しているが，その機能・価値は，コラボレーションのなかで後から認識されるものである。ワイクの組織化，すなわち資源や資源を活用する読み取りレシピや組み立てルールが確立していく組織化のプロセスのなかで，それぞれのアクターが保有する資源や能力の機能・価値が明確になってくる。したがって，環境だけではなく，資源もまた，事後的に，そして回顧的に定義されると言える。

　組織間コラボレーションにおいては，環境や資源は，課題や問題の背景や原因を議論するなかで，また，調査や試行など行動を通じてわかってくるのである。環境や資源がわかってくれば，おのずと課題や問題の解決の方法や道筋が明確になり，共通目的が形成される。まずもって，議論や行動といった行為を促進することが求められよう。

　また，組織間コラボレーションの共通目的が一度形成された後も，すなわち

公式組織段階にあったとしても，議論や行動が続けられていく。つまり，環境に対する意味づけ，また，資源に対する意味づけが続けられるのである。環境や資源の内容が変化することによって，あるいはそれらの価値が変化することによって，共通目的が再形成されることは十分にあり得る。

以上のことから，文系分野の持続可能な産学連携において，コーディネーターは，アクターとともに自分たちを取り巻く環境と自分たちが保有する資源に対して意味づけを繰り返し続けることが肝要である。そのなかで目的が形成され，再形成される。コラボレーションの初期段階においては，必ずしも目的が明確にならないこと，それゆえ成果も測りにくいことも理解しておかなければならない。

2　組織文化

次に，ワイクが文法と呼ぶ，読み取りレシピや組み立てルールについて検討を加えよう。

高橋は，これについて「本来，人間の活動は多義的であり，いろいろな意味に解釈可能なものである。それが組織化のプロセスのなかで，互いの行動を意味あるものに組み立て，互いの行動の意味を確定させることができるような合意した文法を共有するようになる」と述べている（高橋 2010）[14]。企業，大学，行政，NPOといったアクターには，それぞれ固有のルールや習慣がある。言葉（用語）でさえ違うこともある。極端に言えば，異文化交流である。

自分と他者のルールや習慣を理解しながら，議論や行動を一緒にしていくうちに，「うまくやっていく」ルールや習慣が生まれ，共有されていく。したがって，ワイクのいう文法には少なからず，文化的側面があると考えられよう。

組織間コラボレーションの組織文化は，企業のそれと異なる。前述したように，それぞれのアクターに固有の文化があり，はじめのうちコラボレーション全体の文化はない。アクター間のやりとりのなかで次第にコラボレーション全体の文化が形成されていく。

企業組織の文化の場合，創業者や経営者の哲学や理念，ミッションがコアとなって，それがさまざまな制度や儀式，習慣や日々の言動に反映されることで，組織のなかの人々に共有されていく。それに対して産学連携，なかでも文系分野の場合，共通目的の形成がなされない非公式組織段階において，哲学や理念，ミッションといった文化のコアも希薄になりがちである。さらに，公式組織段階になったとしても，ゆるやかなネットワークゆえ便益が大きい産学連携にとって，企業組織と同じような強力な文化が求められるものではないかもしれない。

　デービス（Davis S.M.）は，組織文化を指導理念と日常理念に分けている。指導理念とは，なにを為すべきか（どうあるべきか）を示す「企業がよって立つ基盤なり原理なりを構成する戒律」であり，日常理念は，いかに為せばよいか（どうすればよいか）を示す「日々の行動に関する規則や感情」である（Davis 1984；邦訳 1985）[15]。企業組織の組織文化においては，はじめに指導理念ありきで，日常理念が指導理念にマッチングするよう形成される。それに対して，産学連携における組織文化については（とくに文系分野のそれについて），むしろまずもって日常理念が形成され，その後，だんだんと指導理念が形成されていく，と考えられよう。

　以上のことから，文系分野の持続可能な産学連携において，コーディネーターは，まず，それぞれアクターの日常理念ともいうへぎルールや習慣を理解し合いよう努めなければならない。その上で，アクター同士の議論や行動のなかで，コラボレーション全体のルールや習慣を作り上げていくことに注力すべきである。さらに，共通目的の形成にあたり，指導理念ともいうべき，哲学や理念，ミッションを作り上げ，公式組織段階でそれらを機能せしめるようにしていくことが肝要である。

　しかしながら，コーディネーターがこれらのことに留意したとしても，それぞれのアクターの組織文化は生き続けている。そのなかで，コラボレーション全体の組織文化を醸成していくのは容易ではない。近年，「われわれ意識」や成員性（membership）といったものが組織アイデンティティとして研究され

始めている(佐藤・山田 2004)。筆者は，この組織アイデンティティを組織文化という内容をおさめる容器としてとらえている。組織に参加する個人の容器の大小によって，受容する内容の多少が変わるであろうし，また，容器があればそこに入る内容は，曖昧であっても，またまとまりに欠けていてもよいだろう。コーディネーターは，コラボレーション全体の組織文化を醸成しながらも，アクターのコラボレーションに対する組織アイデンティティを高めていくことが必要なのである。

V おわりに

　文系分野の産学連携は，理系分野のそれと違って，課題と目的が一致していない，すなわち，共通目的がはじめから明確になっていないという点から，非公式段階の組織間コラボレーションをワイクの組織化に基づいて検討してきた。そこでは，コラボレーションを取り巻く環境，そしてコラボレーションを構成する資源，さらにアクターの関係とやりとりも意味づけされていく。それも，事後的・回顧的にである。アクター間の議論や行動があって，はじめてコラボレーションの環境・資源・関係がわかってくる。そこから，共通目的や組織文化が形成(醸成)されていくのである。行為は目的に先行する。

　組織間コラボレーションは，共通目的形成の前後で，すなわち非公式組織段階と公式組織段階ではまったく逆と言ってよいほど，組織化のプロセスが違ってしまう。コーディネーターが企業組織といった公式組織段階からはじまる組織のプロセスと同じように文系分野の産学連携をマネジメントしてしまうと空中分解を招いてしまったり，少なくとも持続可能な取組みへの発展はおぼつかない。

(注)
(1) たとえば，人文社会科学系産官学連携を検討する会 (2008) を参照。
(2) Gray (1989) p.3

(3) 新価値創造型にあたるものとして非営利法人研究学会・東日本研究部会による戦略的協働がある。それは，「NPO，政府，企業という3つの異なるセクターに属する参加者が，単一もしくは2つのセクターの参加者だけでは生み出すことが不可能な新しい概念や方法を生成・実行することで，多元的な社会的価値を創造するプロセス」と定義されている（小島・平本 2011，p.5）。
(4) Gray（1989）pp.55-57を参照。なお，佐々木他は，グレイのコラボレーションの段階を，課題明確化段階，目標設定段階，制度化・評価段階と呼んでいる（佐々木他 2009，pp.12-13）。
(5) コオペレーションも一般的に協働と訳される。
(6) Barnard（1938）p.73；邦訳（1968）p.76
(7) Weick（1979）；邦訳（1997）p.4
(8) 高橋は，組織化について，ディールとケネディ（T.E. Deal and A.A. Kennedy）による逸話を用いて説明している。その逸話とは，「中世の旅人が，道端で一緒に働いている3人の石工に出会った。石工一人ひとりに何をしているのか尋ねたところ，最初の石工は，『石を切っています』と答えた。2番目の石工は『（建物の土台の）隅石を作っています』と答えた。3番目の石工は『寺院を建てています』と答えたという」（高橋 2010，p.93）。
(9) Weick（1979）；邦訳（1997）pp.117-118
(10) 松本（2006）p.6
(11) 岸田は，ワイクの組織化を「新しい組織構造の形成に向けて人々の活動を相互に連結する組織生成（Organizing）」，バーナードの組織化を「形成された組織構造が集合目的に向けて人々の活動を規制する構造統制（Organized）」としている（岸田 1994，p.13）。
(12) 理系分野の産学連携においても必要な資源や能力を保有するアクターがみつからないなどによるマッチングの問題は十分にあり得る。
(13) 意味づけについて，ワイクは，「センスメーキングについて語ることは，状況の意味を回顧的に意味づけるときに作り上げる構成物—その中に自分自身と自分たちの創造物を見つけるのだが—としてリアリティーを語ることである」と述べている（Weick 1995；邦訳 2001，p.20）。
(14) 高橋（2010）p.182
(15) Davis（1984）；邦訳（1985）pp.7-8

【参考文献】

岸田民樹（1994）「革新のプロセスと組織化」『組織科学』第27巻第4号，pp.12-16

小島廣光・平本健太編著（2011）『戦略的協働の本質―NPO，政府，企業の価値創造―』有斐閣

佐々木利廣・加藤高明・東俊之・沢田好宏（2009）『組織間コラボレーション―協働が社会的価値を生み出す―』ナカニシヤ出版

佐藤郁哉・山田真茂留（1984）『制度と文化―組織を動かす見えない力―』日本経済新聞社

人文社会科学系産官学連携を検討する会（2008）『京都の大学における事例からみた社文系・芸術系産官学連携報告書』京都産学公連携機構・財団法人大学コンソーシアム京都共同事業

高橋伸夫（2010）『組織力―宿す，紡ぐ，磨く，繋ぐ―』筑摩書房

中條秀治（1998）『組織の概念』文眞堂

松本久良（2006）『組織の硬軟と適応―新たな適応理論からの再定義―』法政大学イノベーションマネジメント研究センター・ワーキングペーパー

Barnard, C.I. (1938) *The Functions of the Executive*, Harvard University Press.（山本安次郎・田杉競・飯野春樹訳『新訳 経営者の役割』ダイヤモンド社，1968年）

Davis, S.M. (1984) *Managing Corporate Culture*, Harper & Row.（河野豊弘・浜田幸雄訳『企業文化の変革』ダイヤモンド社，1985年）

Gray, B. (1989) *Collaborating: Finding Common Ground for Multiparty Problems*, Jossey-Bass

Weick, K.E. (1979) *The Social Psychoogy of Organizing (2nd ed.)*, Addison-Wesley.（遠田雄志訳『組織化の社会心理学』（第2版）文眞堂，1997年）

Weick, K.E. (1995) *Sensemaking in Organizaions*, Sage Publications.（遠田雄志・西本直人訳『センスメーキング・イン・オーガニゼーションズ』文眞堂，2001年）

（松村　洋平）

第4章 共創的地域ブランド・マネジメントにおける文系大学の役割

I はじめに

　いま，地域振興の1つの方策として，「地域ブランド」を構築することに注目が集まっている。「地域ブランド」といえば，野菜や米，魚や肉などの食品を主としたモノのブランド化を真っ先に思い浮かべる人も多いだろう。京野菜，あきたこまち，讃岐うどん，関さば関あじ，神戸牛など多くの地域の特産品があげられる。

　しかし，現在，「地域ブランド」という言葉で定義される範疇はそうしたモノのブランド化にとどまらない。その内容は，その地域が独自に持つ歴史や文化，自然，産業，生活，人のコミュニティといった地域資産を活用し，地域全体のアイデンティティ化をはかることであるといえる。つまり，地域ブランド・マネジメントの視点というのは，特産品の販売による経済的拡大にとどまるものではなく，有形無形の地域資産を人々の精神的な価値へと結びつけることで，「買いたい」「訪れたい」「交流したい」「住みたい」を誘発し，地域の活性化を図り持続的発展に寄与していくことにある[1]。人々は，地域資産としての歴史や文化，まち並み，自然，人との相互作用によって価値を見出す。ブランド力の強い地域ほど，それらの地域資産の連想は，バラバラではなく，全体としての統一感や世界観を持っている。したがって，地域ブランドを育成していくためには，地域に関わる多くのアクターが一丸となって一つの方向性を目指し，地域らしさに根差した地域全体のアイデンティティ化をはかる必要があるといえる。

　第2章で示したアンケート結果では，大学側の連携相手の連携目的として，「地域ブランド力の向上」が最多の回答となっており，ここからも地域ブラン

ドに対する関心の高さがうかがえる。

　こうした背景のもと，本章では，地域ブランドについて概観し，地域ブランド・マネジメントの視点から文系大学の役割について論じていく。

II ブランド・マネジメントの視点

1 ブランドの価値構造

　そもそも，ブランドとは何か。ブランドという言葉は，「焼印をつける」ことを意味するbranderという古スカンジナビア語から派生したものだという。自分の家畜などに焼印を施し，他者の家畜と区別するために行われたものがブランドの語源であるといわれる。現在でも，brandという語には，商品や家畜などに押す「焼印」という意味がある。商標という言葉をブランドの訳語として使うときは，この「識別するための印」という意味を捉えているのだろう。商標法で保護されている「ブランド」は，同じような商品を識別するために製造元が取り付けていた商標やマーク，タグなどの付属物に過ぎない。

　しかし，その商品が優れていた結果広く使われるに従い，付属物が「商品が良質だ」「使い勝手が良い」等といった判断基準を消費者に連想させるような働きをするようになる。つまり，ブランドが意味する所が，単に「識別するための印」にとどまらず，「信頼の印」というイメージをあらわすものとなっていったのである。さらに，商品の信頼性を確立すると，付属物事態（ブランド自体）が重要な「意味」を持ち，その「意味性」「物語性」がストーリーとして独り歩きする場合もある。つまり，現在において，ブランドという言葉は，単に識別の手段にとどまらず，「信頼の印」「意味・物語性」を提示するものまで包含して使用されているといえる。

　この点に関して，和田（2002）は，ブランドの多面性，一体性ということについて理解するために，「ブランドの価値構造」のモデルを提示している。

　図表4-1に示すように，ブランドの価値構造は，「基本価値」，「便宜価値」，

図表4-1 ブランドの価値構造

観念価値
感覚価値
便宜価値
基本価値

(出所) 和田 (2002) p.19

「感覚価値」,「観念価値」の4つの価値によって構成されている。つまり,製品の必要条件である基本的な品質や機能などの「基本価値」,その製品の使用や消費にあたっての便宜性である「便宜価値」,消費者の五感に訴求する「感覚価値」,そして製品に物語性を感じる「観念価値」から構成される。

たとえば,自動車の例にあてはめれば,移動のための手段としての基本的機能が「基本価値」であり,燃費などの経済性や運転のしやすさが「便宜価値」であり,デザインの良さが「感覚価値」であり,そして,BMWやベンツといったブランドのステータス性,あるいはその歴史や物語に裏付けられた意味性や象徴性などが「観念価値」,ということになる。

2 地域ブランドの価値構造

図表4-1で描かれたモデルは,本来はプロダクトについて描かれたものであるが,地域ブランドにあてはめて考えてみるとどうなるだろうか。

その場合,「基本価値」は,地域の基礎となるライフラインの整備度,「便宜価値」は交通の便などによる利便性,「感覚価値」や「観念価値」は,地域のかもし出すイメージ・物語性ということになろう。

ここで,地域ブランドの構築にあたって,最も重要視するものとして,地域の「感覚価値」「観念価値」があげられる[2]。地域にとって基本価値や便宜価値が重要なことはいうまでもないが,これらライフラインやインフラストラクチャーの整備は,各地域に共通する一元的な価値である。したがって,これら

の価値を整備し向上させることによって地域の差別化,つまり地域ブランドの構築を行うことは難しい。一方,地域に基本価値や便宜価値を超えた感覚的・観念的価値が備わっていれば,人々はその差別化を求めて地域に居住しあるいは訪れると想定されるからである。

競争戦略の観点からしても,地域間競争が拡大する中で,ある地域が他の地域と差別化し,より魅力を感じてもらうためには,地域の「感覚価値」「観念価値」の創出が重要になるといえ,これは価値次元の「可視性」という言葉で表現されることがある[3]。可視性とは客観的なモノサシで測ることができる程度である。一般的に,可視性の高い価値次元での差別化は,一見すると有効性が高いようにも思えるが,可視性の高い価値次元での差別化は,競合からの追随・模倣を受けやすい。よって,いかにして可視性の低い価値次元で差別化していくかが重要である。つまり,可視性の低い価値次元である「感覚価値」「観念価値」の創出が,競争の中で重要な要素になると言い換えられる。

なお,ブランド価値構造は階層性をなしており,ブランド価値構築において基本価値と便宜価値を備えることは重要であることを説明したが,一元的に,基本価値,便宜価値,感覚価値,観念価値と順番に価値を構築・昇華させていくべきだと決めつけることは必ずしも現実的ではない。感覚性や観念性が先行し,ブランド価値を構築していくことも十分に考えられる。たとえば,東京の人にとって,小樽や湯布院への交通の便が悪いとしても,その魅力が高ければ小樽や湯布院を訪れるし,不便な生活になることがわかっていたとしても,スローライフに憧れて石垣島に居住するといったこともあるだろう。ゆえに,その地域の立地条件や財政状況などの理由から,基本価値や便宜価値を十分に創出できないからといって,地域ブランド構築をあきらめる必要はまったくない。地域に基本価値や便宜価値を越えた感覚価値や観念価値が備わっていれば,地域の差別化を行うことも可能なのである。

3 地域ブランドに注目が集まる理由

日本社会ではとくに高度成長期以降に地方の衰退が急速に進行した。日本の

産業は，農業，水産，林業，畜産，鉱業など第一次産業から，製造業や流通・サービス業の第二次，第三次産業を主とするものに構造変化を遂げた。これらの新興産業は規模の拡大と効率化，利便性の向上を目指しその立地を都市圏に求めた。ゆえに，若年層を中心に人口移動が生じ，地方は消費力を失い，労働力を失っていった。現在，日本の人口の半分は，三大都市圏に居住する。

「地方の時代」というスローガンは，地方が衰退し，地方の時代でないから叫ばれたのである。地方都市の人口減，地域産業の衰退，農村の過疎化，またこれらに伴う地方財政の危機は依然として続いている。

こうした地域内外の人々に関わる諸問題に対する打開策の一つとして，地域ブランドへの関心と期待は高まってきた。地域への誇りや愛着の創造，地域の持続的発展のために，地域の有形無形の資産を改めて見直し，その価値を創出・醸成していく必要があると考えられたからである。

まとまりがない担い手による単発的・散発的な地域振興策では，地域内外の人々に訴えかけるものは少なく，「買いたい」「訪れたい」「交流したい」「住みたい」「住み続けたい」といったニーズを満たすことはできない。そうした中で，地域のステークホルダーが協働し，持続的かつ多面的に地域の価値（基本価値・便宜価値・感覚価値・観念価値）を創出・育成しようとする地域ブランド・マネジメントに対する注目が高まってきたと考えられる。

知識社会の進展の中で，マーケティングは「売るための仕組み」から企業と消費者の「関係をつくる」マーケティングへと変化したと言われ，このような関係性構築型のマーケティングにおいては，従来の機能価値，経済価値というよりはむしろ，より高次の価値に焦点を当てた価値創造が求められる。こうした中で，ブランド価値構築における昨今の議論は，ブランドのイメージや意味性・物語性といったものに焦点をあてたものにシフトしている。つまり，ブランド価値構築の中でも，とりわけ感覚価値や観念価値に対する注目が高まってきているといえる。こうしたことから，今後，地域のステークホルダーとより深い関係を構築するためには，とりわけ感覚価値，観念価値を創り出し，醸成していくことが重要なキーとなり，ここに文系分野の大きな役割があると考え

られる。

4 地域ブランド・マネジメントの問題点

　地域ブランドを構築していくためには，地域のステークホルダーが協働し，関係性を深め，持続的かつ多面的に地域の価値を創出・育成していく必要があることは先に述べたが，実際には，これがなかなかうまくいかない。原因としては次のようなことが考えられる。

　第一に，地域ブランド・マネジメントの担い手の問題である。地域ブランドを効率的・効果的に構築するにあたっては，地域のステークホルダーの「協働」が不可欠となり，それを可能とするためには，アクター同士を中立的に結びつけ橋渡しする「コーディネーター」，あるいはイニシアティブをとる「リーダー」的役割をする立場の人（あるいは組織）が必要となると考えられる。しかし，そうした役割を担える人材（組織）が欠如していると，まとまりなくそれぞれのアクターが単発的・散発的プロモーションを行ってしまうことにより，結果として単なる一過性の取組みで終わってしまうことが多い。事実，地域ブランドを標榜したさまざまな取組みが散見されているが，ネットワークが構築されていないために，情報や知識の蓄積もままならず，中途半端な取組みで収束してしまっている例も多くみられる。

　第二に，「そもそも地域ブランドとは何か」，「なぜ地域ブランドか」という「共通認識」・「共通目的」の欠如の問題である。地域ブランドへの期待が高まる中，地域ブランドという言葉は多用され，多義的に扱われるようになっている。たとえば，ある人は，地域ブランドとは「地域の特産品」のことを指し，地域ブランドの目的は特産品の売上増大にあると考えている。もちろんこれは地域ブランドの範疇には含まれるが，あくまで一部にすぎない。

　本章では，地域ブランドを，その地域が独自に持つ歴史や文化，自然，産業，生活，人のコミュニティといった有形無形の地域資産を活用し，人々の精神的な価値へと結びつけることで，地域全体のアイデンティティ化をはかることとしている。つまり，地域ブランドの目指す目的とは，経済的拡大にとどま

らず，地域への誇りや愛着の創造，地域の持続的発展にあると捉えているが，これが必ずしも共通認識となっているわけではない。地域ブランドというのは，多義的な用語となり，混乱して使用されているがゆえに，定義や目的の認識の共通化がなければ，ステークホルダーの共感は得られない。たとえば，先の例にあげたように，地域ブランドを「地域の特産品」のことだと考えている人にとっては，特産品をつくらない限り，地域ブランド構築なんて自分とは関係のないことだと考えてしまうだろう。そうした事態を避け，多くのステークホルダーに共鳴してもらい，協働してもらうためにも，今，説明してきたように，地域ブランドの定義・目的といったことに対する共通の認識・理解が必要であり，それを導く人（組織）の存在が必要となってくる。

Ⅲ 産学連携による地域ブランド・マネジメント

1 地域の中の大学

　大学は教育と研究を本来的な使命としているが，同時に，大学に期待される役割も変化しつつあり，現在においては，大学の社会貢献の重要性が強調されるようになってきている。当然のことながら，教育や研究それ自体が長期的観点からの社会貢献であるが，近年では，産学連携等を通じた，より直接的な貢献も求められるようになっており，こうした社会貢献の役割を，言わば大学の「第三の使命」として捉えていくべき時代となっている。このような新しい時代にふさわしい大学の位置付け・役割をふまえれば，各大学が教育や研究等のどのような使命・役割に重点を置く場合であっても，教育・研究機能の拡張としての産学連携，社会貢献は常に視野に入れていくことが重要である。

　ところで，近年，日本の大学は，人口減少下において過当競争に陥りつつあり，各大学が個性的な魅力を備えなければ生き残っていけないといわれている。そうした中で，大学が各地域において，地域のステークホルダーと連携しながら活動を進めることによって，イノベーションを起こすことができたとす

るならば，その成果を教育・研究に還元できると共に，地域の発展に貢献することで，存在感を示すことが可能になるのではないかと考えられる。

　地域から大学に寄せられる期待は少なくない。たとえば，先に地域ブランド・マネジメントにおける問題点として，地域ブランド・マネジメントの担い手の問題，地域ブランドに対する共通認識浸透の問題を指摘したが，大学はこうした問題を解決できる能力があり，また，そうしたポジションにふさわしい存在であると捉えられている。大学が持つ「中立性」「信頼性」「統合性」といった特徴は，地域のステークホルダーの共感・共鳴・協働を誘発するのに，必要不可欠なものであると考えられる。

2　ブランド構築における文系と理系の役割

　ブランドには価値構造があることは述べたが，一般に，基本価値・機能価値は，製品（あるいは地域）の機能的属性から得られる価値であり，功利的動機を基盤にしているため，客観的な基準での評価，優劣判断が可能であるものといえる。

　対して，感覚価値・観念価値は，製品（あるいは地域）の五感に関わる属性・イメージなどから得られる価値であり，快楽的動機や価値表出的動機を基盤としているため，客観的基準での優劣判断が難しいものである。

　ここで，ブランド価値創出における文系と理系の役割という観点から，理系分野と文系分野の特性を鑑みた視点で捉えてみる。

　基本価値・機能価値を創出していくことに関しては，多くの場合，製品の実体的な機能的属性に由来しているため，サイエンス的色彩が強い理系分野の方がより力を発揮しやすいと考えられる。

　一方，感覚価値・観念価値を創出していくことに関しては，イメージやストーリーといった実体を持たない感性的属性に由来しているため，アート的色彩が強い文系分野の方がより力を発揮しやすいと考えられる。

　これは，基本価値・機能価値が機能的属性から得られる価値であり，可視性の高さを重視することに由来する。機能的属性とは，物理的な構造・組成・特

図表4-2　ブランド構築における文系と理系の役割

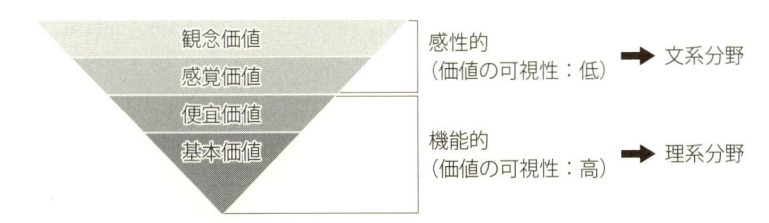

```
┌─────────────────┐
│     観念価値      │  感性的
│     感覚価値      │  （価値の可視性：低）  → 文系分野
│     便宜価値      │
│     基本価値      │  機能的
│                 │  （価値の可視性：高）  → 理系分野
└─────────────────┘
```

性を持ち，一定の機能・性能・効果を発する特徴のことである。理系分野は，そうした客観的基準での評価が可能となる価値を創出することを得意とする。したがって，理系大学に対しては，目的が設定しやすく，また連携の成果が見えやすく測りやすいため，企業側から産学連携のアクセスをしてくることが多い。現在，日本で行われている産学連携の中心が理系大学とのものであることは，こうした理由によるものである。

　一方，感覚価値・観念価値は，感性的属性から得られる価値であり，これらの価値は五感に関わる属性，イメージ等から得られるものなので，可視性は低いといえる。感性的価値は，多くの場合，客観的基準での評価や優劣判断にはなじまない。文系大学に対する産学連携のアプローチが少ない原因としては，こうした理由が考えられる。つまり，企業側としては，文系大学に対して，当初より目的や成果基準を明確に設定することが難しく，積極的に連携を行う契機につながりにくいからである。

　しかし，先述したように，近年，「感覚価値」「観念価値」の創出が重要視されるようになっている。可視性の低い次元での差別化が，成熟社会において重要な要素になると考えられているからである。これについては，たとえば，ブルー・オーシャン戦略として知られるKim and Mauborgne（2005）が，それまで支配的であった価値を再定義する「バリュー・イノベーション」によって，新しい価値次元へと乗り換えて，既存の価値次元上での競争を回避することを提案している[4]。また，MOT（技術経営論）の分野でも延岡（2006a; b）が，価値の源泉として，提供価値を機能的価値以外の意味的価値にまで拡げ，

それをマネジメントすることの重要性を説いている。マーケティング分野においても，藤川（2006）が，差別化の新機軸として，顧客が語れない潜在需要を掘り起こすことが重要だとし，潜在的ニーズの掘り起こしに着目している。また，Schmitt（1997）も早くからSimonsonとの共著のなかで，五感を通して顧客に感覚的な経験を与える「エスセティクス」[5]の重要性を指摘しており，物性面や機能面での差別化が困難になるなか，感覚的経験を戦略的に活用することで，アイデンティティを確立し，顧客との強い絆を築き上げるべきだとした。

　以上のようなことからも，地域ブランド構築において，「感覚価値」「観念価値」の創出が，今後，地域を差別化し活性化するのに必要な条件になってくると捉えられ，ここにおける，文系大学が果たすべき役割は，非常に大きなものがある。

3　地域ブランド構築における文系大学の役割

　ここからは，文系大学の役割について，特に「感覚価値」「観念価値」というところに焦点をあてて，より掘り下げた議論を展開していきたい。実際に地域ブランド構築に取り組むにあたって，まず何から取り組めばよいのであろうか。地域ブランド構築を成功させる要因として，次の3つが指摘できる。

(1) ブランド・アイデンティティの開発と浸透

　先に地域ブランド・マネジメントの問題点として，地域ブランドに対する共通認識・共通目的の欠如の問題を指摘した。そこで，地域ブランド構築に関わる文系大学の役割として，地域の「ブランド・アイデンティティの開発と浸透」といった取組みをあげていきたい。

　ブランド・アイデンティティとは「ブランドが表現したいことを明確に表したもの」と定義される[6]。つまり，ブランド・アイデンティティとは，それが提供するものは何であるかを明示し，他にはない特徴や資質を主張することになる。

　ブランド・アイデンティティは，ブランド構築のマネジメントにおいて長期

的ビジョンを示し，戦略上の指針として機能する。現在，地域ブランドがどのようにイメージされているのかではなく，これから先，どういうふうに見られたいかという視点で，進むべき方向性を設定する。

　ブランド・アイデンティティを創出するためには，地域資産を整理・編集し，解釈していく必要がある。また，場合によっては，新たな意味づけを行っていく必要もある。

　つまり，一貫した地域ブランド・マネジメントを行うためには，地域ブランドのコンセプトメーキングをする必要があり，そこに「編集力」「解釈力」「意味づけ力」を持った文系分野の果たす役割がある。

　なお，ブランド・アイデンティティ自体は，地域のコンセプトともいえるため可視性があるものではないが，これが，物理的属性を伴った時，すなわち可視性を帯びた時，ブランド・アイデンティティは強固なものになると考えられる。たとえば，歴史的・文化的資産があり，「お江戸文化が息づくまち」というコンセプトを打ち出したとしても，風情のあるまち並みはどこにもなく，真新しいビル群が立ち並んでいたとするならば，コンセプト倒れで終わってしまう可能性もあるだろう。しかし，もしも，旧来のまち並みへ戻そうという意向が高まり，意図的に江戸時代を感じさせるような建築物や商店ができたとするならば，あるいはそこまでいかなくとも，たとえば江戸時代を髣髴とさせるようなお菓子や雑貨といった製品を製作・販売できたとするならば，ブランド・アイデンティティは有形資産を伴い，より強い主張になると考えられる。ゆえに，コンセプトに沿った可視化の取組みは，ブランド・アイデンティティを確固としたものにするために非常に有効であり，ここに理系分野の役割，また文理融合型の連携の必要性があることを補足して述べておきたい。

　ところで，先にブランド・アイデンティティは，ブランドが打ち出したいコンセプトを明確に表現したもので，ブランド構築のマネジメントにおいて長期的ビジョンを示し，戦略上の指針となることを述べたが，だからこそ，ブランド・アイデンティティが地域ブランドを構築するアクター全てに行き渡っていなければ意味がないといえる。つまり，アクターにコンセプトを理解してもら

い，共感してもらい，共有してもらう必要がある。そうした点から，文系大学の果たす役割として，ブランド・アイデンティティを開発していくことに加え，それを発信・浸透させていく取組みも求められる。

(2) 戦略的ゾーニング

地域ブランドを構築するにあたっては，ブランド・アイデンティを開発し，浸透させる必要があることは述べたが，それをどの範囲で行うかと考えるのが，ゾーニングの問題である。地域ブランドを構築するにあたっては，規模の制限はないが，範囲が拡大すればするほど，ブランド・コンセプトは一般的かつ抽象的でインパクトが薄いものになってしまう傾向がある。また，アクター間に共感・共鳴・絆が生まれなければ，協働を引き起こすことは困難になるため，適切なゾーニングを行っていく必要がある。

ゾーニングする際，一般的には，都道府県や市町村といった行政単位に基づいてなされる場合が多いが，必ずしもそうである必要はない。地域ブランド構築のためのゾーニングは，よりフレキシブルに行っていくべきである。

では，戦略的ゾーニングを行うためには，何を重視するべきであろうか。その問いに対する答えとして，「感覚価値」「観念価値」を創出するという発想からの新たなるゾーニングを提起したい。たとえば，都道府県や市町村といった既存の枠組みにとらわれては，ブランド化しづらい地域であっても，「日本の映画制作・映像産業の聖地」といったコンセプトをつけることで，「新たな括り」が生み出されるといったことが考えられる。現在，多くの都道府県や市町村で，自治体を中心に，地域ブランド・イメージの創出がはかられているが，行政区のすべての資産を平等に扱おうとする自治体の意識が起因するのか，ブランド資産をまとめきれず「曖昧な」，あるいはまとめようとして「平均的な」イメージのままで収束しまっているケースが多くみられる。ゆえに，行政単位をこえた新しいゾーニングによる地域の構築の必要性が指摘される。

ここにおいて，新しい括りでのゾーニングを担える文系大学に期待される役割は大きい。大学は，基本的に「中立的」なポジションに立っているため，既存の枠組みにとらわれずにゾーニングを実行できる。つまり，行政区というも

のをそれほど強く意識する必要はなく，戦略的に有効だと考えられる新たなる括りで地域を再構築することができるのである。また，何よりも文系大学には，これまでも述べてきたように，「感覚価値」「観念価値」といった新しい軸で括り直す適性と能力がある。

(3) ネットワークの形成とコーディネーター的機能

ブランド・アイデンティティを開発し，「感覚価値」「観念価値」に基づき戦略的ゾーニングを行い，アクターを誘因することができたとするならば，そこから最も重要になるのは，組織のマネジメントである。

地域ブランドを構築・維持するためには，アクター間の合意を形成し，共感を得ていく必要がある。すなわち地域ブランド構築に携わるさまざまなアクターの信頼関係や人間関係を深めていくということである。

企業ブランド構築は，基本的には一企業の取組みによってなされるものであるが，地域ブランド構築の場合は，その担い手が多くいるため，誰も仕切らず方向性が定まらない場合もあるし，船頭多くして船山へ登る[7]といった場合もある。地域ブランド・マネジメントの問題点としても指摘したが，ネットワークが構築できないことで，取組みが中途半端に終わってしまうことも多くみられるのである。

アクター間の協調行動を活発化することによって，地域ブランド構築の効果・効率は高まる。したがって，アクター同士を結び付け，協調行動を誘発・活性化する存在が必要となってくるが，そうした中で，知の集積があり，教育機能を持ちながら，中立的立場でアクター同士を結び付け，ネットワークを構築することができる文系大学の役割は大きい。多様な主体からの納得を得るにあたって，「中立性」・「信頼性」・「統合性」の特徴を持つ大学は，そもそもネットワークをコーディネートするのにふさわしい存在であるが，とりわけ文系分野が持つ感性やコミュニケーション力の高さ，幅広いバランス力といった特徴はこうしたネットワークを形成・コーディネートするのに適しているのである。

Ⅳ おわりに

　本章では，地域ブランド・マネジメントの視点から文系大学の役割について論じてきた。地域のブランド価値を共創するにあたっては，多様な主体がビジョンを共有し，平等主義的・水平的ネットワークが形成された中で，自発的にかつ協調的に協働することが望ましいが，ここまで見てきたように，文系大学は，そうした仕組みをつくるのに，最も適したポジションに立っているのではないかと考えられる。

　「はじめに」のところで，現在，「地域ブランド」という言葉で定義される範疇は，モノのブランド化にとどまらず，その地域が独自に持つ歴史や文化，自然，産業，生活，人のコミュニティといった地域資産を活用し，地域全体のアイデンティティ化をはかることであると述べた。つまり，地域ブランドの視点というのは，特産品の販売による経済的拡大にとどまるものではなく，有形無形の地域資産を人々の精神的な価値へと結びつけることで，「買いたい」「訪れたい」「交流したい」「住みたい」「住み続けたい」を誘発し，地域の活性化を図り持続的発展に寄与していくことにあるとしたが，そうした現在における「地域ブランド」の定義を鑑みても，今後，文系大学の地域ブランド構築に対する関わりは大きくなると想定される。

　大学が持つ「中立性」「信頼性」「統合性」といった特徴に加え，文系分野が持つ可視性が低いレベルでのマネジメント能力の高さというものは，地域ブランドを構築・育成していくのに欠かせない特徴となっており，文系大学への周囲からの期待は，ますます高まっていくことになると考えられる。したがって，そうした期待にこたえていくためにも，また，大学として個性的な魅力を備えていくためにも，文系大学は，自ら担える役割を認識し，それを全うしていく必要がある。

(注)

(1) 本章の地域ブランド・マネジメントの視点は，和田充夫他（2009）に基づく。

(2) ブランドの価値構造を示した和田充夫（2002, 2009）においても，地域ブランド構築にあたって，最も重視するものは，「感覚価値」や「観念価値」であることを指摘している。
(3) たとえば，楠木建「次元の見えない差別化」（2006）『一橋ビジネスレビュー』などを参照されたい。
(4) 競争の激しい既存市場を「レッド・オーシャン（赤い海，血で血を洗う競争の激しい領域）」とするならば，競争のない未開拓市場である「ブルー・オーシャン（青い海，競合相手のいない領域）」を切り開くべきだと説いたものが，ブルー・オーシャン戦略である。ブルー・オーシャンを切り開くためには，価値構造を見直し，企業と顧客の両方に対する価値を向上させる「バリュー・イノベーション」が必要だとしている。
(5) エスセティクス（aesthetics）とは，審美的要素のことを指す
(6) Aaker（2010）の中での定義による
(7) 「船頭多くして船山に登る」とは，指図する人が多くて方針の統一がはかれず，物事がとんでもない方向にそれてしまうことのたとえ。

【参考文献】

延岡健太郎（2006a）『MOT（技術経営）入門』日本経済新聞社
延岡健太郎（2006b）「意味的価値の創造：コモディティ化を回避するものづくり」『国民経済雑誌』第194巻第6号, pp.1-14
藤川佳則（2006）「脱コモディティ化のマーケティング：顧客が語れない潜在需要を掘り起こす」『一橋ビジネスレビュー』第53巻第4号, pp.66-78
和田充夫（2002）『ブランド価値共創』同文舘出版
和田充夫・菅野佐織・徳山美津江・長尾雅信・若林宏保（2009）『地域ブランド・マネジメント』有斐閣
Aaker, D.A. and Joachimsthaler, E. (2000) *Brand Leadership*, Free Press, New York.
Kim, W.C. and Mauborgne, R. (2005) *Blue Ocean Strategy: How to Create uncontested Market Space and Make the Competition Irrelevant*. Harvard Business School Press.
Schmitt, B.H. and Simonson, A. (1997) *Marketing aesthetics*, Prentice Hall.

（浦野　寛子）

第5章 持続可能なまちづくりと文系分野の産学連携

I はじめに

　多くの地方都市の中心市街地等の商店街では街の賑わいがない，あるいは一時的に賑わっても持続しないで対応に苦慮している。行政や商業者，市民組織など各主体がそれぞれの立場で活性化を模索しているが成果が上がっているところは少ない。各地のまちづくりを見てきたところでは，今も行政の主導に基づく計画策定や助成によるところが多い。それ自体が不必要ということではない。これまで大きな役割を果たしてきたことは評価できる。たとえてみると役割分担として行政が敷いた線路を走るのに機関車の役割の地元商業者等のエンジンがかからない状況といえよう。各主体に言い分はあるであろうが結果として線路も機関車も使えない，すなわち賑わいが持続しないのである。まちづくりについて，イベントや商業施設等の環境整備を行政が支援しても賑わいが持続しないという状況は行政，地元関係者それぞれに課題がある。行政の支援の課題は，少なくとも①成果を短期的に求めざるを得ない宿命的課題があること，②支援するための計画内容は限定的で一律的であることがあげられる。また，地元商業者，地権者，市民団体等ステークホルダーは，行政依存体質が抜けてなく，主体的参加ができていないことである。

　街の賑わいを志向する主体は，直接的に関わる分野の改善に注目し，早く成果を出そうとする傾向がある。都市全体として街の賑わいはどうあるべきかという全体的かつ長期的な視点が欠如しがちである。さらに直接的な利害関係を持ち，既得権を主張する人達では長期的なまちづくりの議論は難しい。そこで福井県立大学では小川研究室が主催する「まちづくり研究会」（以下　研究会）を立ち上げた。この研究会は，現在は直接的にまちづくりに関与せず，将来を

見据え，都市全体の視点からの研究を通して，次世代リーダーの育成も目的にしている。研究会の中心的議論には地域経済の活性化のために必要な地域内経済循環の推進，既存の都市構造をどう生かすか，まちづくり人材の育成もとりあげた。まちづくり研究会の構成メンバーは，次世代リーダーとなる人で，行政や産業人などの各分野の専門家である。

　大学の役割としても社会人教育の一環として，まちづくりについて自ら考えて行動できる人材の育成をするとともに，大学教員が専門分野を生かし地元関係者に直接的支援をする産学連携が必要なのである。教員の専門分野から，商業の活性化には地域社会に購買力がなければならないこと，必要とされる商業とは何かなどの議論に事例研究の情報提供や示唆をすることが具体的に求められるのである。大学の文系分野のまちづくりに関する産学連携は偏に持続可能な地域社会を活性化する人材育成と地域活性化であるといえよう。

II まちづくりの意義と政策の課題

1　本章の「まちづくり」のスタンス

　「まちづくり」とは何かということについてさまざまな議論がある。山崎（2000）によれば，「街づくり」という表現は1962年から始まった名古屋市の「栄東地区都市再開発運動」ではじめて使われたという[1]。その後，まちづくりについて「街づくり」「町づくり」「まちづくり」などと読み方の同じ表現が使われてきた。比較的多くみられるまちづくりの定義は，田村（1987）の定義であろう。田村は「まちづくりとは，一定の地域に住む人々が，自分たちの生活を支え，便利により人間らしく生活していくための共同の場を如何につくるかということである。」[2]と定義している。その他に特徴的な視点からの定義として，商業論では「個店経営ならびに商店街経営をより有効なら占める意味での社会経済的環境の形成」[3]という定義がある。また社会学からは都市有機体論の立場に立ち「まちづくりとはまちを一つの有機体と見なす立場に立

ち，当該のまちに関わる人々が，自分自身をそのまちの構成要素の一つなのだという認識を携えつつ，その有機体としてのまちをより健全なるものとすべく，さまざまな働きかけを多面的，継続的にしていくことを意味する。」[4] と定義している。

このほかに都市計画の視点，経済地理学的な視点もあるが，石原（2000）[5] の主張のようにまちづくりの表現の違いを厳密に区別することは重要とは思わない。石原（2000）は，「まちづくり」，「街づくり」を厳密に区別する意味はあまりないとして，『ここで（本書）で考えるまちづくりは「ソフトの側からのハードをデザインする」といったイメージが強く，しかもその実行体制の問題にかなりのウエイトを置きたいと考えている』[6] としている。筆者も同様な主張に立つ。本稿では，まちづくりは「地域に住み続けるための生活しやすい，住民を中心とした自律的で持続可能な地域社会を作ること」であるという立場をとる。特に意識しているのは，特定の地域，たとえば駅前の中心街などを限定的に捉えるのではなく，まして都市計画的な整然とした街区整備だけを意味しない。結果として賑わいの場となることはあってもその賑わいを作ることが目的ではないのが筆者の主張である[7]。まちづくりは，地域の住民，商業者，行政機関等の地域活動である。中心市街地の活性化のための補助金によるイベントは，それを実施中は多くの人出がある。また，街区整備で商店街等をモール化しても，完成当時はかなりの賑わいが創出される。しかし，イベントでもそれが終われば閑散とする例，モール化も数年でモール化以前のようになってしまう例はあまりに多すぎる。頑張って実行した人も徒労感を感じまちづくり意欲が減退してしまうのは看過できない。

2　持続的まちづくりのための「まちの個性」

まちづくりのため，特に賑わい創出のための行政支援として，まちづくり三法や地域商店街活性化法などがある[8]。また，まちづくり三法の一つである中心市街地活性化法で定める活性化計画についても計画内容は限定的に示されており，地域の特性についての計画はその範囲においてである。また，政府の

外郭機関による具体的な支援も，まちづくり組織の発展段階を根拠が不明確なまま単純に分け，その段階毎に支援するとしている。都市の発展は同じような段階を踏むわけではない。そもそも，どのまちも中心街の賑わいが必ず必要なところだけではない。どのまちも中心街が賑わう必要があるのであろうか。地方都市ではマイカーによる郊外型への購買行動のライフスタイルが一般化している。すぐに都市機能を中心部に戻すことは不可能である。個性を重視し長期的展望でまちづくりをすすめなければならない。高速交通網の発達や郊外大型ショッピングセンターの出店などで，都市間競争が進み，終焉する方向が見えてきている。都市の序列化は既に決定的になっている。

ジェイコブスは，『アメリカ大都市の死と生』で，人間的な魅力ある都市の特徴として多様性[9]がなくてはならないと主張している。ジェイコブスのいう多様性は，都市の生態系を維持するために必要であるという。その多様性の意義を「時間をかけて有機的に発達し，その各種の構成要素は，複雑な形で相互依存しています。自然の生態系，都市の生態系どちらも生命と生活手段の多様性のためにニッチが多ければ多いほどその生命を要する力は大きいのです」(p.15)と表現している。そのためには次の4つの条件が欠かせない[10]。①できるだけ多くの都市機能が確保されている，②街路が折れ曲がっていること，③B古い建物が残っていること，④人口密度が十分に高いこと，である。①の多くの都市機能の確保は，都市の個性を主張する必要があることを求めている。ジェイコブスのいう「多様性」，本章では「個性」と表現するが，この個性が持続的まちづくりの目指すべきテーマの一つである。

また個性が希薄になっていることは多くの地方都市の中心市街地について見ておかねばならない。全国の地方都市の空洞化を解消するためとして推進されているコンパクトシティを目指したまちづくりは，避けては通れない重要な課題を抱えている。郊外に拡散した住宅や商業施設を数年間で戻すのは不可能だからである。この状態はすでに住民にとって日常化した地域コミュニティとなっているからである。しかし，消費生活においても買い物場所は商店街に変わって郊外の大型店が機能しているならその郊外の大型店を利用せざるをえな

い。高齢社会となりマイカー移動が困難となる住民が増えるなら従来のバス等の公共交通も生活住区と大型店とのルートをつくる，増やすといった施策も必要となる。個性軽視の施策の「つけ」ともいえよう。まちづくりは前記したように「地域住民等」の「自律的」で「継続的」な活動である。まちづくりが一過性で終わらない持続的な地域活動であるためには，住民等が地域に住み続け，働き続けなければならないし，住民・生活者だけでなく，そこで働く人，経営者などをはじめとして，行政などの公的セクターも含めて自律的で継続的な地域社会を自らが中心となって進めることである。

Ⅲ 時代の地域リーダー育成のためのまちづくり研究会

　持続的まちづくりのため産学連携の大学の役割についてはまちづくりの研究を相互研鑽することであるが，具体的に目指しているのは次の二つである。第1は，社会人育成，特に商業者だけではない次代の地域リーダー育成である。第2は，地域購買力拡大のための地産地消などの女性や農家の人，商業者等も連携して推進する地域内経済循環の実践である。

　まちづくり研究会は，福井県立大学地域経済研究所で2009年度から始まった研究会である。主催は筆者であるが福井県内外の大学研究者とともに立ち上げた。福井県立大学の教員だけでなく，他大学の大学教員にもコメンテーターとして参加してもらい，具体的にこの研究会意義や役割を確認した。全国のまちづくりの成果が上がっていない現状や課題について共通認識の下，地域経済活性化とまちづくり研究について具体的に進めていくことが目的である。参加メンバーは，現状のまちづくりの当事者ではなく，将来各立場からまちづくりに関わっていく30代，40代の行政マン，実務家に絞った。事業経営者が少ないが敢えて参加の要請はしなかった。正規メンバーは18名であるが，研究会はオープンで各会に3〜10名のオブザーバー参加があった。正規メンバーと同様に常時参加するオブザーバーもいるが，本人の希望でオブザーバーのままの参加となった。違いは研究報告義務の有無である。オープンでの例会は15

回であるが，開始までにも大学教員だけでの議論を半年続けた。

　研究会の人材育成の意義は，メンバーの自発的研鑽と将来にまちづくり分野の仕事を担当するようになった場合の準備である。しかし，それだけではなく，終わってからの飲み会とともに，人的な結びつきで信頼関係のあるネットワークを作ることである。研究会は決して出席などに強制力を持つものではない。むしろ中堅の責任ある立場にいる人ばかりである。やむを得ず欠席も決して少なくないが，出席率が6割を下回ることはない。自発性を尊重する緩やかな組織体制が，むしろ研究会の実効性を高めた。

　研究会の開催は平均で2ヶ月に1回程度である。その間には正規な研究会ではなく，分科会のような特定内容の議論で少人数の会議も開催した。1回4時間程度で1人から2人の報告の後の議論で，大学教員のコメンテーターが異なる意見を整理するという進め方をした。ルールとしてダメ出しはせず，必ず自分の考えを述べて質問・議論することにした。活発な議論はいつも予定時間をオーバーしたが，正規メンバーの出席率は常に6割以上である。必要によってゲストスピーカーも招聘した。たとえば，イギリス留学が終わったばかりの研究者にイギリスを中心とするEUのまちづくりの実際を報告してもらった。また，新たな交通システムとして低速で走ることを義務づける自動車によるまちづくりを都市計画の専門家に話を聞いた。その他多くのゲストスピーカーによる講演で研究会メンバーの知識は増えていった。

　研究会の結論としていくつかあるが，その大きな一つは，まちづくりは持続的でなければならないことである。また，地域商業は商業だけが活性化することはなく，地域経済全体が元気でなれば商業も活性化しないということも確認できた。研究成果は大学内外の講演，フォーラムで発表するだけでなく，メンバーによる報告を専門書としてまとめ，成果を世に問うため単行本として発刊した。

　メンバーはすでにまちづくりについて何らかの活動を実践していることが多く，非常に具体的な研究報告であった。メンバーの中には，福井という地方都市は農業の就業率が高く，多くは高齢の人が担っていることを踏まえ，直売所

福井まちづくり研究会メンバーおよびゲスト

氏名(年代)	所属	備考(専門分野等)
Y.A (40代)	大学教員(福井)	公益事業
T.I (40代)	大学教員(福井)	地方財政
S.E (40代)	大学教員(福井)	地域政策
Y.I (30代)	電設機器卸	青年会議所
M.I (50代)	まちづくり会社	企画・管理
E.U (50代)	商工会議所	企画・管理
K.F (60代)	タウンマネージャー	元流通企業店舗開発
K.Y (30代)	大学教員(関東)	コメンテーター・中小企業
S.O (50代)	大学教員(関東)	コメンテーター・地域商業
M.O (60代)	大学教員(福井)	代表 政策研究
Y.K (60代)	大学研究員(福井)	元販売会社経営
H.G (40代)	食品製造小売	女性経営者リーダー
Y.S (40代)	商工会議所	中小企業診断士
T.F (30代)	商工会議所	商店街担当
T.S (30代)	支援機関	地産地消,企業組合
T.T (30代)	県庁	都市計画
A.H (30代)	市役所	商業振興
Y.M (40代)	独立行政法人	人材育成,雇用支援
オブザーバー(常時参加)		
K.M	福井県	商業担当
Y.T	福井県	商業担当
T.M	福井県	政策担当
R.M	マスコミ	民放アナウンサー
ゲストスピーカー		
Y.K	大学教員(県外)	都市計画
T.T	まちづくり会社(県外)	商業活性化推進
A.F	大学教員(県外)	流通論,商業論
R.B	大学教員(県外)	マーケティング論,商業集積論
M.S	大学教員(県外)	地域おこし,市民活動
T.M	大学教員(県外)	社会起業家,街づくり政策
H.Y	大学教員(県外)	アメリカ都市政策,街づくり
M.I	大学教員(県外)	都市地理学,地方商業政策
K.F	店舗開発(県外)	店舗開発

敬称略 2013年3月31日現在

やネットでの販売などで収入を得る高齢者も少なくないことの実践報告があった。地方都市にとって農家の高齢者が近くの商店，商店街で購入することは決して少なくないのである[11]。

　研究会のまとめの中でも，吉田（2013）は「持続可能なまちづくり（地域商業活性化）のための「循環型社会のシステム構築」を切り口としてみてきたときに，上古町における成功要因は，米国のそれと符合する点が多いことに気づく」[12]と述べている。

　さらに「本章での検討から得られた新たな重要な示唆としては，（中略）地域商業における社会起業家の活動が循環型社会を創り出すうえで，米国BIDシステムの代替機能として，大きな可能性と意義を持っている点であると考える」と人材育成がBIDの関連で重要な指摘をしている。

　また，大熊（2013）[13]は，まちづくりと産学連携の関係について福井の田原町商店街にある「たわら屋」について福井大学で商店街産学連携を例に事例としてまとめている。大熊によると「たわら屋」のオープンの背景について，「近年，消費者のライフスタイルの変化やニーズの多様化，モーターリゼーションの進展等による地域間競争の激化により商店街機能の衰退が大きな問題となっている。同時に，商店街店主の高齢化や後継問題も重なり，商店街が単独で再生を図ることも難しい状況となっている。この中，商店街と他機関が協働で商店街再生に取り組む動きが強まっている」ことをあげ，田原町商店街と福井大学が協働で設置した「たわら屋」のことを説明している。その間には大学が商店街の現状と機能について話し合いをして，商店街の在り方を模索，検討を重ねてきたという。

　経過として，2003年10月に，商店街活性化事業策定委員会を商店街関係者9名，学生7名，外部アドバイザー3名で発足した。この策定委員会は月2回のペースで開催され，田原町商店街の実態と求められる機能について調査し，空き店舗の活用法について検討を重ねてきた。毎回，さまざまな方向から商店街をみながら，商店街の特性を活かしながら行うまちづくりの可能性を模索してきた」[14]。商店街の経営者が学生と意見を交わしながら開催される委員会は，

毎回勉強になるものであったという。また，大学の課題を通して学生が商店街のあり方について提案することにより，商店街の経営者の若い感覚から得られる気づきだけでなく，学生の地域との関わりを通して商店街での経営のあり方やそこで生活する人の意識などを知る教育もできたのである。大学と商店街との新しい連携も生まれ，産学連携の一つの形となったのである。

（参考）福井まちづくり研究会開催経過

第1回福井まちづくり研究会	
開催日時	2010年1月20日（水）
メンバー報告	M.O「まちづくり政策の限界と人材育成」
第2回福井まちづくり研究会	
開催日時	2010年3月19日（金）
メンバー報告	(1) S.O「地域商業活性化事業における実証分析」 (2) M.O「まちづくり事例の予備的考察」
第3回福井まちづくり研究会	
開催日時	2010年6月16日（水）午後2時から2時間程度
ゲスト報告	R.B「街づくりイギリスに見る3つのチエ」
第4回福井まちづくり研究会	
開催日時	2010年7月28日（水）
メンバー報告	(1) T.S「商業者組織の誕生と失敗から見る課題について〜県内共同店舗の誕生と破綻事例から〜」 (2) Y.K「住宅の郊外化と都市交通（バス交通）について〜コミュニティバスのあり方を含めて〜」
第5回福井まちづくり研究会	
開催日時	2010年9月15日（水）
メンバー報告	(1) T.T「土地利用制度と福井県の都市づくり」 (2) M.O，S.O まちづくり視察報告「長野の中心街の動向と実態，小布施まちづくり」
第6回福井まちづくり研究会	
開催日時	2010年11月17日（水）午後1時30分から4時30分まで
メンバー報告	(1) E.U「越前市の中心市街地活性化（まちづくり）と課題について」 (2) H.G「ふくむすびの会の活動とまちづくり」
第7回福井まちづくり研究会	
開催日時	2011年1月26日（水）午後1時30分から4時30分まで
メンバー報告	(1) 岩崎正夫「中心市街地の新たな取り組みについて」 (2) 小林悟志「福井市中心市街地の動向と支援策について」
第8回福井まちづくり研究会	

開催日時	2011年3月23日（水）午後1時30分から4時30分まで
場所	アオッサ7階706会議室
報告	今村善信「マチナカでのまちづくり事業の成果と課題」

第9回福井まちづくり研究会

開催日時	2011年5月19日（木）
ゲスト報告	T.T「金沢のまちづくり―賑わい創出の仕掛け―」

第10回福井まちづくり研究会

開催日時	2011年7月20日（水）
メンバー報告	K.Y「商店街活性化における学生起業の可能性」

第11回福井まちづくり研究会

開催日時	2011年10月6日（木）
ゲスト報告	K.F「中心市街地の新たな商業核づくり～ライフスタイルセンターによるまちづくり～」

第12回福井まちづくり研究会

開催日時	2012年3月1日（木）
メンバー報告	D.H「私の想うまちづくり～常滑市のまちづくり～」

第13回福井まちづくり研究会

開催日時	2012年5月30日（水）
ゲスト報告	Y.O「ソフトカーとまちづくり」

第14回福井まちづくり研究会

開催日時	2012年7月4日（水）
メンバー報告	M.O「中心市街地モール化の光と影～旭川買物公園を例として～」

第15回福井まちづくり研究会

開催日	2012年7月4日（水）
メンバー報告	M.O「中心市街地モール化の光と影～旭川買物公園を例として～」

第16回福井まちづくり研究会

開催日	2012年8月6日（月）
メンバー報告	Y.S「まちづくり視察報告～長岡市の中心市街地の動向」 T.F「中小企業の生き残りと新しいコンセプトの商店街づくり」

第17回福井まちづくり研究会

開催日	2012年10月31日
メンバー報告	T.S「地域内経済循環の推進～農村における女性起業化活動と地域活性化～」

第18回福井まちづくり研究会

開催日	2013年3月6日
メンバー報告	M.O「まちづくりにおける賑わいの誤謬」

Ⅳ 地域内経済循環の推進

　まちづくりが成功するためには，住み続けるためには生活の糧を得る場がなければならない。そのためには地域での経済活動が元気なことが必要である。中心街・商店街の再生は地域社会が活性化した結果である。当然，大工場や地場産業があるのは望ましいことであるが，すべての都市で期待できるわけではない。加えて工場誘致に成功しても国際的競争で撤退することもよくある。地域経済を元気にするのは地産地消や6次産業化で農業や観光など小さいビジネスが連携しあう地域内循環経済が力の一つである。女性や高齢者等も加わることで，地域の消費が促進されることが期待できる。連携しながら活動が持続することにより地域経済が活性化するのである。

　この背景にある考え方が，地域経済の内発的発展[15]を目指す内発型経済循環[16]の視点である。経済の拡大期には工場誘致，大型郊外開発など県外資本を中心とした外発型地域発展により地域経済活性化を図ってきた地方都市が多い。しかし，地方都市経済を牽引してきた製造業においても工場の海外移転など地場産業がグローバル化の進展とともに衰退し，地域活性化が持続できているところは少ない。また観光の分野でもかつて見られた外発型開発として拠点開発方式の県外資本のテーマパーク，ゴルフ場，大型観光ホテルなどの大型リゾート施設が各地で建設された。しかし，バブル経済崩壊以降，経営破綻した例は枚挙に暇がなく，いまだに廃墟と化した大型構造物が残る地域も少なくない。ジェイコブスのいう「移植工場」による外発型地域発展の限界は各地方都市において大きな反面教師となった。改めて地域内の資源を活用した地域開発を推進しはじめたのは当然といえる方策である。また，宮本憲一（1989）[17]は外来型開発の拠点開発方式の弊害について検証し，内発的発展の原則についてまとめている。

① 「地域開発が，大企業や政府の事業としてではなく，地元の技術・産業・文化を土台にして，地域内市場を主な対象として地域の住民が学習し計画し経営するものであること」

②「環境保全の枠の中で，開発を考え，自然の保全や美しい街並みをつくるというアメニティを中心の目的とし」，福祉・文化の向上，地元住民の人権の確立までを視野に入れた総合的な目的を持っていること。
③特定業種に限定されることなく，地域に複雑な産業連関が生まれること。
④「住民参加の制度をつくり，自治体が住民の意思を体して，その計画にのるように資本・土地利用を規制しうる自治権を持つこと」

この宮本に内発的発展の考え方は，地域社会における発展策として交流ビジネスを展開することに意義と同様の趣旨を示している。各地方都市でエコグリーンツーリズムやエコツーリズムなど地域が主体となって地域の資源を活かした「産業」として発展しているのである。

まちづくりを通じて地域社会を持続可能にするには地域内の産業の結びつきが必要である。それは地域資源の活用による生活と雇用の確保のためである。住民が如何に住み続けたいと思っても生活の糧は必要である。その地方の税収も必要である。今日，大きな企業誘致などでも雇用と税収は確保できても経営効率悪化によっての撤退は珍しくない。できれば地元の企業で継続できる企業が必要である。そのためには資本財産業や生産財産業も重要であるが，消費財産業がより望ましい。生活密着した製品を地域の原材料で生産し，地域を中心として流通させ消費する地産地消・地産地商も推進しなければならない。6次産業化についてみると，農林水産省の6次産業化法の趣旨は「雇用と所得を確保し，若者や子供も集落に定住できる社会を構築するため，農林漁業生産と加工・販売の一体化や，地域資源を活用した新たな産業の創出を促進するなど，農山漁村の6次産業化を推進する」[18]である。農水省の主要施策であるが，連携している経産省も出発点が農林水産業の経営安定化，食糧の安定的供給確保を通した定住できる社会構築を目指している。いわば生産→加工・流通→消費という縦の流れである。産業連携としては省庁の枠を越えた意義ある施策であるが，直接的な対象ではない観光業，生活の関連したサービス業などは雇用の吸収力を持つ地域の重要な産業でありながら結びつきは弱い。本章では地域を軸としてネットワーク型の結びつきを意味している。現在各地で地域の農家

も小さな工場も商店も加わり,観光や旅館などのサービス業の結びつきによる地域づくりのビジネスは各地で展開されている。

　現代は,地域を支える地域コミュニティの維持が重視されている。お互い助け合える地域づくりである。ボランティアでなく,活動が維持できる程度の収益をあげるコミュニティビジネスなどが必要となる背景である。このことは従来,公が行ってきたところをコミュニティで支えようとする試みであり,住民の自覚と自律が問われることである。すでに,全国にその事例は数多くあり,元気な地域の原動力となっている。介護,環境などの特定の領域や観光や農業,製造業など特定の産業だけを意識しているのではない。地域社会で関わるさまざまな産業を包含した地域の活性化を考えている。とくに地方都市においては自然環境や歴史・文化環境などの地域資源を活かすことが重要であり,研究会で議論された多くの事例は,安全安心な農産物の生産から加工食品としてもブランド化,さまざまな市場への販売,宿泊や農家レストランや,農業公園を積極的に展開し,都市との交流を促進することを示した。すなわち地域での生活と産業が観光にも発展するのである[19]。全国で展開している例として体験民宿,直売所,農家レストラン,体験活動等を取り上げ,新しい農村,都市農村交流ビジネスの展開状況と課題を提起している。ビジネスと呼ぶのは続けるための原資となる一定の収益を確保する必要があるからである。

　人材育成とともに地域内経済循環が持続性あるまちづくりにとって欠かせない考え方であることは,まちづくり研究会でも重要なテーマであった。研究会の成果として発刊した『持続性あるまちづくり』も「農村における女性起業活動と地域活性化」[20]を第1章に掲げた。その前文には「農業を取り巻く環境は,時代の農業政策,グローバルな農産物の流通展開などの影響をうけ,変化を続けている。農家では,農業所得の減少とともに担い手不足が大きな課題となり,6次産業化による付加価値向上による所得向上と担い手育成が急務となっており,農村集落単位で農産物の加工・直売など6次産業化に取り組む例も多い。集落単位での6次産業化において,特に農産物の加工については農村女性が主役となり,農村女性が主体となった起業グループでの事業展開が近年

増加している。農村女性起業グループの活動は，農業の活性化は無論，地域の雇用の場の確保や地域ブランドの創出など，地域活性化の大きな役割を担っており，農村地域の活性化戦略の大きな柱ともいえる」[21]との記述があり，農家の助成が起業，就業することで農業の活性化だけでなく，所得が増えることに商業にも及ぶ効果が大きいのである。

V おわりに

　持続可能なまちづくりについて，大学の文系分野との産学連携として大学が主催する研究会を事例に見てきた。まちづくりもさまざまな地域活動の一つである。地域社会は地域コミュニティを核として自律化を図らなければ成り立たなくなっている。個人レベルの自律化が地域コミュニティを維持・発展させる。その支えとなるのが内発型経済の推進であり，結果が地域内購買力を生み出し，賑わいの可能性を見いだせるのである。

　大学が文系分野で産学連携するにはさまざまな内容や方法がある。大学に本来的な役割である研究，教育，地域貢献は文系分野においても，客観性，信頼性，総合性を伴うものである。大学が研究会を持つことで多くの人を集め，マスコミに注目され，成果を世に問うことができる。

　本章では人材育成として次代のリーダーづくりと地域内経済循環の推進を見てきた。研究会を実践してきて最も大学として重要な役割と認識しているのはネットワークづくりである。研究会メンバーだけでない大学を通した多方面の分野の人とのネットワークづくりである。また，大学本来の研究成果としての事例を提供し，相互研鑽を図ることも結果として人材育成となる。文系大学は自らが地域貢献という視点で結果として人材育成が地域に対する多くの役割となることを改めて認識しなければならない。

(注)
(1) 山崎（2000）p.5

(2) 田村（1987）p.52
(3) 田中（2006）p.4
(4) 藤井（2008）p.8
(5) 石原（2000）p.46
(6) 石原（2000）p.46
(7)「まちづくり」についての議論については小川（2010）pp.28-29を参照のこと。
(8) 小川（2010）pp.47-62
(9) Jane Jacobs（1961）；山形訳（2010）pp.15-16
(10) Jane Jacobs（1961）；山形訳（2010）pp.166-176
(11) 芹沢（2013）
(12) 吉田（2013）pp.109-114
(13) 大熊（2013）に詳細な記述がある。
(14) 大熊（2013）p.165
(15) 内発的発展については吉田晴生（2006）において内発的発展についての議論を整理し紹介している。その中に鶴見和子の「内発的発展に向けて」「内発的発展」と「外発的発展」を区別したパーソンズの論文を紹介し，同論文において内発的発展においては地域社会における暮らしのスタイルや生活感覚の価値観についても各活的な生活様式化の見直しを提案している。
(16) 地域内循環経済を地域経済論からは地域内経済の的として「当該地域の経済活動が拡大再生産し，雇用の規模や所得の循環が持続的に拡大し，一人一人の住民の生活が豊かになること」である。ハード事業に支援する交付金等は地域内再生産，経済循環に結びつきにくく，一過性で経済は持続しないのである。岡田（2005）
(17) 宮本（1989）
(18) 農林水産省ホームページ　2012年12月14日
(19) たとえば，井上（2004）では，新しい農村でのビジネス興しは，就業機会の増加，所得向上にもつながるものとして期待されるとしている。
(20) 芹沢（2013）参照のこと
(21) 芹沢（2013）p.23

【参考文献】

石原武政（2000）『まちづくりの中の小売業』有斐閣
井上和衛（2004）『都市農村交流ビジネス―現状と課題　暮らしの中の食と農―』（筑波書房）

大熊省三（2013）「第6章　商店街活動のリーダーと組織づくり」小川雅人編著『持続性あるまちづくり』創風社
岡田知弘（2005）『地域づくりの経済学入門』自治体研究社
小川雅人（2010）『地域小売商業の再生とまちづくり』創風社
小川雅人編著（2013）『持続性あるまちづくり』創風社
芹沢利幸（2013）「第1章　農村における女性起業活動と地域活性化」小川雅人編著『持続性あるまちづくり』創風社
田中道雄（2006）『まちづくりの構造―商業からの視角―』中央経済社
田村明（1987）『まちづくりの発想』（岩波新書）岩波書店
鶴見和子（1980）「内発的発展に向けて」『現代国際関係論』
藤井聡（2008）「「交通まちづくり」と「モビリティマネジメント」」『都市問題研究』第60巻第12号
山崎丈夫（2000）『まちづくり政策入門』自治体研究社
宮本憲一（1989）『環境経済学』岩波書店
吉田健太郎（2013）「第3章　循環型社会を作り上げる社会起業家の地域商業支援」小川雅人編著『持続性あるまちづくり』創風社
吉田晴生（2006）『観光と地域社会』ミネルヴァ書房
Jane Jacobs (1961) "*THE DEATH AND LIFE OF GRAEAT AMERICAN CITIES*" The random House Publishing Group.（山形浩生訳『新版 アメリカ大都市の生と死』鹿島出版会，2010年）

（小川　雅人）

第6章 産学連携活動の評価
― 持続的文系産学連携に向けての考察 ―

I はじめに

　地域経済の再生や，人口の空洞化をはじめとする地域の課題，また中小企業の活性化など日本経済が抱える問題はさまざまある。これらを解決へと導くひとつの切り口として，産学連携が注目され，国も文部科学省や経済産業省を中心に国家戦略として産学連携の推進に力をいれている。産学連携により大学でのシーズを企業や地域社会，行政などとうまく融合させることで，新たなイノベーションを起こしたいという目的のもと，とりわけ1995年の科学技術基本法[1]策定以降，国をあげて本格的に推進され始めた。産学連携はこれまで理系分野において多く行われてきたが，近年，文系大学の産学連携数も増加傾向にある。また，研究会が行ったアンケート結果からも文系大学において産学連携が必要・重要と考えている大学が増加している。さらに，現在実施中の大学においても継続して産学連携を行うことの重要性が認識されている。文系産学連携には多種多様な活動が行われているのが現状である。これらの活動が継続して行われるためには，活動の成果測定や評価が求められたり，活動の種類，特性によってはステークホルダーに対しての説明責任としての評価が必要となる。実際，理系分野の産学連携活動においては多額の資金が投入されていることもあり，客観的な指標をもって評価を行う必要性が関係省庁において議論されている。文系分野における産学連携活動の評価については，実感としての成果は認められるが，それを測定する統一的な指標はなく，産学連携を行う主体から評価が必要だとの声が聞かれても，評価が行われていないのが現状のようである（ヒアリング調査とアンケートより）。本章では，まず，なぜ評価が必要であるかについて述べ，産学連携の評価についての現状および動向を述べ

る。次に，文系産学連携の評価を検討するにあたり，非営利組織における評価の考え方との共通点を検討し，文系産学連携を持続性のあるものにするために必要な成果測定の可能性について検討する。

II 評価の必要性

　営利組織であれ，非営利組織であれ，多くの組織で個人単位や部門単位の業績評価が行われている。評価を行う目的は，説明責任を果たすため，意思決定の質の向上のため，資源の効率的使用のため，PDCAサイクルを回し，より良い組織のマネジメントを行うことで高い成果をあげるため，組織目的達成の戦略を実行するため，個人や部門の業績を比較可能な状態にし，ボーナスなどのインセンティブや，人事評価のため，などがあげられるが，大別すると説明責任のための評価システム，および組織マネジメントための評価システムに集約できよう。

1　説明責任のための評価システム

　営利企業においては，ステークホルダーに対し経済活動の結果を報告し，説明責任を果たさなければならない。上場会社であれば，投資家を主とするステークホルダーに対し，金融商品取引法に従って，貸借対照表や損益計算書を作成し，会計情報が記載された有価証券報告書を提出しなければならない。また，株主に対しては会社法のルールに従って，会計情報を開示し，株主総会を開催し，株主に対し年間の活動結果報告しなければならない。また逆に，これらの法的ルールに従って開示される情報を使って，外部のステークホルダー（投資家）が企業の経済活動を評価する。すなわち，売上や利益といった指標を判断材料とし，企業へ投資を行うか否かの意思決定を行う。現在株主は当該企業への出資を継続するか否かの意思決定のため，会計情報を利用する。他のステークホルダーにとっても，たとえば就職活動中の学生が企業を選択するのに，企業の財務情報を利用し企業選択の意思決定の材料にするだろう。また，

顧客が製品やサービスを選択するために，企業の財務情報を参考にする場合もあるだろう。これらの会計情報は企業がステークホルダーに対して説明責任を果たす役割も持つと同時に，ステークホルダーが企業を評価するのに役立つ。なぜなら，会計情報は企業の経済活動を客観的な数値で表現することを可能にするということを前提としているので，他の企業などとの比較を可能にする情報になりえるからである。

2　マネジメントのための評価システム

企業内部におけるマネジメントの観点から業績評価について考えてみる。組織には組織目的すなわち組織の使命が存在している。この目的を達成するために，戦略が策定される。戦略とは組織目的に従った資源配分の最適化と考えることができる。資源の配分や価値測定に関連する測定・評価システムを導入することは組織目的を実現する上で必要である（Sawhill and Williamson, 2001）。Anthony（1988）によると，マネジメントコントロールとは，管理者が組織の他のメンバーに対して影響を与えるプロセスであり，その目的は，組織目標を達成するように戦略を実行することにある。マネジメントコントロールの公式的なプロセスとして4つのサイクルが重要である。

(1) 戦略計画の策定
(2) 予算編成
(3) 業務の実行・測定
(4) 報告・業績評価

計画および予算編成において投入される資源が明らかにされ，業務の実行・測定において，消費された資源や成果が測定・記録される。そして，報告・業績評価プロセスでは，測定・記録されたデータが集計，分析，報告され，これらの情報に基づき評価される。これらの業績評価の情報は戦略計画の見直しや次年度予算配分，業務活動の見直しへとフィードバックされる。すわなち，これらのプロセスを通して，PDCAサイクルを効果的に回し，継続的かつ発展的に事業活動を行うことを可能にする。

また，部門や個人のボーナスなど人事評価やインセンティブをつけるために評価指標が利用されることもある。経営者は部門や部門管理者を評価するのに，部門の売上高や売上総利益や営業利益，売上高利益率などの財務指標を用いる。製品やサービス別に評価を行う場合は，予算額やコスト情報などが使われる[2]。業績評価は戦略や計画の策定に必要な組織単位の活動業績情報の提供や，事業単位や個人業績の活動を組織の戦略や計画に沿うように方向付け，動機づけると言う機能を果たすのである。

　以上，まとめると，評価指標を作成し評価を行う主な目的は次の点に集約される。説明責任を果たすためのツール，マネジメントのツールとしての2つである。またこれらの定量的な指標は他の組織や他の個人との比較を可能にする[3]。では，次に産学連携における評価の現状についてみてみる。

Ⅲ 産学連携における評価の現状

1 国家的プロジェクトとしての産学連携評価の現状

(1) 評価の必要性の認識

　科学技術基本法とそれに基づく科学技術基本計画の中で産学連携が推進されている。この計画は1995年から2000年までを第1期として「産学官の人的交流の促進」が図られ，2001年から2005年の第2期では「技術移転のための仕組みの改革」が進められてきた。2006年から2010年までの第3期では「イノベーション創出のための重要な手段」として産学連携が推進された。2011年からの第4期では産学連携の成果の検証と評価に必要な体制の整備に重点をおいている。

　経済産業省は平成10年5月，産学連携を推進するための組織であるTLO（Technology Licensing Organization：技術移転機関）を各大学に設立するという政策を打ち出し，「大学等技術移転促進法」が制定され，同年8月から施行している。同省によるとTLOとは大学の研究者の研究成果を特許化し，そ

れを企業へ技術移転することを目的とした法人であり，産と学の「仲介役」の役割を果たす。大学発の新規産業を生み出し，それにより得られた収益の一部を研究者に戻すことにより研究資金を生み出し，大学の研究の更なる活性化をもたらすという「知的創造サイクル」の原動力として産学連携の中核をなす組織と位置付けている。

施行から10年以上が経過し，大学と企業との共同研究件数など産学連携の件数は増加しているが，1件当たりの共同研究費やライセンス収入は小規模に留まっている状況から，産学連携に対する評価の必要性がクローズアップされている。また，承認TLO等の産学連携組織が経営的に自立して運営されている例は限定的であり，今後産学連携組織に対する補助金削減の可能性などを考えると，産学連携機能のパフォーマンスを向上させる必要があり，そのためには産学連携機能を評価する指標を適切に設定する必要がある。このような背景から，経済産業省では，知的財産推進計画2010年において，知的財産活動に関する指標を含め産学連携機能の評価の在り方を模索し，知的財産推進計画2011では，産学連携活動の効果や効率性を適切に評価する指標を策定し，試行的に評価することを決定した[4]。

ここで施行されている評価の目的は，「国全体として産学連携機能を強化して産学連携活動を促進するため，PDCAサイクルを回し，評価結果に基づく資源配分を可能にする評価方法を可能にすること」としている。すなわち，産学連携組織のマネジメントを目的としている。

このように，経済産業省，文部科学省は産学連携を継続的に存続させ，最終的には経済成長へとつなげるためには，マネジメントシステムとしての産学連携活動の評価システムを重要視している。現段階では，対象の多くは予算規模が大きい理工系の産学連携であり，また，承認TLOなど産学連携組織が確立されたものを対象としている。これに該当せず実施されている産学連携を含めた評価のあり方も課題であろう。

2 文系産学連携

　上述の主に理系を中心とした産学連携の評価の取組みに対し，文系産学連携の評価の現状をアンケート調査からみていく。文系産学連携に絞った調査はほとんどなく，研究会のアンケートと平成17年に行われた中国経済産業局の調査『中国地域における文科系分野における大学の知的資源活用（産学官連携）形成方策調査報告書』に基づいて述べる。

(1) 文系産学連携の成果

　第2章で明らかにしたように，文系大学にとって産学連携事業は「参加学生の成長」，「地域貢献・地域振興」，「研究成果の教育への還元」，「社会的責任の達成」を期待されている。ヒアリング調査も踏まえると，文系産学連携は教員個人のつながりや，ゼミと地域といった小規模な連携が多くみられる。このため，教員にとって文系産学連携は地域貢献を通して学生の成長を図るという動機で実施されるケースが多い。特徴的なのは，理系産学連携の動機として大学や研究室単位で「予算の獲得」が強いのに対し，文系においては「予算の獲得」への期待度が非常に低い。これは，文系産学連携においては大学が獲得できる金額が少額であるケースが多く，このことが教員や大学の研究環境の改善にはつながらないためであると考えられる。これらの傾向は中国経済産業局の調査でも同様の結果が得られた。

　続いて，産学連携後の達成度をみてみると，連携の達成度としても高い順に「参加学生の成長」，「地域貢献・地域振興」，「社会的責任の達成」，「学部ネットワークの構築」，「研究成果の教育・社会への還元」，「所属機関への貢献」などの割合が高い。これらの結果から，文系産学連携の成果として，学生の教育効果や大学の社会貢献，地域振興といったものが認識されている。しかしながら，これらを測定する統一の指標があるかと言えばないのが現状である。あくまでも主体による実感としての成果である。

(2) 文系産学連携における評価に関する課題

　文系産学連携事業の問題点・課題のうち，評価に関する部分を図表6-1の通

りみてみると，文系産学連携を実施している大学においては32.1％が，非実施校においては34.1％が「産学連携事業により達成すべき経営目標が明確でない」点を指摘している。「投資に見合う成果が不透明」という点については実施校が34.6％，非実施校が26.4％，「評価の仕組みが整備されていない」という点については，実施校が39.7％，非実施校が15.4％の割合で指摘している。また，中国経済産業局の調査やヒアリングにおいても，デザインのようにある程度金銭的評価が可能なものもあるが，文系産学連携の大部分が成果はみえにくいといった点があげられている。さらに，「大学教員への評価制度が未整備」であることも指摘されている。一部の大学では，産学連携をはじめとする社会貢献活動を点数化し，業績に反映している大学が見られるものの，多くの大学は産学連携を行っても，教員個人の業績評価に加算されないのが現状である。しかしながら，一方では，産学連携は業績評価や高額な報酬ではなく，連携の「おもしろさ」のために実施しているので，産学連携を統一基準で一律に評価することへの抵抗を指摘する教員もいる。

図表6-1　産学連携の課題内容
（回答者：すべて）

			委員が不足している	適切なコーディネーターが不足している	受け入れ体制が整備されていない	産学連携に対してリーダーシップを発揮する人がいない	産学連携事業によって達成すべき経営目標が明確	成果が不透明である（労力）に見合う	室任せになっている	評価の仕組みが整備されていない	それぞれの個別研究	対応が求められる	事業運営に資金がかかる	本学の専門領域に合う	調整に時間がかかる	当該分野に対する知識である所在があいまい	責任者が不足している	コーディネートが大変である	提案している企業や地域任せ	分からもやり方がよくない	いの理解が得られない現場	その他	無回答
	全体	(n=169)	56.2	53.3	38.5	34.3	33.1	30.2	26.6	26.6	24.3	22.5	21.9	21.9	20.1	17.8	17.2	12.4	10.1	8.9	3.6	7.1
実施状況	している	(n=78)	53.8	51.3	26.9	26.9	32.1	34.6	26.9	39.7	30.8	30.8	16.7	29.5	11.5	17.9	16.7	12.8	2.6	9.0	3.8	10.3
	していない	(n=91)	58.2	54.9	48.4	40.7	34.1	26.4	26.4	15.4	18.7	15.4	26.4	15.4	27.5	17.6	17.6	12.1	16.5	8.8	3.3	4.4
問題点・課題の有無	ある	(n=86)	62.8	67.4	47.7	46.5	48.8	38.4	29.1	43.0	29.1	27.9	24.4	33.7	24.4	27.9	25.6	15.1	10.5	11.6	3.5	―
	ない	(n=71)	54.9	40.8	32.4	25.4	18.3	23.9	25.4	9.9	21.1	18.3	22.5	8.5	16.9	8.5	9.9	9.9	7.0	4.2	7.0	7.0
重要性	重要	(n=122)	60.7	60.7	41.0	36.9	37.7	35.2	31.1	34.4	27.0	27.0	20.5	26.2	20.5	20.5	18.9	14.8	9.0	9.8	3.3	1.6
※実施担当者	重要ではない	(n=38)	50.0	36.8	36.8	31.6	26.3	21.1	15.8	18.4	10.5	31.6	13.2	23.7	13.2	18.4	7.9	7.9	13.2	7.9	5.3	7.9
展開意向	展開したい	(n=108)	60.2	61.1	39.8	42.6	35.2	30.6	37.0	25.9	23.1	21.3	26.9	17.6	21.3	19.4	14.8	9.3	12.0	2.8	1.9	―
※実施担当者	展開したくない	(n=52)	53.8	42.3	38.5	26.9	19.2	25.0	21.2	7.7	23.1	23.1	26.9	15.4	28.8	13.5	15.4	9.6	13.5	3.8	5.8	5.8

以上，みてきたように，文系産学連携の評価の現状をまとめると，成果として学生教育，地域貢献，社会貢献，知名度の向上などを産学連携を行う主体は実感しているが，それを測る成果指標や大学など組織としてそれを測る成果指標など評価システムが構築されているわけではない。評価システムの構築への要求もある一方，抵抗も聞かれることも注意すべきである。

Ⅳ　非営利組織の評価

1　文系産学連携と非営利組織の活動の共通点

(1) 文系産学連携の活動の特徴

　文系産学連携の連携分野として，主にまちづくり，地場産業振興，地域ブランド，商店街活性化，企業連携，観光振興が挙げられる。また，研究会が行ったアンケートでは，人的交流やエコ活動，世界遺産登録推進，地域思春期相談事業，福祉関係・自治体連携，スポーツ団体振興，生涯学習，音楽（芸術）文化の振興，インターンシップなどさまざまな分野で行われていることが明らかになっている。これらの活動は，理系産学連携に多くみられる大学の基礎研究の知見や技術を移転し，新しい発明や市場価値のある製品の開発とは異なり，統一性がなく活動も多種多様である。大学からみた連携相手も自治体行政，商工会議所，NPOが4割を占め，社会性の高い非営利組織との連携が多い。また，大学の連携目的に関しての質問では，9割の大学が「地域貢献・地域振興」を挙げ，次いで「研究成果の教育・社会への還元」，「参加学生の成長」というように，地域の課題を解決するために文系大学の知見や研究成果を使い，さらには学生を参加させることで，教育としての意味合いを強く持たせていると言える。では，連携相手は何を目的としているであろうか。アンケート調査によると，「コミュニケーションの活性化・情報知識の蓄積と共有」，「自社・地域ブランド力の向上」，「情報発信力の向上」などである。これらは短期的な収益を獲得するという性質のものではなく，中長期的な視点で文系大学の資源を活

かすことにより、地域や地域の企業の活性化につなげることを目的としているといえる。

　大学と連携相手がどのような手段で連携しているか、すなわち問題解決や地域の活性化についてどのような切り口で連携しているかといえば、「地域資源発掘・地域ブランド」、「コミュニティの再生」が多い。これらの結果からも、文系産学連携の活動は短期的な収益を求めるのではなく、また、全ての主体が単一の目的を目指したものではなく、地域の活性化や成長という文脈の中に学生の成長という教育効果を求めたり、逆に学生の成長を目的としながら、地域が活性化するという中長期的な視点の中でのプロセスに関わることで、結果的にさまざまな資源（社会資本）が蓄積されることが特徴である。また第4章で指摘されているように、文系産学連携は課題と目的が一致していない、共通目的がはじめから明確になっていないという特徴からも、目的─成果というよりは、プロセスに関与することに重要性がある。

(2) 非営利組織の活動

　非営利組織[5]とは、営利を主な目的として活動しない組織を意味する[6]。学校法人や医療法人のように法人格を持った団体もあれば、市民活動団体やボランティア団体などもある。近年注目されている社会起業家による社会企業なども非営利組織に区分される。多額の補助金や寄付金により運営されている組織もあれば、資金がなく活動している組織もある。これら非営利組織の活動は社会が抱える問題に対し、自発的にミッションを掲げ、企業や政府の活動では行われていない空白の部分を社会貢献という形で行われていることが多い。また組織の在り方も非常に緩やかでボランティアなど報酬をもらわない人々によって活動されていることが多く、営利企業とは異なるマネジメントが必要とされる。

　上述の文系産学連携の活動と非営利組織の活動には共通点が見出される。まず、どちらの活動にも収益性ありきの活動ではなく、社会性を帯びた問題に対し、漠然とした大きなミッションのもとに活動が行われ、主体の自発的な行動が重視されること、故に、どちらも評価尺度の設定が困難であること、そし

て，ステークホルダーが非常に多様であることである。

2 非営利組織の評価

　非営利組織に対する説明責任の要求や評価の要求は高まっている。とりわけ税金を使うような事業の場合は評価を求める声が多く，認定団体であれば，説明責任が義務化されている場合もある。しかしながら，非営利組織の活動は目的も組織の在り方も多様であるため，企業のように売上や利益といった会計数値で測定することは困難である。ただし，非営利組織でも政府や独立行政法人，NPOが行う委託事業などへの評価に関しては，事業評価や政策評価が行われ，説明責任が行われている。

　なぜ，非営利組織における評価は難しいのか。それは，次の2つの理由が考えられる。1つは当該組織・活動の特徴による測定尺度設定の困難性である。2つ目はステークホルダーの特殊性である。

　ドラッカー（1990）によると非営利組織とは，人を変えるためのチェンジ・エージェントである。その成果は，人の変化，すなわち行動，環境，ビジョン，健康，希望，そして何よりも能力と可能性の変化となって現れる。つまるところ，非営利組織とは，医療，教育，コミュニティ，労働組合運動のいずれであれ，人々のビジョン，基準，価値，コミット，能力へのインパクトによって，自らの仕事ぶりを判定すべきものである。したがって非営利組織たるものは，貢献という見地から自らの目標を設定しなければならない[7]。これらの貢献や成果という概念は非常に曖昧なものであり，営利企業のように利益や売上といった財務的な尺度を設定することができず，定量的な指標を設定することが難しい。しかしながら，定性的な評価の可能性は多分にある。

　2つ目のステークホルダーの特殊性であるが，企業においても近年社会的責任などの使命から地域住民など重要なステークホルダーとして捉えているが，あえて収益獲得の目的という観点から，および法的な立場からみると主たるステークホルダーは株主をはじめとする資金提供者である。2節で述べたように，彼らの興味は出資している企業の利益や配当金にある。したがって，売上高，

当期純利益，ROIといった成果を表す会計数値が有効となる。また，その収益や利益を生み出すプロセスも原価や原価率といった能率を表す定量的な値が使われる。

これに対し，非営利組織をとりまく主たるステークホルダーは学生や患者，地域住民といった用益受益者や労働力や設備などの資源提供者，資金提供者，地域社会など多様であり，それぞれのケースによりその重要度もさまざまである。また資金提供者も金銭的な見返りやサービスを期待しているとは限らず，非営利組織のミッションに賛同し活動に協力しているという称賛や栄誉，社会的貢献をしていることの承認であったりと，精神的な満足感を求めている。したがって，財務的側面で評価することの意義や意味合いが薄い。

3　非営利組織における評価の取組

文系産学連携における評価は非営利組織の評価と同様，ステークホルダーが多様化していること，個々の連携事業がバラエティにとんでいるため比較が困難であることから，成果を実感してもそれを測定する成果指標を作成することが困難である。しかし，一方で説明責任や可視化といった要請に応えるため，また継続的な産学連携事業にするため，評価システムが求められている。同様の状況において，非営利組織においては事業評価や政策評価の方法が模索され，導入されているケースも増えている[8]。文系産学連携の評価システム構築への可能性として，行政の事業評価や非営利組織の評価において行われている仕組みをみる。

インプット，アウトプット，アウトカム，インパクトによる測定と評価

インプット → 活動 アウトプット → アウトカム → インパクト

営利活動であれ，非営利の活動であれ，活動に必要なヒト・モノ・カネ・情報などの資源（インプット）を投入し，サービスや製品などのアウトプットを産み出す。インプットの指標としては，人件費や作業人数や作業時間などがあ

り，アウトプットの指標としては，生産量や販売量，イベント開催数といった実績値が使われる。このようにインプットとアウトプットの測定数値により評価し，また，効率性を測定するために，インプットデータとアウトプットデータを対応させて，ひとりあたりの生産量といったように指標を作成し評価する。たとえば，学校のような非営利組織であれば，インプットとして講義準備のための時間を設定し，アウトプットとして講義回数や受講人数を設定する。ここで問題なのが，非営利組織の目的は前述の通り，ミッションの達成や社会貢献など，という点である。アウトプットは限られた資源で効率よくアウトプットを産出するという意味では重要であるが，産出されたアウトプットが社会の顧客や社会の要請に合致していなければ，非営利組織に特徴的な事業を実施する意味がない。アウトプットはあくまで非営利組織の掲げる社会的な問題の解決という目的のための可能性でしかない。そこで，アウトプットの先のアウトカム（直接的成果），さらにはインパクト（社会的成果）が重要となる。アウトカムとは，活動により具体的にどれだけの人に影響与えたかといったアウトプットのニーズ充足度・目的達成度を表す（神野・牧里（2012），福田（2013））。たとえば学校であれば，どれくらいの人がどのような学びを得たのかといったことが考えられる。これを定量的な指標で表すと学力試験の点数といった数値で表すことができる。一方で，非営利組織には満足度や充足度を経済化させるような客観的な手段がない場合が多い。このため，後述するように，定性的な情報が重要となる。

　非営利組織の評価を考えるうえで，アウトカムの先にあるインパクト（社会的成果）の重要性も高まっている。インパクトとは，間接的な社会的影響や波及効果も含めた考え方である。たとえば，地域活性化の活動による地域のイベントへの参加者の増加というアウトプット，これによる地域の満足度の向上というアウトカム，そして，これらの活動がどれだけマスコミに紹介されたか，他の地域にも同様の活動が広がったか，などがインパクトの指標である。このように，非営利組織においては，その存在目的の特徴からアウトプットだけでなく，社会貢献やミッションの達成度合をアウトカム，インパクトという形で

評価しなければならないが，定量的に測定することが困難なケースが多い。

　ここで，大田・中田（2012）を参考にリサーチ・アンド・ディベロプメント社で行われている事業成果の測定方法をみてみる。ここでは，事業成果を①直接的成果，②社会的成果に大別し，直接的成果とは，事業目的に対応した成果のことと定義し，定量的な指標の成果である「量的成果」と受益者や関与者の評価・満足度である「質的評価」に分けて評価している。量的成果では，成果指標を設定できるものは設定し，困難なものについてアウトプット指標で代替する。また，直接的な因果関係が明確でないアウトカム指標も参考指標として活用し，多角的かつ総合的に評価を行う。この時，評価の視点として，目標値との比較，時系列比較，他の類似事業との比較の3つを重視している。

　質的評価では，受益者や関与者のニーズを満たし，彼らにとって価値のある成果をあげているかという視点で評価する。アンケート調査やヒアリング調査で，定性的に満足度を測定する。

　社会的成果では，事業がどれだけ社会にインパクトを与えているかという波及性と，現代社会のニーズの方向性に対応した成果をあげているかという社会ニーズへの対応性の2つの視点から評価する。波及性とは，事業活動が当初の目的を超えて広がりをみせ，成果をあげているかという視点である。たとえば，ある事業をきっかけとして当該分野の事業が活発になる，学校の教育プログラムや行政施策に採用されるなどがあげられる。このように，定量的な評価と定性的な成果を総合的に評価することで事業評価を行っている点が特徴である。

　文系産学連携においても社会的な要請や実施担当者や学生などから評価指標の不整備が課題として指摘されるなかで，主体者や学生から携わっている連携事業の評価を望む声がある現実を考えると，学生などの主体のモチベーション向上や連携事業を継続的に行うマネジメントのため，説明責任のために何らかの評価システムの構築が必要であろう。文系産学連携は研究室単位の非常に小さな連携もあるため，成果の測定や評価自体が不必要であったり，困難なケースもあるが，組織的に行われる文系産学連携の評価システム作成を検討するに

は，上述の非営利組織で導入されている評価システムが大きな示唆を与えくれるだろう。

V おわりに

　本章ではまず，産学連携の評価の現状について，国家的プロジェクトしての産学連携の評価の必要性の認識と取組み，そして，本研究会が行ったアンケート調査から文系産学連携の評価の現状を記述した。すなわち，文系産学連携の評価については，説明責任の観点および，PDCAサイクルをまわし，産学連携活動を継続的なものとするための活動のマネジメント，および，実施主体からの要求など必要性が認められながらも，理系産学連携と比べ，評価システムの構築がなされていない。そこには文系産学連携の特徴に起因する，成果測定の困難性の問題が存在する。この点を打開すべく，非営利組織における評価の現状にヒントを求めた。非営利組織の活動と文系産学連携の活動には多くの共通点が見出せる。営利企業とは異なり，その活動目的の特殊性，複雑性，多様性が評価システム構築を困難なものとしている。しかしながら，非営利組織の評価においてはさまざまな取組みがなされており，とりわけ，インプット，アウトプット，アウトカム，インパクトという4つの視点を用いて行われる測定方法について検討した。特に，ミッション重視や社会貢献という定量化が困難な成果を直接的成果（アウトカム）と社会的成果（インパクト）という形で評価することが，重要である。そこで，リサーチ・アンド・デヴェロップメント社が行っている定量的な尺度と定性的な尺度を用いた総合的な評価が有用であり，文系産学連携の評価システムの構築を考える上で重要な示唆となる。

　教育的な観点から，特に文系産学連携に多くみられる主体として学生の関与が高い連携の場合，活動自体を客観的に評価することで，何が変わったのかを明確にできたり，問題点や課題を認識したりすることを通して，モチベーションの向上につながることもある。このような意味でも，文系産学連携の主体が自分たちの活動を客観的に分析し，総括するためにも評価は必要であろう。

しかしながら，一方で文系産学連携の特徴である，多様な連携活動の存在，ゆるやかなつながりの中でソーシャル・キャピタルが形成されることや，第4章で指摘さているように，課題と目的が一致しないことなどを考えると，比較可能な統一的な評価システムの導入は難しいのも事実であり，また，評価システムの導入により文系産学連携の本来の目的や特徴，メリットに逆効果をもたらす可能性もある。こういった点をさらに分析した上で，持続的な文系産学連携に向けての評価システムを構築しなければならない。

(注)

(1) 平成7年11月15日公布，施工。
(2) 民間企業の場合は内部の評価のための情報を対外的に公表する義務はない。
(3) 近年，営利企業においても業績評価においては定量的な財務情報だけでなく，非財務情報の重要性が指摘されBSC（バランストスコアカード）などを通して導入されている。
(4) この施行評価は経済産業省と文部科学省が共同で推進している。
(5) 日本において非営利組織としての法人格が認められているのは，一般社団・一般財団，公益法人，社会行政法人，学校法人，宗教法人，更生保護法人，特定非営利活動法人などがある。
(6) 利益を追求しないが，独立行政法人など利益計算を行っている場合もある。
(7) ドラッカー（1990）邦訳，pp.124-125
(8) この点については，大田・中田（2003）が詳しい。

【参考文献】

大田黒夏生・中田和明（2003）『事例で学ぶ非営利組織の事業評価』日本評論社

経済産業省（2012）『平成23年度産業技術調査事業　産学連携機能評価に関する調査　調査報告書（株式会社日本総合研究所）』

経済産業省（2013）『平成24年度産業技術調査事業　産学連携機能の総合的評価に関する調査報告書（株式会社三菱総合研究所）』

島田恒（2009）『非営利組織のマネジメント　新版』東洋経済新報社

神野直彦・牧里毎治編（2012）『社会起業入門―社会を変えるという仕事―』ミネルヴァ書房

田尾雅夫・吉田忠彦（2009）『非営利組織論』有斐閣アルマ
谷武幸・小林啓考・小倉昇（2012）『業績管理会計』中央経済社
中国経済産業局（2005）『中国地域における文科系分野における大学の知的資源活用（産学官連携）形成方策調査報告書』
長野裕子（2010）『国立大学等における産学連機の目標設定とマネジメントの状況』文部科学省科学技術政策研究所 Discussion Paper
非営利法人会計研究会編（2013）『非営利組織体の会計・行政および税務—理論・実務・制度の見地から—』関東学院大学出版会
文部科学省（2010）『平成21年度大学等における産学連携等実施状況について』
Anthony, R.N. (1988) *Management Control Function*, Havard Business School Press.
Anthony, R.N. and Young, D.W. (2003) Management Control in Nonprofit Organizations, 7th ed., NY: McGraw-Hill.
Drucker, P.F. (1990) Managing the Non-profit Organization, HarperCoollins.（上田惇生訳『非営利組織の経営』ダイヤモンド社，2007年）

（藤井　博義）

第2部
実証編

第7章 文系・総合大学における産・学・官(公)ならびに地域連携の取組み
― 立正大学を中心とする事例 ―

I はじめに

　本章は，東京都品川区と埼玉県熊谷市の二つのキャンパスを持つ文系・総合大学である立正大学の産・学・官（公）ならびに地域連携について，とくに筆者が所属する経営学部が取り組んだ事例を中心に紹介し，またその意義と課題を述べたい。

　立正大学は，1580（天正8）年に日蓮宗派の僧侶養成ならびにその教育機関として，下総国（現在の千葉県八日市場）に設立された「飯高檀林」まで歴史はさかのぼるが，大学は1872（明治5）年を創立の起点とし，2012年には設立140年を迎えた。現在，立正大学は東京都品川区の大崎キャンパスに仏教学部，文学部，経済学部，経営学部，心理学部の人文・社会科学系5学部，また埼玉県熊谷市のキャンパスに法学部，社会福祉学部，理系学科を含む地球環境科学部を設置し，学生数10,000有余名を擁する文系・総合大学である。

　かつて，筆者は立正大学を紹介するにあたり「大学にとって，塀に囲まれたキャンパスがすべてではない。教職員や学生がそこで学び，働き，また楽しむ場と地域こそ重要である」と，大学機関のバナキュラー（vernacular）性を指摘した。いうまでもなく都市，地方を問わず地域社会において，産業，企業はもとより大学を中心とする教育・研究機関の存在は，今も昔も変わりなく極めて重要である。しかしながらその重要性とは何か，また地域社会の発展にとって大学の役割とは何か，さらに産・学・官と地域連携の意義はどこにあるのか必ずしも明らかではない。以下，そうした問題意識のもとで筆者が関わった事例をいくつか紹介し，その課題を提示したい。

Ⅱ 立正大学の産・学・官（公）ならびに地域連携の取組み

　ここでは，大学が産・学・官と地域連携を本格的に取り組む以前に，その主要な役割とされる研究の成果を，地域社会を中心とする大学の外にどのように発信し開放したか，立正大学の『年史』を辿りながら紹介する。

1　大学主催の講演会

　戦後間もなく，立正大学も他の私立大学と同様，大学主催の講演会を数多く開催している。「立正大学学園新聞」の1953（昭和28）年3月20日号の記事は，「立正大学主催の下に石橋湛山学長就任記念大講演会が星薬科大学講堂において華々しく開催され‥‥聴衆に多大なる感銘を与えた」と記している。当日の演題は「日本経済の前途」である。その後も斉藤栄三郎教授「世界情勢より観たる景気の見通し」，三枝博音教授「日本の技術と日本の将来」と講演会は継続され，それぞれの専門分野では一流であり，本学の花形教員が演壇に立った。

　同記事によれば，講演会は「学内外の聴衆を得て盛況であり，ときには立錐の余地がないほどであった」とその反応の良さを伝え，また「まさに開かれるべき大学の実践的先駆であった」と高く評価している。こうした「開かれるべき大学の実践」として開催された講演会等の試みは，他の大学でも実施され，来場した聴衆ならびに地域社会と大学の距離を縮める役割を果たしたと考えられる。だが，こうした数多くの講演会等は，地域住民だけではなく不特定多数の聴衆を意識した大学の広報的な意味合いが強く，またそのテーマも戦後の日本が直面する課題を中心に極めて啓蒙性の高いものであり，今日でいう産・学・官と地域連携をめざす事業とは同じものではない。

2　大崎キャンパスでの公開講座

　ここでは立正大学に設置された8学部が行う，地域社会に向けた大学構成員の研究成果の開放について，公開講座・シンポジウム等を中心にその趣旨と特

徴を紹介したい。まず，東京都の大崎キャンパスに学部を置く仏教学部は，1982（昭和57）年から「仏教学部の研究成果を広く社会に開放する趣旨」のもとに「仏教文化講座」を開講しているが，同学部では1998（平成2）年より「社会人オープン講座」を開講し現在も続く。同講座は社会人が「科目の限定はあるが学生と同一講座を受講する」ものであり，講座の恒常性，社会人と学生の共学という点でその特徴を持つ。

　文学部は，他の学部に先駆け，1976（昭和51）年に「文学部公開講座」を始めている。講座の開設の趣旨については，「地域社会での住民に対する生涯教育・成人教育の必要性の高まり」を背景に「とかく閉鎖的であった大学の研究成果を広く学外の諸地域において公開し，地域住民とともにそれぞれのテーマについて考えていこうとするもの」としている。

　心理学部は，設置2年後の2003（平成15）年に「公開講座」を開催しており，『年史』によれば「品川区教育委員会の後援で合計4回の講座には278名が受講」とある。同学部の「公開講座」は毎年開講され，今日まで継続している。こうした文学部，心理学部の講座は，いずれもが大学構成員の研究成果である知的資産を，教育委員会等，地域の自治体と共催ないしその後援を得て開放しており，地域住民へのニーズの充足を意識した点に特徴を持つ。

　経済学部で特筆すべきは，1958（昭和33）年に設置された「郵政コース」である。同コースは全国の郵便局・郵政省職員関係者の子弟を主な対象とした，全国の特定郵便局（長）資格取得に向けた講座であり，学部年史によれば「受講生は"郵政会"を組織したが，一時は全学部生の3割も占める一大勢力であった」と記している。受講は在学生に限定されてはいるが，資格取得に向けた学部横断的な講座の設置は，今日では全国の大学で試みられているエクステンション講座の先駆けであり，産・官・学の連携になぞらえていえば官（特定郵政職）のニーズに対する対応といえる。

3　熊谷キャンパスでのシンポジウム

　立正大学の埼玉県の熊谷キャンパスには法学部，社会福祉学部（2学科）と

理系の学科を含む地球環境科学部の3学部が設置されている。この内，1981（昭和56）年に設置された法学部は，2003（平成15）年から学内外の講師が参加し，地域住民に開放された「シンポジウム」を開催しており，現在も継続している。社会福祉学部は1996（平成8）年に設置されたが，翌年の1997年にはすでに「公開講座」を開いている。また，地球環境科学部は1998（平成10）年に文学部地理学科の改組と合わせ新学部として設置されたが，2001（平成13）年に「公開講座」を開始した。なお社会福祉学部，地球環境科学部の両学部は「公開講座2007in長野」を皮切りに，高崎，新潟，大宮など，主として信州，上越地域において2学部共催で同様の講座を開講している。こうして熊谷キャンパスの3学部も，それぞれが単独ないし共催での「公開講座」，「シンポジウム」等を開催したが，その後2008（平成19）年には3学部が専門の枠を越え「立正大学熊谷キャンパス公開講座」を共催している。

　学部単独であれまた複数学部の共催であれ，上記の「シンポジウム」や「公開講座」は，県・市・町・村等の行政が後援しており，一面では大学の学生募集上の広報戦略の効果を意識したものとはいえ，地域住民ないし自治体の多様なニーズを取り上げ，大学が持つ知見を還元することを通じ，地域社会での大学の役割を果たしたものといえる。

III 産学官連携推進センターの設立とその機能

1 大学と産学官連携推進センターの設立

　ここでは，学部の個別的な取組みとは別に，大学の主要な構成員である教員の研究活動を支援し，さらには学部や研究所の枠を超えた産・官・学ならびに地域連携事業を推進するために設立された「立正大学産学連携推進センター」の目的とその活動内容を概略して紹介する。

　立正大学には現在，学部に付設する9つの研究所が付設されている。仏教学部には日蓮教学研究所ならびに法華経文化研究所，文学部には人文科学研究

所，経済学部には経済研究所，経営学部には産業経営研究所，法学部には法制研究所，社会福祉学部には社会福祉研究所，地球環境科学部環境科学研究所，そして心理学部には心理学研究所の9研究所が専門特性に応じて設置されている。各研究所の理念や活動目的はそれぞれ異なるが多くは研究所員でもある個々の教員の調査研究とその成果発表に対する支援が中心である。

　立正大学が全学的な規模で，産・学・官ならびに地域連携事業を本格的に取り組み始めたのは，2005（平成17）年の「立正大学産学官連携推進センター」（以後，「センター」）の設立以後である。以下，「センター」規程に明記された「目的」と「事業」に触れ，さらに3つの図表において設立当初の実績を紹介する。

2　「センター」の（目的）と（事業）

　「センター」の（目的）と（事業）は「センター」規程の第2条と第3条に明記されている。第2条の（目的）では「センターは，産業界や公的団体等からの社会的な要請に基づき，これらの団体等との連携を図りながら，本学との共同研究・受託研究等を推進する体制を整備し，知的財産の管理を進めるとともに，研究の成果を社会に還元することを目的とする」とし，さらに第3条で「センターは，前条の目的を達成するために，立正大学総合研究機構[1]と連携を図り，次の事業を行う」として，(1)本学と地域の産業界や公的団体との連携事業およびその推進，(2)各種団体等からの受託研究およびその推進，(3)教職員等の知的財産創出およびその支援，(4)知的財産の権利化と維持および管理，(5)その他必要とする事業，を明記している。なお，センターの経費（予算）については第8条において「センターの経費は立正大学予算，各種補助金，寄付金その他を以って充てる」とし，ここに産・学・官ならびに地域連携事業が全学的な取組みとして予算化され制度化されたのである。

　以下，2011（平成23）年までの「センター」の活動のうち，筆者が関わった連携事業含め，受託研究事業，その他の支援事業[2]を図表7-1，7-2，7-3で紹介する。

第7章　文系・総合大学における産・学・官（公）ならびに地域連携の取組み　*121*

図表7-1　連携事業

実績数	連携等事業名	連携先等	年度
1	彩の国環境地図作品展示	地球環境科学部と国土地理院 埼玉県，東京電力埼玉支店等	2002
2	協働によるまちづくり（産学官シンポジウム，熊谷うちわ祭り等）	立正大学と熊谷市，熊谷商工会議所，妻沼商工会，大里商工会	2006〜2011
3	市民と学生による熊谷探検隊	社会福祉学部とNPO熊谷	2006
4	気象予報士講座	地球環境科学部とライフビジネスウエザー㈱	2005
5	第16回東京研究集会	経営学部と東京中小企業家同友会	2007

図表7-2　受託研究事業

実績数	研究名	受託者（代表）	委託者	年度
1	国分寺崖線地下水・湧水保全調査	地球環境科学部 高村弘毅教授	世田谷区	2005
2	産・官・学ならびに品川学の試み	経営学部 秦野眞教授	立正大学石橋湛山記念基金教育振興	2006
3	マッシュアップサービス・QRコード利用の地域ポータルサイトによるコミュニティーの再生	地球環境科学部 後藤新太郎教授	熊谷市	2006
4	中流域のおける下水処理水流入の影響に関する研究	地球環境科学部 渡邊泰徳教授	㈶リバーフロント整備センター	2006
5	都市基準点の時空間管理の実証実験およびQRコードとの併用による住民参加型わがまち情報管理への応用	地球環境科学部 後藤新太郎教授	㈶日本建設情報総合センター	2006
6	マイクロバブル発生装置ミクロスターの効果の測定および利用面の開発	地球環境科学部 渡邊泰徳教授	富喜製作所	2006
7	大学・消費者団体・行政の連携によるスーパー等の実態調査	文学部 田陽和久准教授	品川区	2007

図表7-3　その他の支援事業

実績数	寄付講座名	寄付企業	受入学部	年度
1	鎌倉仏教の寺院のあり方と本堂の携帯	㈱金剛組	仏教学部，日蓮教学研究所	2007

2	犯罪社会学	㈶保安電子通信技術協会, ㈶公共政策調査会	文学部	2007
3	特別講座（金融知力論）	日興コーディアル証券㈱	経済学部	2007
4	経営総合特論A（エグゼクティブ3）	野村証券㈱	経営学部	2006
5	経営総合特論B（エグゼクティブ1）	東京中小企業家同友会	経営学部	2006
6	環境科学特論Ⅱ	内田洋行, 積水化学等	地球環境科学部	2006〜2007

　上述のように，2005（平成17）年のこの「センター」ならびに「総合研究機構」の設立によって，それ以後は学部ならびに各学部に付設した研究所の研究成果等が一元的に管理され，さらに産・学・官ならびに地域連携事業が本格的に取り組まれるようなった。「センター」ならびに「総合研究機構」の設立を主導した学長の言葉[3]にはそうした事業の取組みに対する自負が感じられる。

Ⅳ 「品川（学）プロジェクト」の立ち上げ

1 大崎校舎への移転と「品川（学）プロジェクト」

　本節では「センター」が取り組んだいくつかの事業のうち，連携事業として筆者が関わった「品川（学）プロジェクト」を紹介する。
　このプロジェクトの立ち上げの経過は次のとおりである。既述したように，2005（平成17）年に「センター」が設立されたが，センター長である学長の主導のもとに同年12月に「品川（学）構想プロジェクト委員会」（以下，プロジェクト委員会）が立ち上がり，筆者がプロジェクトの取りまとめ役となった。同プロジェクトは，品川区の大崎キャンパスに設置された5学部（仏教，文学，経済，経営，心理）から選出された5名の教員が，学部の枠を越え「品

川区に関わる学際的な研究を試みる」との提案によるものである。こうした提案の背景には，2007（平成19）年に移転が完了した熊谷キャンパスの教養部の解体とそれに伴う品川キャンパスへの5学部の完全移行がある。今後は大学が品川に定着することを内外に発信することがこのプロジェクトの目的であった。なお，このプロジェクトは先述したように，専門性の違う学部の垣根を超えた5学部の教員で取り組んだ点において画期的であったが，品川区という地域を対象とする学際的研究事業とはいうものの，手探りの状態からの出発であった。

　プロジェクトの研究会を通して，まずこのプロジェクトが目的とする品川に関する学際的な研究として"品川学"を試みる前に，先達としての全国の多くの大学が着手している"地方学"を学ぶこと，また以後の研究会に品川に所在する企業（産）ならびに品川区（官）の参加を求めることとなった。

2　地方学としての"渋谷学"と"品川学"

　「品川（学）プロジェクト」の手がかりとして，プロジェクト委員会は，地域（方）学の先達である"渋谷学"を主導した國學院大學の上山和雄教授を招き，2006（平成18）年6月に研究会を開催した。"渋谷学"は後述するように，都市を対象とする"地方学"ないしは"地域学"の先駆けである。研究会の報告内容は『産・官・学ならびに地域連携と"品川学"の試み』（以下，『報告書』）にまとめられたが，以下はその概略である。

　周知のように，國學院大學の渋谷キャンパスの最寄りの駅は，多数の鉄道・交通機関が交錯する東京でも有数なターミナルであり，一帯は日本の社会風俗また都市風俗を代表する地域である。したがって，風俗としての流行を生みまた発信する渋谷は，現代日本の都市風俗研究の対象として興味深い地域である。"渋谷学"は，國學院大學が伝統とする折口民俗学を土台として，その上に築かれた現代風俗学，現代都市民族学とでもいえる。しかも，こうした"渋谷学"には，大学の研究者だけではなく，私鉄を中心とする企業，渋谷区の都市計画部の職員，教育委員会等が協力して渋谷に関する資料を収集し，体系性

を持った"学"としてまとめ，その後に市民の受講が可能な"渋谷学"講座を実現させた。さらに"渋谷学"の試みは，渋谷地域についての"学"を超え，産・官・学が連携したその後の地域発展につながる「渋谷ブランド」形成へのきっかけを作った。以下は上山報告を含むプロジェクト委員会主催の当日の研究会への出席者とその所属である。

日　時	2006（平成18）年6月2日		
場　所	立正大学大崎校舎産業経営研究所		
テーマと発表者	「"渋谷学"の成り立ちと現在」上山和雄氏（國學院大学教授）		
出席者	企業関係者	池田　大	（東京中小企業家同友会会員・印刷）
		小沢英雄	（東京中小企業家同友会会員・会計情報処理）
		高田一男	（東京中小企業家同友会会員・運輸）
	行政関係者	新美まり	（品川区企画部長）
	大学関係者	秦野　眞	（プロジェクト委員長：経営学部教授）
		安中尚久	（プロジェクト委　員：仏教学部助教授）
		村上喜良	（　　　同　上　　　：文学部助教授）
		高嶋修一	（　　　同　上　　　：経済学部専任講師）
		片岡玲子	（　　　同　上　　　：心理学部教授）
		森岡節雄	（　　　同　上　　　：センター嘱託）

　上記の要領に見るように，出席者は，筆者を含む大崎キャンパス5学部のプロジェクト（研究会）委員，本学の「センター」職員，委員会の呼びかけに応じた企業ならびに品川区の関係者である。この研究会では"渋谷学"に倣った"品川学"の可能性について意見交換したが，その後，プロジェクト委員会は，都市地域を対象とする"渋谷学"だけではなく対象をより広げ，地方の大学が取り組む"地域学"の現状について，資料収集とヒアリングを行うことを決定した。以下，関西学院大学の"タカラヅカ学"，広島女学院大学の"ヒロシマ学"，別府大学の"大分学"の紹介である。

　まず，"地域学"で対照的かつ対極的なのが"ヒロシマ学"と"大分学"である。前掲の『報告書』の中で村上氏が触れているように「"大分学"の目指すところは，地域の住民や，地元出身と県外出身の大学生に大分（地域）の良さを知ってもらい，分かってもらうことである」と意義づけ，大学が積極的にそのコーディネートの役割を果たすべきだと，明解である。"大分学"とは，

大学の構成員である研究者によって蓄積され，地域によって利用される有用な知的資産である。こうした大学を中心に生み出され地域で活用される"大分学"はその後に，別府を中心とする温泉などの観光資源と結び付き，企業との連携のもとに地域への観光客誘致事業にリンクする。

一方，"ヒロシマ学"は，原子爆弾の被爆体験を持つ都市（地域）特有の経験を踏まえ，大学の理念として掲げる「平和」をテーマとして追及する学問的研究とそれにリンクする活動の総称だと考えられる。したがって，大学の役割とはこうした研究と実践のなかに地域貢献を求めるものである。インタビューアーである高嶋氏の報告は「大学が主体的に打ち立てた教育・研究理念が確実なものであればこそ，（地域）社会との関係をもち，また影響を与えることが可能となる」との広島女学院大学院長の言葉を引用し，"ヒロシマ学"は「平和」学でありその実践であると記している。

次に，筆者が担当した関西学院大学の「タカラヅカ学」を紹介する。推進者である関西学院大学都市創造センターの定藤繁樹教授によれば，"タカラヅカ学"は「人文系大学ではもっとも早く締結した地域（タカラヅカ＝宝塚市）協定に基づくプロジェクト事業の総称である」とされ，きわめて実践性の高い性格を持つものだと考えられる。インタビューの中で触れられているように，定藤氏によれば，"タカラヅカ学"は，大学の生き残り戦略の一環としての打ち出された宝塚市再生のプロジェクトであるが，今後はそうしたプロジェクトのような「凄みある個性」を打ち出せるかが新たな大学の役割を模索するうえで重要であるという。協定に基づくプロジェクト事業の意義・目的ならびにその概要は，先に記した『報告書』の末尾に掲載した定藤所長の「都市創造に果たす大学の役割」と資料に詳しい。概略すれば，大学が地域再生（ここでは宝塚市）と創造のプレーヤーとして，行政，自治会，NPO，コミュニティー・ビジネス，商店街，商工会議所などの組織をいかに有機的に結び付け，プロモートするかが大学の新たな役割であるという。なお，このプロジェクトへの学生の参加は"タカラヅカ学"の重要なファクターとなっている。

「品川（学）プロジェクト」は，ここまでで紹介した内容を『報告書』とし

て作成し，その活動を終了した。なお，このプロジェクトは，その後に品川区の依頼された事業の取組みとして，『生活都市，国際都市としての品川区の現状と課題に関する調査研究』[4]，さらに2013年11月，こうした実績を踏まえた品川区と大学との「包括協定」[5]の締結に繋がっていく。

V 立正大学と東京中小企業同友会

1 産・学関係の積み重ね

東京中小企業家同友会（以下，同友会）は，1957（昭和32）年4月に「中小企業の自主的な努力と団結の力で中小企業を守り，日本経済の自主的で平和的な発展を目指す」ことを目的に組織され，現在は東京23区を中心にその周辺に支部を持ち，会員数2,100余名の中小企業家の団体である。

立正大学経営学部と東京中小企業家同友会との関係は古く，1985（昭和60）年に立正大学産業経営研究所の研究所員（教員）の研究目的として行なった中小企業経営者からの聞き取り（ヒアリング）を契機に，それ以後この30年間にわたり両者の関係は継続し深まっている。

立正大学経営学部は，学部創立30年にあたる1995（平成7）年に大幅な学部改革を断行したが，この改革にあたって大学内外の意見を求めるため，同友会会員を対象にアンケートを実施し，その後，集約されたいくつかの要望は実現した。特に，品川区，大田区など同友会の城南地区の中小企業家の会員から，従業員のための夜間における大学教育の機会を求め，大学の「夜間主コースの設置」が要請され実現したのは産学連携の成功事例である。こうした関係の積み重ねを通じ，双方の信頼関係は深まり，今日では立正大学の経営学部教育にとって同友会の存在は不可欠なものとなっている。

2 立正大学と経営研究集会

ここでは図表7-1にも示したように，「センター」の連携事業であり経営学

部が取り組んだ第16回東京経営研究集会を紹介する。

「経営研究集会」は，東京中小企業家同友会が会員間の相互練磨と，行政ならびに研究教育機関である大学との交流を通じ，企業ならび地域の発展を目的として年に一度開かれる集会である。研究集会は平成19年10月28日に立正大学と共催で，「産・学・公・地域連携―10年後の東京と経営を考える―」をテーマに開かれた。概略として次表を示す。

図表7-4　第16回東京経営研究集会　概略

分科会ならびにテーマ		報告者等		
第1分科会	いま価値観の転換を，本当の豊かさを求めて	パネリスト	湯本良一 加藤吉則 伊藤瑞叡 阿部敏夫	東京同友会代表幹事 立正大学元副学長 立正大学仏教学部教授 東京同友会広報部長
		コーディネーター	秦野　眞	立正大学産業経営研究所長
第2分科会	時代の本流を見る目を持って，中小企業家企業経営者の理念と行動	報告者	山田伸顕 遠藤幹夫	大田区産業振興協会専務理事 経産省内閣官房長官補室
		コーディネーター	佐藤一義	立正大学産学交流委員長
第3分科会	経営理念の共有が企業経営の発展・承継を確かにする	報告者	原田弘良 土屋　正 河辺嘉行 松倉　卓	㈱アクア代表取締役社長 ㈱土屋建築研究所代表取締役 電光工業㈱代表取締役社長 マーケティングコミニュケーション研究所代表
第4分科会	障害者戦力化への道	コーディネーター パネリスト	八木原律子 松本章子 木村志義 西谷久美子	明治学院大学社会学部教授 ㈱おはなはん代表取締役 ジョイコンサルティング㈱代表取締役 社会就労センターパイ焼窯統括責任者
第5分科会	10年後，幸せに成功する人と組織の第5の資産	報告者	谷口貴彦	コーチセブンピース代表
第6分科会	共に語ろう，考えよう。わが社のマーケティング戦略	報告者	斉藤義弘 石井誠二 飯野修一	イアンターワイヤード㈱代表取締役 ㈱八百八町代表取締役 ㈲フィール代表取締役
		コーディネーター	池上和男	立正大学経営学部長
第7分科会	世界が認めた技術力。大企業に打ち勝ち続ける力の秘密を探る。	報告者	中村義一	三鷹光器㈱代表取締役会長
第8分科会	社員と共に魅力ある会社づくり	報告者	高田照和	㈲高田紙器製作所代表取締役

第9分科会	経営はアート	報告者	小原重信	日本工業大学大学院技術経営研究科教授
第10分科会	観光まちづくりに向けた新事業開発に参加しよう	報告者	関根博之	㈲満点星代表
第11分科会	地球環境レッドカードをグリーンカードに	報告者	佐土原聡	横浜国立大学大学院教授
			谷口信雄	東京都環境局主査
		コーディネーター	堀内道夫	静岡大学客員教授
第12分科会	中小企業を誇りに思える社会に	報告者	三宅一男	㈱エピックホームズ
			水戸部良三	水戸部㈱
			川西洋史	千葉県中小企業家同友会事務局長
		コーディネーター	宮本孝	㈱日本ビジネスクラブ
第13分科会	「品川宿」の10年後を探る	報告者	堀江新三	旧東海道周辺まちづくり協議会会長
第14分科会	マンモス印刷業界の未来を探る	報告者	山内亮一	社団法人日本技術協会専務理事
第15分科会	大競争時代，10年で半減する建設業界の未来は	報告者	米田雅子	慶應義塾大学理工学部教授
第16分科会	どうする「食」？今求められる企業の理念と社会のあり方	パネラー	廣瀬満雄	㈱ミツ代表取締役
			花田美奈子	㈱ファームオブハナダ代表取締役
			増子隆子	自然食の健康食卓代表
		コーディネーター	櫻井忠利	おとうふ処りせん代表
第17分科会	今から取り組む，アジア諸国との人流・商流	ミャンマー連邦大使館		
		ベトナム社会主義共和国大使館		
		フィリピン大使館の展示ブース参加		

　上記のように，経営研究集会の記念シンポジウムには当時の産業経営研究所長である筆者がコーディネーターとして参加したが，経営学部に所属する元副学長の加藤吉則氏は「いま価値観の転換と本当の豊かさを求めて―企業倫理と立正大学建学の精神―」の基調講演を行い，当時の経営学部長の池上和男氏はマーケティング分科会，本学部の当時の産学交流委員長の佐藤一義氏は中小企業の理念の分科会に参加している。

　なお立正大学経営学部は，2005（平成17）年，東京中小企業家同友会に組織加盟し会員となった。経営者・企業団体である東京中小企業家同友会への大学組織の加入は全国でもまれだと思われる。中小企業と経営者が抱える課題を

共有し，同一組織のメンバーとして地域の発展に取り組む意義は大きい。

Ⅵ 中小企業経営者による「経営総合特論」とその趣旨

Ⅲの「センター」の支援事業の図表7-3において掲載し，またⅤにおいても触れたように，立正大学経営学部は既述のように1995（平成7）年には創立30周年を契機に学部教育の根本的な改革をめざした。改革の主なものとしては，夜間主コースの設定，セメスターの採用，カリキュラムの全面的な改正があげられる。本節においては，カリキュラムの改定の一つとして，産学連携のもとに開講された新科目である「経営総合特論」について，設立趣旨ないしその目的を中心にその概要を紹介したい。

1 「経営総合特論」の設置の趣旨

『経営総合特論』の設置の趣旨については，同科目の報告書である『アントゥルプレナーへの道（Ⅰ）』において，「経営教育の21世紀化の一環として，実践的な企業経営人の育成をめざす新科目として，アカデミックな理論研究では養うことの出来ない経営感覚や経営哲学を体得すること」と述べている。したがって，同科目は，企業経営の最前線で活躍する経営者が講師として担当した。なお，講師は主として立正大学経営学部のキャンパスがある品川区ならびに近隣の大田区，港区等の中小企業家同友会の城南，城東の企業家が担当したが，講師の人選は同友会と経営学部の産学交流委員会の協議の上で決定されている。

2 「経営総合特論」の概略

次表は第1回「経営総合特論」の講義テーマと担当講師，企業（役職）をまとめ，概略したものである。

図表7-5　平成7（1995）年度　第1回「経営総合特論B」一覧

回数	講義テーマ	講師名	企業名・役職
1	生き抜く中小企業 ―経営者の夢とロマン―	井上　弘	㈱エアコンサービス社長
2	都市型スーパーの経営 ―お客様の心をつかむ経営	後藤せき子	㈱文化堂社長
3	印刷メディアの新境地 ―革新への挑戦―	堀沢　宏	秀英堂紙工印刷㈱社長
4	私の履歴書 ―逃れて生きるより戦って生きる―	石井　誠二	㈱エス・アンド・ワイ社長
5	OEMから自立企業へ脱皮 ―界面活性剤等の研究・製造―	佃　善文	㈱ニッコー科学研究所社長
6	医薬品チェーンストア店の経営 ―青年社長の心意気―	高畠　宏之	㈱トキワ社長
7	経営学の落とし穴 ―ビジネスに役に立つ勉学とは―	森下　篤史	㈱KyoDo社長
8	製造業で価格破壊に対応した経営	加納　英之	㈱カーテンソーイング サービス社長
9	本物の人が育つには何が必要か ―激動の青春から生まれた燃える経営―	菅沼佳一郎	㈱三和デンタル社長
10	勝ち残る経営とは ―不動産業の地域No1経営戦略―	佐藤　仁	㈱シティハウジング社長
11	経営学と実践経営との違い ―電子製造業の場合―	坂口　義一	東京電機技術工業㈱社長
12	働くとは何か ―個人・集団＝会社・社会との関わり―	下村　正人	㈱審調社社長

「経営総合特論」は，1995（平成7）年から半期12回平均の回数で開講され，2011（平成23）年まで延べ開講講座数は244講座に達し，現在でも継続し開講されている。なお，1998（平成10）年度には上記の中小企業経営者による講座に加えて，大企業の中間管理者が講師をつとめる「経営総合特論B」，また2002（平成14）年には野村証券㈱の冠講座として，主に金融・証券を講座の内容とする「経営総合特論C」が開講され，産学の連携によるカリキュラムは充実し拡大している。

Ⅶ 「中小企業家劇」と中小企業問題

　Ⅴにおいて紹介したとおり，立正大学で開催された第16回の経営研究集会において従来にはない企画が生まれ，実行された。中小企業経営者を中心とした産・学・官の関係者が参加する，「中小企業家劇」の公演である。

　経済団体に限らず，従来の種々の集会や大会では，成功体験を持つ経営者や行政関係者ないし大学人等の講演で幕を切るのが通例である。しかしながら16回の経営研究集会の開催準備委員会では，「単なる外部講師による講演ではなく，中小企業家自身が，自分たちの抱える問題を取り上げ，舞台で表現しよう」との提案が検討され，実現したのが「中小企業家劇」である。舞台指導には東京中小企業家同友会の会員であり，プロフェッショナルな演劇人集団である劇団「銅鑼」があたった。第1回の公演には，中小企業経営者，大学教員ならびに学生，品川区長も参加し，立正大学石橋湛山記念講堂で上演され，中小企業ならびにその家族，学生，地域住民等が観劇した。以後，中小企業経営者を中心とする「中小企業家劇」は，東京中小企業家同友会，立正大学，品川区役所，品川区商店連合会等の後援のもと，年1回の割合で定例的に上演され，今日まで継続している。以下は，2013（平成25）年までの公演テーマ，並びに出演者の一覧である。

図表7-6　「中小企業家劇」公演　一覧

日時	場所	テーマ	概要	出演者（数）
2007年 10月28日	石橋湛山 記念講堂	東京最後の選択	少子高齢化環境問題，東京への一極集中等，事業承継等10年後の中小企業の問題を考える	企業関係者15名 大学関係者4名 （教員，学生を含む） 品川区長
2009年 9月13日	石橋湛山 記念講堂	明日はうちもいい会社	創業40年の製麺工場を舞台にし，はたしていい会社とは何かを問う	企業関係者15名 大学関係者1名 （教員）
2010年 11月14日	石橋湛山 記念講堂	はい奥田製作所	大田区の町工場を舞台にし，二代目経営者と従業員の軋轢を取り上げる	企業関係者15名 大学関係者4名 （教員，学生を含む）

2011年9月25日	立正大学11号館第5教室	3.11 あの日が教えてくれたもの	3.11の悲劇に中小企業はどう立ち向かうか。朗読劇	企業関係者13名 大学関係者4名 （教員，学生を含む）
2012年9月22日	石橋湛山記念講堂	只今清掃中，ご迷惑をかけます	清掃会社「まごころビルメインテナンス」を舞台に，企業間の競争をテーマ	企業関係者18名 大学関係者3名 （教員，学生を含む）
2013年11月9日	品川区立荏原平塚総合区民会館	みんな同じ空をみている	MBAを取得した若手後継者の苦悩	企業関係者15名 経済団体職員1名 大学関係者5名 （教員，学生を含む） その他1名

　上記のテーマからわかるように，中小企業が抱える問題は多様である。特に京浜工業地帯の中心地域である品川区，大田区は中小規模の町工場や事業所が存在し，そこでの課題は日本の中小企業家が抱える問題の縮図である。

　「中小企業家劇」は中小企業の問題を「実情を誰よりも知る役者（経営者）が原作を大きくアレンジ」して演じることにより，出演者はもとより観客である出演者の家族，同業者ならびに地域住民と問題を共有するうえで大きな役割を果たした。さらに出演者には，図表7-6に示したように経営者とその従業員に加え，第1回公演以後も大学からは教員と学生が参加し，経営者と問題意識を共有して舞台で表現している。特に学生にとっては，かなりの時間を要する稽古と舞台を通じ，経営者との交流を深め，同時に座学で学んだ中小企業問題を身近なものとすることにより，学習成果は十分である。この新たな企画は，一般新聞紙，政党機関紙，業界団体紙，TV等で取り上げられたが，まさに産・学・官と地域連携の象徴的な事業となった。

Ⅷ　品川女性起業家交流会と経営学部

　立正大学経営学部の産・学・官ならびに地域連携への取組みの一つとして「品川女性起業交流会」の設立経過とその後の交流について紹介する。
　1999（平成11）年11月男女共同参画基本法（以下，「参画法」）が施行され

たが，品川区は同法に対応して，2001（平成13）年に諮問組織として，第9期品川行動推進会議（以下，「推進会議」）を設置した。「推進会議」は「女性起業家のネットワークづくり」を品川区に提案し，その実現に向けて立正大学経営学部に協力の要請があった。品川区（官）の主導による諮問機関としての「推進会議」の設置，それに呼応する企業（家）からの大学への支援の要請という流れの中で，2005（平成17）年4月に「品川女性起業家交流会」（以後，「品女」）が立ち上がった。協力要請には，経営学部の産業経営研究所ならびに経営学部産学交流委員が対応し参加している。

「品女」は2005年から2013年までの間，品川区に在住する女性起業家間の交流と地域発展を目的に月1回の定例研究会を開いている。立正大学は，研究会の会場を提供すると同時に，研究会への学生・教員の参加を通じて恒常的で密接な関係を築きあげ，今日もこの関係を継続している。直近の研究会は，2013（平成25）年7月に立正大学で開かれたが，研究会報告者には立正大学の就職・進路担当部署であるキャリアセンター長が報告者となり「最近の女子大生の就職状況」について報告した。

なお，「品女」の会員数は2013（平成25）年7月の現状では26名であるが，先述したように定例研究会には会員の参加とは別に，ゼミナール中心とした呼びかけに応じ，経営学部の女子学生が研究会に参加している。学生が定例会，研究会に参加することを通して会員は若い学生の感性を吸収し，学生は女性企業家から同性としてその生き方，および女性企業家の持つ経営上のさまざまな課題を多く学び，また起業への意欲を喚起するという，双方にとって有益な場となっている。

IX まとめ

IIからVIIIにわたり，産・学・官ならびに地域連携の取組みについて，立正大学の事例を概略して紹介したが，最後に立正大学の事例が持つ意義と今後の課題について述べ，まとめとしたい。

われわれは2008（平成20）年，経営学部創立40周年事業の一つとして，経営学部有志による共創型組織研究会の編著による，『人が生きる組織』を発刊した。そこでは「共創」を「異なる背景や立場を持った者が一体となって場を形成し，新たな価値を創造していくこと」と定義し，そうした場＝組織の存在の必要性を提案した。今，産・官・学ならびに地域連携を通じて新たな大学の役割を考える上で，この「共創」概念を基軸とする視座は有効と考える。筆者は「はじめ」において，今日における大学は，そこで学び，働き，遊び楽しむ場として，言い換えれば産・官・学が共存する地域空間において，その地域の背景として存在することの必要性を述べた。第1章で提示された理論的枠組み，また第7章の検証で試論として用いられたソシアル・キャピタルとしての大学論にも関わる課題とも連関する。

　立正大学の事例が持つ意義について，大学ならびに経営学部の取組みに共通するのは，産・学・連携ならびに地域連携に向け，可能な限り個人の資質や属性を超えて全学的な取組みとして努力している点にある。産・官・学など立場の異なる構成員が，お互いの共通する課題を信頼関係のもとで共有し解決する上で，そのコーディネーターとして，大学の組織的で制度的な対応を必要とする。その際，産・学・官ならびに地域連携にたずさわる個人がその任を離れた時にその役割が終わるのでは，大学のコーディネーターとしての信頼性は担保されず組織間の事業の継続性は失われる。

　しかしながら，大学におけるヒト（人材），モノ（キャンパス・組織），カネ（予算）の制度的配置は，必ずしも産・学・官と地域社会の「共創」的な関係の持続性を担保するものではなく，制度，協定のルーティン化をまぬがれるためには恒常的な点検と見直しが前提である。特に制度運用上の最大の課題は産・学・官の連携に向けた適材の配置とその処遇である。組織があり，予算化された産・学・官と地域連携事業は意欲ある人材によってはじめて可能となる。種々の連携事業に関わり配置された人材のローテーション（持ち回り）は，コーディネーターとしての大学の機能と連携事業の陳腐化をもたらす可能性が高い。大学組織内での産・学・官ならびに地域連携に意欲的な人材の育成

と，制度の定期的な点検と柔軟な運用が必要と考える。

　最後にⅤならびにⅧでもふれたように，経済団体およびNPO等の学外団体との関係である。「共創」を「異なる背景や立場を持った者が一体となって場を形成し新たな価値を創造すること」と規定するとするならば，産・官・学ならびに地域連携を一層推し進めるためには，大学と対外組織との間で，共通する課題の解決に向けての「緩やかで節度のある連帯」は検討に値する。東京中小企業家同友会ならびにNPO化が予定される品川女性起業家交流会等の学外団体との今後の関係は，教育を通じて有為な人材の育成という共通の課題を媒介に今後とも積極的な連携が求められる。

(注)

(1) 立正大学総合研究機構は「センター」設立以後，「センター」と各学部に付属する9研究所の連合組織として平成21（2009）年に設置された。その後，「センター」の改組と平成23（2011）年の「立正大学研究推進・地域連携センター」の設置に伴い廃止された。

(2) 図表7-1，7-2，7-3は別記した「立正大学産学官連携推進センター information」2005年版をもとに作成した。

(3) 「センター」設立時の学長は，「立正大学産学官連携推進センター information」2005年版で「近年の産学連携推進の機運が高まる中，これらをさらにするインターフェースとして，これまで以上に本学と社会とが連携・協働したネットワークを強化し，産業界自治体・地域社会の多様なニーズにマッチングし‥‥大学の知的財産を広く社会と共有できるように取り組む」と，その意義と役割を述べている。

(4) 『生活都市，国際都市としての品川区の現状と課題に関する調査研究』は品川地域に関する学際的な調査研究としてまとめられ，品川区へ提出された。以下がその内容である。第1章「国際化政策の概要」（法学部　早川誠教授），第2章「品川区の産業集積と居住者特性」（経営学部　秦野眞教授），第3章「品川区経済の産業部門別対外依存関係」（経済学部　石田孝造教授，王在吉教授）第4章「国際化からみた品川区の環境問題」（地球環境科学部　吉岡茂教授）

(5) 「包括協定」は平成25年に東京都品川区と立正大学の間で締結された。内容は全6条におよぶが，第1条の（目的）で，「品川区における地域社会の課題解決及び大学の教育・研究機能の向上を図り，もって地域社会の発展を図る」と明記

している。

【参考文献】

共創型組織研究会（2008）『人が生きる組織』日経BP出版センター
品川産業振興課「しながわ産業ニュース」No.124，2006（平成18）年10月
品川総務部人権啓発課（2003）「男女共同参画社会をめざす第3次行動計画品川プラン（2001年〜2010年）の推進に向けて第9期品川区行動推進会議報告書」
私立大学連盟（2008）『大学時報』No.208
東京中小企業家同友会（2007）『月刊中小企業家』No.565，566，567
東京中小企業家同友会（1998）『月刊中小企業家増刊号（東京中小企業同友会40年のあゆみ）』
『立正大学学園諸規定集・内規集』平成18年度版，平成24年度版
立正大学経営学部『アントルプレナーⅠ〜XVII』1995〜2011
「立正大学研究推進・地域連携センター」2012年版
「立正大学産学官連携推進センター information」2005年版，2007年版
立正大学「品川学」構想プロジェクト委員会（2007）『産・学・官ならびに地域連携と「品川学」の試み』
立正大学史編纂委員会（1997）『立正大学の120年』
立正大学史編纂委員会（2012）『立正大学の140年』

（秦野　眞）

第8章 文系産学連携による組織間コラボレーションの取組み事例

I はじめに

　企業をはじめ一般の組織がゴーイング・コンサーン（going concern）を前提とするのに対して，産学連携という組織は必ずしもそうではない。産学連携において課題を解決すべく形成された組織は，目的が達成されたあかつきには解散されると考えるのが一般的である。しかし，第3章において検討したように，文系分野の産学連携は，理系分野のそれと違って，新価値創造型に代表される，課題そのものが抽象的であって具体的なコラボレーションの目的ではなかったり，あるいは，課題の一部を目的とするコラボレーションだったりと，必ずしも課題と目的が一致しているわけではない。したがって，コラボレーションが成立する以前から，あるいはコラボレーションの目的が達成されたとしても課題のすべてが解決されたとは限らないので目的が達成された以降まで，その継続あるいは連鎖を視野に入れて考察する，いわば持続可能なコラボレーションという視点が望ましいように思われる。

　われわれがヒアリング調査をした文系分野の産学連携のケースのうち，持続可能なコラボレーションとして成功している青森中央学院大学と龍谷大学のケースを取り上げ，第3章で考察した組織間コラボレーションの内容，すなわち意味づけ，行為は目的に先行する，文法の共有について検証していくことにしたい。なお，青森中央学院大学のケースはコラボレーション全体の視点から，龍谷大学のケースは複数のコラボレーションに参加するアクターの視点からの記述になることに留意されたい。

Ⅱ ケースの紹介

1 青森県サポーター研修（青森中央学院大学の取組み①）

　青森中央学院大学は，1998年に開設され，経営法学部を擁する。学生数は約600名であり，そのうち留学生は約100名である。留学生のほとんどが，中国，マレーシア，ベトナム，タイ，韓国，台湾の出身である。

　留学生による農林漁業体験研修である青森県サポーター研修は，青森中央学院大学で農業経営論を担当している中川一郎氏（あおもりくらしの総合研究所）が，受講生である留学生に対して，青春時代を過ごす，いわば第二の故郷である青森県のことをもっとよく理解して，愛着をもって母国と青森との橋渡し役になって欲しい，という気持ちから始まった。発案者であり，コーディネーターの中川氏は，元青森県農林水産部政策課長というキャリアから青森県サポーター研修を青森農水産物のアジアへの輸出拡大を図る機会とし，これを推進していくことを企図し，青森中央学院大学の理事長（当時，本部長）石田憲久氏に依頼し，プロジェクトが開始された。

　青森県サポーター研修は，むつ小川原地域・産業振興財団の支援を受け，2005年から実施された（2004年に試験実施）。その内容は，収穫などの作業体験・産品の試食，生産者との交流，試験場，加工企業の見学，農家民宿での宿泊・生活，お祭りなど地域の人びととの交流と多岐にわたる（図表8-1）。また，2006年より研修修了式を実施し，留学生に「青森県サポーター認定証」を交付している。この研修終了式は，農林水産業従事者など関係者も招待され，留学生による活動報告や産品提案がなされ，交流を深めるとともに意見を交換する機会となっている。

　青森県サポーター研修において，コーディネーターである中川氏が注力したのが，留学生のモチベーション維持である。留学生にアンケートを実施，感想をこまめに記録し，留学生代表者から度々意見を聴取するなど留学生の希望をできうる限り吸い上げ，プロジェクトに反映させるよう心を砕いた。青森県サ

ポーター認定証交付もそのひとつである。また，青森中央学院大学事務局国際交流担当の三浦浩氏により，留学生一人ひとりの記録がデータベース化されるようになり，プロジェクトへの参加による留学生のメリットが明確になったことも参加留学生のモチベーション維持につながった。

中川氏によれば，むしろプロジェクトに関わる農林水産業関係者のモチベーション維持が困難であったという。なぜならば，青森農水産物のアジアへの輸出拡大（たとえば販路開拓など）は，留学生が卒業し，母国に戻った後に実現するため，効果がわかるまで時間がかかるからであり，また，農林水産業関係者は，あくまで中川氏の「伝手（つて）」で，ボランティアとして協力していたからである。もちろん，農林水産業関係者にとって身近なアジアの人びとである留学生の県産品に対する生の声は大変参考になるものであり，また，たとえば，留学生にとって農林水産業従事者が第二の故郷のお母さん・お父さんになるなど留学生と良好な関係を構築していることも喜びとなっている。しかし，プロジェクトによってもたらされる彼らのメリットは必ずしも明確ではなかった。

図表8-1　青森県サポーター研修内容（2005・2006年度）

年	月	研修内容	場所	参加留学生数
2005	7	ホタテ作業体験（船上かご上げ・県増殖センター・ホタテ広場・ホタテ試食）	平内町	47
	10	試験研究機関・市場見学（畑作試験場・加工指導センター・八食センター）	六戸町・八戸市	33
	11	りんご作業体験・施設見学（りんご収穫・選果場・直売所）	弘前市（りんご公園）	34
	11	ながいも収穫体験・航空科学館見学（ほ場作業・選果場・ながいも料理）	東北町・三沢市	20
2006	1	留学生サポーター研修会（体験研修反省・県産品試食会）	青森市	31
小計				165
2006	6	さくらんぼ収穫体験・加工企業見学（試食・りんご酢会社・伝統工芸館）	黒石市・尾上町	38

	8	農家民宿体験研修（農家生活・農作業体験・乗馬体験）	十和田市	10
	10	山・川・海の感謝祭（植林・林業試験場見学）	平内町	31
	11	青森県農林水産祭（アジアの踊り等パフォーマンス・会場見学）	青森市	14
2007	1	研修修了の集い（第二の故郷への提言コンテスト・認定証交付）	青森市	53
	2	上北地方アグリビジネス活性化フォーラム	十和田市	2
		小計		148

（出所）中川一徹（2009）「産・学・官の連携によってアジアからの観光客を農家民宿に―アジアからの観光客誘致推進協議会の取り組み―」『青森中央学院大学地域マネジメント研究所 研究年報』第5号，p.200より抜粋

図表8-2　青森県サポーター研修の様子

2　国際グリーン・ツーリズム（青森中央学院大学の取組み②）

　2007年2月に十和田市において開催された「上北地方アグリビジネス活性化フォーラム」において，留学生代表者である黄麗霞氏（台湾からの大学院生）が青森県サポーター研修，なかでも十和田市の農家民宿での宿泊・生活を踏まえ，台湾の修学旅行生の青森県への誘致を提案したことを契機に，青森県サポーター研修は変化していった。黄氏の提案には，「これまでの体験研修を通じて，青森県産物が美味しく，生産現場での品質管理がしっかりしており，清潔・安全であることを知ったこと・十和田湖などの自然景観が美しいこと，

農家民宿に泊まってみて,両親や家族が親切で心温まる体験をしたことから,台湾の後輩にも自信をもって,是非青森県を体験させたいとの想いが満ちていた」という(中川 2009)[1]。これに対して,当時,東北新幹線七戸十和田駅開業を控え,国内の修学旅行生誘致に取り組んでいた十和田市は,海外の修学旅行生誘致に大変興味を示した。そこで,十和田農業体験連絡協議会(農家民宿経営者から構成されている),青森中央学院大学,あおもりくらしの総合研究所,そして十和田市農林課で協議し,2007年10月に「アジアからの観光客誘致推進協議会」を発足させ,さらに2008年2月に青森中央学院大学と十和田市との連携協力に関する協定が締結された。

受け入れ数は,2008年には台湾の陽明中学校をかわきりに72名(台湾),2009年には110名(台湾92名,タイ18名),2010年には180名(台湾82名,タイ68名,中国30名)と増加してきた[2]。しかし,2011年3月11日の東日本大震災とそれに伴う原発事故発生により,放射能汚染の懸念がアジア各国にひろがり,2011年の国際グリーン・ツーリズムの受け入れ数は,83名(台湾50名,タイ31名,中国2名と激減した(中川・岩船・内山 2012)[3]。こうした状況下で,放射能汚染がないこと,そして青森県および県産品が安心・安全であることを青森県知事三村申吾氏が先頭に立ってアジア各国にアピールした[4]。中川氏によれば,こうした行政の協力が奏功し,2013年には受け入れ数は再び,増加し始めたという。

アジアからの観光客誘致推進協議会設立以前に実施したヒアリング調査,そして設立後に青森県に訪問した修学旅行生(および引率者)へのアンケートから,修学旅行のトレンドが都市型・観光型のものから田舎型・体験型へとシフトしてきていること,そして,東南アジアの人々にとって,そり遊びや雪合戦,つらら遊びなど雪国での暮らしやウィンター・スポーツを体験できることが大きな魅力となっていることがわかってきた。また,修学旅行に同行した保護者が,友人とともに再びやってくる,口コミによって修学旅行から一般観光に拡大する兆しがあることがわかってきた。こうしてアジアからの観光客誘致推進協議会の取組みは,「農山漁村地域において自然,文化,人々との交流を

楽しむ滞在型の余暇活動」を提供する，いわゆる（国際）グリーン・ツーリズムとして認識されるに至ったのである[5]。

この国際グリーン・ツーリズムにおいて，アジアからの訪問客と農家や地域の人びとのあいだで通訳にあたるのが，青森県サポーターである青森中央学院大学の留学生である。そこでは，言葉の通訳ができることはもちろん，生活や習慣の違いについてよく理解し，（双方に）説明することができることが求められる。青森県サポーター研修によってこれらの知識や感覚を獲得してきている留学生は，語学サポーターとしてうってつけであったのである。

2010年，十和田農業体験連絡協議会に加えて，南部町の達者村ホームテイ連絡協議会，平川市の尾上蔵保存利活用促進会，黒石市のくろいし・ふるさと・りんご村も協議会も迎え，受け入れ団体が拡大した。受け入れ団体の拡大によってアジアからの訪問客にさらにバリエーションあるプログラムを提供することができた。また，2013年，アジアからの観光客誘致推進協議会は，農家民宿経営者によるタイへの海外研修を実施した。その目的は，「より一層質の高い外国人接遇能力の向上を図ること」である[6]。もちろん，現地の学校や団体に訪問，PRをすることも含まれている。以前に青森で農家民宿に宿泊した修学旅行生や引率者と再度，交流する場面もあった。外国人を迎えるのではなく，外国人として訪れる経験は，おもてなし（ホスピタリティ）に関するさまざまな気づきがあったという。同年，「県内のグリーン・ツーリズム受入団体の連携を強化し，農林漁業体験民宿の受入の拡大を図るとともに農林漁業の6次産業化を目指し，もって農林漁家の所得の向上及び農林漁村地域の活性化に寄与することを目的」として青森県グリーン・ツーリズム受入協議会が設立された[7]。アジアからの観光客誘致推進協議会をはじめ多くの農林漁業団体が参加しており，まさにオール青森県での国際グリーン・ツーリズムとなったのである。

補助金に頼らない自立化の道を辿ることを念頭に中川氏は，今後の課題としてコスト・アップの問題を指摘している。協議会ネットワークに関して，同じように国際グリーン・ツーリズムに取り組んでいる長野県の場合，単層的でフ

ラットな構造になっているのに対して,青森県の場合,重層的でピラミッドの構造になっている。補助金に依存しない(自立する)ためには,これらの協議会はそれぞれ手数料を取らなければならないため,青森県の国際グリーン・ツーリズムはどうしてもコスト・アップにつながりやすい。したがって,むしろオール青森県で取り組む利点を活かし,さまざまな体験を組み合せることで付加価値を高める,差別化戦略を志向すべきだという。

3 オリジナル宇治茶「雫」(龍谷大学伊達ゼミナールの取組み)

龍谷大学経済学部伊達ゼミナールは,京都府唯一の村,南山城村産の龍谷大学オリジナル宇治茶「雫」の開発,生産,販売に取り組んでいる。伊達ゼミナールは,地域経済のイノベーションをテーマに掲げ,地域交通システムや地域観光資源の調査・研究をその内容としている。2001年より京都・伏見の竜馬通り商店街の活性化に取り組み,そのなかで南山城村の人びとと出会い,2007年から農商学連携の一環としてやましろ農産物直売市,さらに2008年から茶農家団体(NPO法人 南山城村 茶ECOプロジェクト)とともに,当該プロジェクトに取り組むに至ったのである。

特徴的なのが,「学生自身が栽培・製茶をはじめ,商品企画・開発・パッケージデザイン・販売までの全プロセスに何らかの形で携わっていること」である[8]。農家の人びとと一緒に栽培作業をするうちに,そして現地でヒアリング調査をするなかで,ゼミ学生は,煎茶が年々,価格が下落しており,生産も減少していること,てん茶(抹茶の原料,てん茶を石臼で挽くと抹茶になる)は魅力があるものの工場に設備投資が必要であり,転換がむずかしいこと,にもかかわらずてん茶に転換する農家が増えていることなど現状を把握し,煎茶とてん茶の両方を使うこと(両面戦略)が地域の発展のために大切であるという考えから,抹茶入り煎茶の開発を思い立ったのである。煎茶の苦みや渋みがおさえられ,さらに抹茶の甘みや旨みを味わえるよう試飲を何度も繰り返し,抹茶の比率を3パーセントとした。なお,「雫」は,西本願寺御用達の老舗茶舗,美好園で販売され,伊達ゼミナールの学生による飛び込み営業などの努力も

あって最低販売目標1,000個を2カ月で達成した。

担当する伊達浩憲氏（龍谷大学経済学部教授）によれば，「南山城村産」という産地にこだわるのは，宇治茶のように加工に基づく，ブレンドすることで商品の品質が均一化していくという工業製品的な考えではなく，むしろワインのように産地に基づく，土地や人びとにまつわる地域の特徴が滲み出る農業製品的な考えをもってして伝統産業にイノベーションを起こしたいという思いがあったからだという。

なお，われわれがヒアリング調査をしているなかで，伊達氏より興味深いトピックスを伺ったので，ここに付記する。てん茶の葉と茎のうち，抹茶になるのは葉の部分である。匂いが強い茎の部分は，高温で処理され，ほうじ茶になる。てん茶の成分にはテニアンというアミノ酸が含まれており，リラックス効果をもたらすという。テニアンを多く含むのは茎であるが，高温で処理されることで，テニアンは分解されてしまう。そこで，てん茶の茎を有効活用するために，低温で処理し，サプリメントなど健康食品にするというものである。伊達氏が座長を務める京都府の「宇治茶の魅力，世界へ発信プラン」政策検討会議の席上，このような報告を聞いた折，ある考えが浮かんだという。それは，抹茶とほうじ茶が兄弟であること，しかもそれはあたかも生き別れの兄弟のようであり，抹茶カプチーノとほうじ茶カプチーノをセットで販売し，生き別れの兄弟が再会するストーリーでマーケティングができないだろうか，というものであった。このことは，商品の付加価値に対する機能性からではなく，物語性からのアプローチであり，これもまた理系の開発と文系のそれとの違いを端的に表している。

その後，伊達ゼミナールは，NPO法人JIPPO（十方）と連携し，スリランカ産フェアトレード紅茶を「光」と名づけ，そのオリジナル・パッケージをデザイン，祇園祭にて「光」と「雫」をセットで販売したり，さらに，京都ブライトンホテルと共同で「雫」を使用した緑茶のシフォンケーキや緑茶クッキー「山城 茶々丸」を開発・販売するなど，「雫」によってさまざまな団体との連携が生まれてきている[9]。また，東日本大震災の被災地である岩手県陸前高

田市（機械製茶の北限の茶である「気仙茶」の産地）において2011年からゼミナール合宿を実施するなかでボランティア活動に従事，仮設住宅の集会所に「お茶っこサロン」も開設した(10)。

　この他，現在，伊達ゼミナールでは，小川珈琲との連携にも取り組み始めている。小川珈琲は，珈琲職人としてバリスタチャンピオン，ラテアートチャンピオンを複数擁する喫茶店を営んでいる京都のコーヒー製造メーカーである。抹茶のラテアートをはじめ，伊達ゼミナールの学生が企画を小川珈琲に提案し，検討が重ねられている（2012年ヒアリング時）。なお，伊達氏は，ゼミナールと学外団体との連携において企画会議に参加していない。学生が企画会議に出て行く前，そして戻って来た後に彼らに適宜アドバイスをするのみだという。

Ⅲ　組織間コラボレーションの視点からの解釈・検証

　以下では，青森中央学院大学・龍谷大学伊達ゼミナールのケースについて，第3章で考察した組織間コラボレーションの視点から検討していく。組織間コラボレーションの視点から文系分野の産学連携を特徴づけるとすれば，課題と目的は必ずしも一致するとは限らず，①コラボレーションの環境や資源に対する「意味づけ」がなされるなかで，課題から目的が生まれてくる，②環境や資源に対する意味づけは，議論や試行といった行為から生まれ，「行為は目的に先行する」，そして，③読み取りレシピや組み立てルールといった「文法（たとえば組織文化）の共有」がなされるというものであった。

1　意味づけ

　青森中央学院大学の青森県サポーター研修と国際グリーン・ツーリズムは，その目的が異なるため，両者を切り離して考えることもできよう。しかし，はたして前者がなかったとしたら，後者があったであろうか。

　リンゴ，ナガイモ，ニンニク，ホタテといった日本一の県産品のアジアへの

輸出拡大（攻めの農林水産業）が「課題」であるならば，身近なアジアの人びとである留学生に第二の故郷として青森を好きになってもらい，将来にわたってコミットしてもらう，そのために県産品とその加工品を味わってもらい，それに携わる農林水産業関係者とふれあってもらうというのが青森県サポーター研修の「目的」である。

しかし，ひとりの留学生の気づきから農家民宿経営者とのコラボレーション，アジアからの観光客を誘致し，それによる県内各地への経済効果をもたらすことを「目的」とする国際グリーン・ツーリズムが生まれた。そこでは，青森県サポーターとなった留学生がアジアからの観光客と農家民宿の家族たちをつなぐ，橋渡し役（語学サポーター）として意味づけされていことに注目したい。さらに，青森の自然の素晴らしさとそこで暮らす人びとの心のやさしさに触れることがアジアの人びとにとって十分魅力的である（観光資源になり得る）こと，すなわちこれについても意味づけがなされている。そして，国際グリーン・ツーリズムもまた，青森県を訪れたアジアの人びとが，県産品が生まれる土壌（自然）そしてそれ育てる人びと（農家）に触れることで，ゆくゆくは県産品に対するブランドが海外に根づく，いわば県産品のアジアへの輸出拡大の契機になるのである（課題の解決）。

龍谷大学伊達ゼミナールによる南山城村産のオリジナル・ブレンド茶づくりという目的の形成を考察する上で，竜馬通り商店界における南山城村の農産物産直市まで遡る必要がある。

京都府唯一の村・南山城村の地域再生という「課題」を解決する一環として，それまで実験店舗を運営してきた竜馬通り商店街において南山城村の農産物を生産者と一緒に販売することにした。それは，消費者がみえる生産者（農業者）と生産者がみえる販売者（商業者）のコラボレーションという，まさに農商学連携をめざしたものであった（目的）。そこでは，生産者とともに「原木しいたけ栽培セット・生産者の極秘メモつき」といったオリジナル商品を開発・販売したり，また，子ども向けヒーロー「宇治茶応援戦隊・茶レンジャー」を企画・実施するなど，学生らしい豊かなアイデアとバイタリティ溢れる行動

で来場者を魅了した[11]。

　ゼミナールの学生が，この後に続くコラボレーションにおいて生産者（南山城村の茶農家）がみえるオリジナル・ブレンド茶づくりを「目的」に掲げたことも頷ける。また，南山城村の茶農家団体も，農産物産直市で活躍するゼミナール学生に，コラボレーションの資源としての機能や価値を見出した（意味づけをした）のであろう。したがって，南山城村の茶農家団体とのコラボレーションについてもまた，それ以前のコラボレーションである農産物直売市があってからこそのプロジェクトである，と言えよう。

　以上のことから，課題から目的が生まれるためには，資源が引き金になることが理解される。すなわち，コラボレーション（国際グリーン・ツーリズム，オリジナル・ブレンド茶づくり）に参加するアクターが共有する目的は，それ以前のコラボレーション（青森県サポーター研修，農産物産直市）において，アクターの保有する資源の機能や価値が明確になってくる（意味づけがなされる）こと，そしてさらにその機能や価値が他のアクターによって認識されることを通じて，形成されたのである[12]。

2　行為は目的に先行する

　図表8-1にあるような青森県サポーター研修における日々の取組み，なかでも十和田市などでの農家民宿での宿泊を体験し，その暮らしぶりに実際触れることで，海外の修学旅行生の青森県への誘致というアイデアが生まれた。また，海外で事前に実施したヒアリング調査や事後の訪問者へのアンケート調査からグリーン・ツーリズムというコンセプトが出来上がったのである。

　伊達ゼミナールもまた，農産品産直市の開催に際して南山城村の人びとと何度も話し合いをし，さらにオリジナル・ブレンド茶づくりにおいても茶農家の人びとと一緒に汗をかきながら耳を傾け，問題の本質を把握，抹茶と煎茶のブレンドを想起するに至ったのである。コラボレーションの目的形成に必要となる資源に対する意味づけは，第3章で述べたように，コラボレーションの課題やアクターが抱える問題について，アクター間で議論をし，調査をし，また試

行するなど行為をすることによってなされるのである。

　加えて着目したいのが，中川氏がかならずと言ってよい程，イベントごとにアクターに対してアンケートを取り，それを報告書としてまとめていること，さらに研修修了式において留学生が取組みの内容と成果を他のアクターの前で発表していることである。これらは，プロジェクトの成果を明確にすることで予算の獲得につながったり，アクターのモチベーションを維持することにつながる。これらはまた，それぞれのアクターが自分たちの日々の取組みを振り返り，その意義を見つけていく機会を提供しているとも言えよう。伊達ゼミナールにおいてもそうであるが，大学の広報の一環としてホームページなどで自分たちの日々の取組みを紹介することもまた，同様に客観的に自分たちを見つめる上で有効なものである。

3　文法の共有

　組織化がなされるなかで，ワイクの言うところの文法（読み取りレシピや組み立てルール）がアクター間で共有される。それはたとえば組織文化といったものである。青森中央学院大学や伊達ゼミナールのケースでどのようにしてコラボレーションの組織文化が形成されたのか，残念ながら今となってはそれを伺い知ることはできない（おそらく参与観察などが必要になろう）。文法が共有されていくプロセスはわからないまでも，文法が共有されていく要因については，マネジメントをするコーディネーターにスポットライトを当てることで一端をつかむことができる。

　コーディネーターである中川氏，そして伊達氏に共通しているのは，アクター間の人間関係に最大の配慮を払い，信頼関係を形成そして維持していることである。中川氏は，留学生のモチベーションを維持することに腐心するとともに，留学生とその他のアクターのあいだで摩擦が起きないよう努力し，青森県サポーター研修というコラボレーションのなかで，だんだんと留学生と農林水産業従事者のあいだでまるで親子のような信頼関係を形成することに成功した。そして，それがやがて国際グリーン・ツーリズムへの展開を可能にしたの

第8章　文系産学連携による組織間コラボレーションの取組み事例　*149*

である。伊達氏もまた，信頼関係の大切さを強調する。伊達氏は東日本大震災後，陸前高田市に何度も通いつめ，ジャズ喫茶において地元の人びとと語らい，ゼミナールの学生がボランティア活動をできる下地を作っていったという。そして，アクターから「伊達は逃げない」と思われるようにならなければ，コラボーションが続かないという。コラボレーションにおいて，話し合いや聞き取り，アンケートなどが必要であることを述べたが，たてまえの議論などになってしまうと問題の本質に辿り着けないし，また共同作業にも支障をきたすであろう。コミョニケーションの視点から考えれば，コーディネーターには一方で，研究者と実務家のような言葉が異なるアクター間で「通訳」ができることが求められるが，他方で，本音でコミュニケーションできるようなインフラ，すなわち信頼関係を形成し，維持することも求められるのである。

Ⅳ　まとめ

　第2章のリサーチクエッションである「（文系分野の産学連携の）役割とは，地域振興あるいは企業成長のために，大学文系分野がソーシャル・キャピタルとして，そのために必要な資源と資源をブリッジ（橋渡し）すること」は，青森中央学院大学に，「あるいはイニシアティブをとり，彼ら自身がイノベーションを起こす『気づき』と『契機』を創出すること」は，龍谷大学伊達ゼミナールにそれぞれ当てはまる。理論的（第3章）にも実践的にもこのリサーチクエスションは支持されたと言えよう。

　これらのケースに共通するのが「資源」である。アクターの資源は，それがコラボレーションのなかで機能することによってはじめて価値あるものとして認識され，活用される。自分や相手の資源がどのように機能するのか，そしていかなる価値があるのかは，一緒に行為（議論，調査，行動）をするなかで，事後的・回顧的にわかってくるのである。さらに，アクター同士が一緒に行為をすることができるかは，そこにどれだけ信頼関係が形成されているかにかかっている。二人のコーディネーターに共通しているのが，信頼関係の形成と

維持に心を砕いていることである。中川氏や伊達氏といったコーディネーターがいなければここまで成功を収めたかどうかを考えるにつけ，ソーシャル・キャピタルとしてアクターの資源をブリッジする（文系分野の）大学にあってコーディネーターがいかに大切であるか改めて実感できよう。

また，コラボレーションのなかで認識され，活用されたアクターの資源が，さらなるコラボレーションへの展開へといざなうというコラボレーションの継続あるいは連鎖がこれらのケースの特徴でもある。地域が抱える課題をひとつのコラボレーションで解決できるとは限らない。コラボレーションが継続あるいは連鎖するいわゆる持続可能なコラボレーションを考える意義は大きいと思われる。

本章のケースではなかったが，われわれが実施したヒアリング調査のなかで，一段落ついたコラボレーションについての感想を伺った折，アクターが「これで終わりではなく，これが始まりなのだ」と語ったことに筆者は勇気づけられた。

謝辞

本章のケースは，以下の方々に対するヒアリング調査に基づくものである。ここに感謝の意を表します。
- 青森中央学院大学（2011年9月6日および2013年7月31日）
  石田憲久氏（青森田中学園理事長），中川一徹氏（あおもりくらしの総合研究所），事務局関係者
- 龍谷大学（2012年9月13日）
  伊達浩憲氏（経済学部教授），龍谷エクステンションセンター（REC）関係者

（注）

(1) 中川（2009）p.205
(2) アジアからの観光誘致推進協議会資料による。なお，台湾の陽明中学校は，1月21日〜23日にかけて生徒21名，保護者14名が訪問，2泊3日農家民宿，大深内中学校との交流会，そり遊び，着付け体験という内容であった。
(3) 中川・岩船・内山（2012）p.108
(4) 青森県ホームページ県政トピックス（平成24年12月）http://www.pref.aomori.

lg.jp/koho/topics/topics1212.html#01（2013年10月15日アクセス）
(5) 農林水産省による http://www.maff.go.jp/j/nousin/kouryu/kyose_tairyu/k_gt/index.html（2013年10月15日アクセス）
(6) アジアからの観光誘致推進協議会資料『タイ王国・海外リーダー研究報告書』による。
(7) 青森県グリーン・ツーリズム受入協議会設立総会資料（2013年2月27日）による。
(8) 龍谷大学ホームページ／ニュース2009年10月5日／活動の詳細による。http://www.ryukoku.ac.jp/news/detail.php?id=404（2013年10月15日アクセス）
(9) この他にも京都市営地下鉄の駅ナカオリジナルスイーツ「南山城村の抹茶ばなな・麿のお気にいり」に「雫」が使用された。
(10) 京都新聞夕刊2012年3月21日2・3面「＠キャンパス」
(11) 伊達ゼミナール報告書『農商学の連携で「やましろ農産物直売市」を開催』による。http://www010.upp.so-net.ne.jp/date/ryoma/smap07report.pdf（2013年10月15日アクセス）
(12) 第3章においてはワイク（Weick, K.E.）の理論に基づき，コラボレーションという公式組織が成立する以前の非公式組織においてこのような意味づけがなされるとした。しかし，本章のケースにおいては，それ以前のコラボレーションという公式組織において意味づけがなされている。前後のコラボレーションを継続した一体のものとみなすならば，バーナード（Barnard, C.I.）の有効性と考えるのが適切かもしれない。すなわち，組織が存続するためには，目的達成の能力を確保しなければならず，状況に応じて目的を適切に設定することが必要となる，というものである。

【参考文献】
中川一徹（2009）「産・学・官の連携によってアジアからの観光客を農家民宿に―アジアからの観光客誘致推進協議会の取り組み―」青森中央学院大学地域マネジメント研究所『グローカル・マネジメント　地域力再発見のために』研究年報第5号，pp.189-220
中川一徹・岩船　彰・内山　清（2012）「青森県における国際グリーン・ツーリズムの推進」青森中央学院大学地域マネジメント研究所『グローカル・マネジメント　地域力再発見のために』研究年報第8号，pp.87-114

（松村　洋平）

第9章 文系産学連携による共創的地域ブランド・マネジメント
―実践事例からみた文系大学の役割―

I はじめに

日本を取り巻く社会，経済環境が大きく構造変容することに伴い，各地域もまた大きな転換期を迎えている。富める地域もあれば，地域戦略の失敗によって衰退を余儀なくされている地域もある。このような中で，地域の再生・発展への取組みの必要性が叫ばれており，イノベーティブな地域に進化するための方法論がさまざまに議論されている。

これまで地域イノベーション[1]をめぐる論点の多くは，技術経営的な視点で語られることが多く，地域の産業構造を分析し，地域に不足する機能を見出していくというタイプのものが多かった。すなわち地域の機能的属性に着目した理系的議論からのアプローチが多く，「人文・社会科学系」いわゆる文系分野のアプローチは，あまり注目されることはなかった。しかし，近年では，理系分野と文系分野では，アプローチもアウトプットも異なるはずだという認識が高まり，理系的アプローチからのみでは地域イノベーションは語れないと，文系的アプローチにも徐々に注目が集まっている。また，そうした中で，「教育」「研究」に加え，第3の使命として「地域貢献」，「社会貢献」，「産学連携」を本格的に意識し始めた大学における動きも活発化し，「地域における文系産学連携」の可能性も広がりつつあるといえる。

ただし，文系産学連携に関しては第2章（アンケート調査結果）でも示されたように，未だ黎明期にあるといえ，地域との関わりにおける文系大学の役割についての実践事例を体系的に詳細に分析した研究は少ない。

したがって，本章では，地域イノベーションにおける文系的アプローチとして，今日，注目が集まっている「ブランド」論からのアプローチの事例を取り

上げるが，その中でも特に，「地域ブランド・マネジメントにおける文系大学の役割」に焦点をあて，その役割の有効性を分析していく。

II 実践事例の概要紹介と検証

1 本節の概要

　本節では，第4章でまとめた「共創的地域ブランド構築における文系大学の役割」の議論をふまえて，文系大学における地域ブランド・マネジメントへの関わりの実践事例を取り上げ，分析を進める。具体的には，「産学連携の先進地」ともいえる京都[2]における立命館大学を中心とした共創的地域ブランド・マネジメントの取組みから，文系産学連携事業の契機や発展経緯，関わった人たち，生み出されたもの・成果を辿っていく。その中で，第4章で提示された「ブランド構築における文系大学の役割」について検証を進める。

　ここで扱う事例は，文系大学（研究室）を中心に，地域内外の企業をはじめ行政や近隣商店，消費者まで取り込んだ，京都市にある太秦地域の再活性化を目的として実施された連携事業であり，文系大学における地域ブランドへの関わりの事例としては，先進的事例とよべるものである。ゆえに当事例では，第4章で指摘された，1) ブランド・アイデンティティの開発と浸透，2) 戦略的ゾーニング，3) ネットワークの形成とコーディネーター的機能の3つに焦点をあてながら，文系大学の役割の有効性について分析を進める。

2 産学連携による実践事例の概要紹介—太秦戦国祭り[3]—

(1) 産学連携事業の概要

　本連携事業は，京都市右京区太秦地域の活性化の一環として，産学連携型の地域事業という角度から実施されたものである。

　太秦地域は，戦前から多くの映画会社が時代劇映画の撮影所を置いており[4]，また撮影所のオープンセットを東映太秦映画村というテーマパークで一般公開

するなどして，映画産業の集積地，特に時代劇制作の中心地として認知されていた。しかし，時代劇ブームの終焉とともに京都の映画産業が斜陽の時代を迎え，東映太秦映画村の来客数も減少傾向となるなど，太秦地域においては負の連鎖が続いた。そこで，有形・無形の資産を活用した太秦地域の再活性化が求められるようになり，「太秦戦国祭り」は，そうした地域の抱える課題にこたえる形で，2007年から地域活性化の一環としてスタートした取組みである。太秦戦国祭りは，戦国をテーマとする総合コンテンツイベントであるが，戦国時代を狭く限定せず，概ね歴史ものであれば，ゲーム・コミック・音楽・映画・コスプレなどあらゆるコンテンツで太秦映画村を活性化させることを目的としたものであり[5]，地元大学である立命館大学の複数の研究室が，企画立案の初期段階からイベントの実施，その後の新たな展開・発展において中心的な立場として関わっている。

イベントは，現在まで続いており，来客数も増加傾向にあり，関連活動も継続的に行われ，本イベントを端緒として歴史創作に関わる人たちの間で新たに人的ネットワークが形成されつつあることから，産学連携の取組みとしては，一定の成果を得ているといえる。

(2) 目的・経緯・仕組み・関わった人たち

上で述べたように，太秦地域は「時代劇」の中心地として認知されてきたが，時代劇ブームの終焉と共に，地域の再活性化のための新たな地域のイメージ形成，地域ブランド構築が急務となっていた。そこで，時代劇を内包する上位概念として「歴史創作」を位置づけ，歴史創作をテーマとしたゲームやコミック，アニメーションなどさまざまなコンテンツを趣向する消費者層やそれを提供する企業群をイベントに巻き込んでいくことで，太秦地域を「歴史創作コンテンツにおけるクロスメディア拠点」として再活性化していくことを目的に，立命館大学の細井・中村研究室で企画が開始された。「時代劇」から「歴史創作」へと地域のイメージを拡張した背景としては，太秦地域の持つ特性（シーズ）から無理のない方向性での展開であることや，新しいコンテンツ群に対する消費者のニーズの高まりがあげられた[6]。

こうして，大学の研究室によって企画は順調に進められた。しかし，実際に企画を実現するにあたっては，大学にはイベントを実施するための具体的ノウハウを持つ人材が存在しなかったため，有限会社ベルウッドクリエイツ代表の鈴木氏をプロジェクトに招き入れる事で企画案の実現可能性を高めることとした。鈴木氏は以前，戦国魂プロジェクト（以下，戦国魂と記載）を総合プロデューサーとして立ち上げ，戦国時代を題材とした地域振興イベントに主体的な役割を果たし，歴史創作といえるジャンルにおいて，新たな消費者層を開拓してきたという実績を持っていた[7]。そこで，戦国魂プロジェクトメンバーの持つノウハウと太秦のオープンセットをはじめとする歴史創作にまつわる資産をマッチングさせることにより，イベントの付加価値を高めようと考え招聘したのである。

その後，大学の研究室と戦国魂の打合せにより企画の具体性について議論した後，実現に向けた組織づくりがなされ，「太秦戦国祭り実行委員会」が設立された。太秦戦国祭り実行委員会は，東映株式会社京都撮影所，株式会社東映京都スタジオ，京都三条ラジオカフェ，京都嵯峨芸術大学，京都造形大学，そして戦国魂と立命館大学で構成された。実行委員長としては，原案を企画した立命館大学細井・中村研究室から，企業や行政，他大学などと広いネットワークを有する細井教授が選出された。

この企画を実行する具体的なエリアとしては，東映太秦映画村とその周辺に定められた。これは，東映太秦映画村が，元来，太秦地域の象徴ともいえる場所であり，地域外の消費者が集まる可能性が高く情報発信の場として適切であることに加え，本来地域外にあるさまざまなコンテンツ関連企業が，一時的とはいえ出店という形で事業を行うことが可能であると考えられたからである。

太秦戦国祭りは，太秦地域の近隣に所在する人的資源・地域資源をいかした企画であったこともあり，太秦戦国祭り実行委員会では，目的の総合性が常に意識され，比較的スムーズに，さまざまな施策が立案・承認された[8]。月2回ほどのミーティングとグループウェアでの議論を活動のベースとしており，全体での情報の共有や意見交換がなされた。また，一方で各委員は役割分担を

行ったうえで，それぞれの得意分野を生かし，各々の責任範囲において自律的に活動していった。以降，イベントの拡充に伴い，実行委員会メンバーが持つさまざまな企業やクリエイターや学術組織とのネットワークの連携を強めていった。

図表9-1　太秦戦国祭りの中心メンバー，出自，役割分担

アクター	出自	役割分担	中心メンバー
立命館大学	大学	企画統括・学生ボランティア	◎
京都嵯峨芸術大学	大学	ロゴデザイン，映像制作，学生ボランティア	
戦国魂（㈲ベルウッドクリエイツ）	企業（コンテンツ業界）	イベントプロデュース，出店マネジメント	○
㈱東映京都スタジオ	企業（コンテンツ業界）	会場提供，イベント管理	○
東映㈱京都撮影所	企業（コンテンツ業界）	企画立案，イベント管理	
ダブリエ・マーケティン㈱	企業	コスプレイベント等マネジメント	
真壁太陽氏	漫画家	イベントキャラクター開発，イベントプロデュース	○
京都府商工労働観光部	行政	行政政策立案，補助金母体	

このように，太秦戦国祭りでは，大学の研究室が企画の素地を作り，実行委員会をコーディネートしてきたが，大学の学生たちの関わりはどのようなものであったのだろうか。

太秦戦国祭りでは，産学連携イベントとしてボランティア活動を通じた教育・ネットワーク形成も目的の一つであったため，ボランティアグループの形成は，企画段階から重視されていた。また，太秦戦国祭りは企画の1つとしてコスプレイベントとしての側面を有しているが，こういった消費者参加型イベントでは，ボランティアスタッフによる運営が一般的であることもあり，第1回[9]では，立命館大学，京都嵯峨芸術大学の学生を中心に25名のボランティアスタッフが集まった。ボランティアスタッフは，東映太秦映画村に隣接する，東映京都撮影所の衣装で，小姓，侍，農民などに扮装し，来場者の入退場管理，弁当の手配，シンポジウム運営管理，コスプレイベントの警備・巡回，

第9章 文系産学連携による共創的地域ブランド・マネジメント　*157*

ライブイベントの音響管理などイベント運営の主体を担った。第2回以降は，ボランティア活動の教育利用の動きが活発化し，立命館大学ボランティアセンターと太秦戦国祭り実行委員会の共同で，プログラム内容の策定が行われ，両者の間で協定が締結された。2008年から2011年までは，立命館大学において，学校の教室における学習と，地域で行われる有意義な奉仕活動を組み合わせた学習のための方法論である「サービス・ラーニング」による新たなボランティア教育のモデルを提示する正課授業である「地域活性化ボランティア」プログラムの一つとして認定開講された。

　学生以外のボランティアとしては，実行委員会メンバーが持つネットワークから，関西一円を中心とする鎧武者の愛好家によるボランティアの参加が実現した。戦国時代の鎧甲冑のレプリカを着用して太秦戦国祭りに登場し，イベントの一環として寸劇を行うなど活動を行った。

(3) 生み出されたもの・成果

　第1回太秦戦国祭りは，京都府の実行委員会への援助金と，コスプレイベント参加者のイベント参加料，グッズ販売の手数料などにより運営された。小規模で実験的な施策であったが，目標数値150人に対し500人のコスプレイベント参加者が集まり，新聞・雑誌・インターネットで取り上げられるなど想定以上の反響を得た。以降，コスプレイベント参加者・来場者ともに増加傾向にある。

　会場となっている東映太秦映画村のスタッフにとっては，太秦戦国祭りで嬉々として映画村内を闊歩する数多くのコスプレイヤーに接する機会が与えられたことで，従来自ら接してきた時代劇愛好者とは違った価値観を実感し，彼らの視点からみた東映映画村関連資源の付加価値をあらためて認識でき，施設活用の新たな可能性を探る機会を得ることができた。

　イベントの拡がりとしては，第1回イベントの成果を受け，第2回開催以降，京都府からの援助金は増加され，歴史創作に関するアニメーションやテレビゲームの見本市，声優によるトークショーや，音楽ライブイベントが行われるなど，イベント規模は拡充していった。

また，公式キャラクターも生まれ，現在までマグカップ・バッジ・フィギュアからお茶や金平糖に至るまでさまざまな商品開発が継続的に行われている。イメージCDもリリースされた。このように，イベントの拡充に伴って，実行委員会に参加していた企業をはじめとして，それ以外にも戦国関連グッズ販売企業や，地元の大映大通り商店街などの地域企業にもさまざまな企画・販売チャンスが生まれている。これは，短期的な営利を得るチャンスをつくったという点では，成果の1つとして評価できるかもしれない。

　しかし，ここで見逃せない重要な成果としては，イベントの拡充に伴い，実行委員会のメンバーが持つ，さまざまな企業・クリエイター・商店街などとの連携を強めている点があげられる。太秦地域の再活性化策として，歴史創作をテーマとしたゲームやコミック，アニメーションなどさまざまなコンテンツを趣向する消費者層やそれを提供する企業群をイベントに巻き込んでいくことで，太秦地域を「歴史創作コンテンツにおけるクロスメディア拠点」として再活性化していくことを当初の目的としていたが，こうした動きは「ビジネスネットワークとしての拠点化」により近づいているといえる。

　また，「拠点化」といえば，一方で，「学術ネットワークの拠点化」にもつながっている点が指摘できる。第2回では，大学が関わっていることで，学術シンポジウムも開催され，海外からゲストを招いた国際クロスメディアカンファレンスが行われた。第3回では，京都に入ることを意味する「上洛」という言葉から「上洛ラウンドテーブル」と題し，ひとりの武将を研究者，コンテンツ製作者，漫画原作者，声優がそれぞれの視点から議論するなど，コンテンツ研究として独自性のあるシンポジウムが開催された。こうした動きは，もちろん大学（研究者）にとって，今後の研究につながる可能性があるという点で，成果の1つとしてあげられるが，他のアクターにとっても，「学び」の良き機会となり得る。

　特に大学の学生にとっての成果を掘り下げると，大学の学生にとっては，ボランティアとして参加することで，実践力を身に着けることができたと考えられる。地域活性化のために，さまざまなアクターと連携してイベント運営を進

めていくことで，コミュニケーション力，交渉力，そして複眼的な思考法，応用的な知識・能力も習得でき，自己の成長に結びつけることができたのではないだろうか。実際，立命館大学の学生には，第1回開催時は活動に戸惑いや困惑といったものが見受けられたが，第3回を迎えた頃には組織としての体系化と役割分担が進み，縁日ブースの運営など，企画段階から主体的に企画の実現がなされ，成長が観察されたという報告があがっている。また，活動に参加した学生たちに対するアンケート調査の結果によると，81.5％の回答者が太秦戦国祭りにおけるボランティア活動によって自らが成長したと答えていた。

(4) 地域ブランド・マネジメントを切り口とした文系大学の役割の検証

ここまで太秦戦国祭りの概要を記してきたが，ここからは特に第4章で示した地域ブランド・マネジメントの視点から産学連携における文系大学の役割を検証していく。第4章では，地域ブランド構築における文系大学の役割として，「ブランド・アイデンティティの開発と浸透」「戦略的ゾーニング」「ネットワークの形成とコーディネーター的機能」の3つを主な役割としていたため，本事例に照らし合わせながら見ていくこととする。

(1) ブランド・アイデンティティの開発と浸透：太秦地域が「時代劇」ブームの終焉をむかえ，地域再活性化のため新たな地域ブランドイメージを必要とした際，大学が地域のシーズを生かす方向で，「歴史創作コンテンツにおけるクロスメディア拠点」として，今後目指すべき地域ブランド・アイデンティティを明確に表現したことは，その後の組織形成において重要なステップとなっていたことが指摘できよう。本事例においては地域ブランド構築のため，産学はもちろん，それにとどまらずさまざまなアクターを巻き込んでいるが，組織が決して支離滅裂になったり自然消滅したりすることなく，アクター間が自立性を保ちながら緩やかに結びつき，組織が拡張し続けることができた背景には，やはり，ブランド・アイデンティティの開発と浸透があったからだと考えられる。現在太秦地域がどのようにイメージされているかではなく，これから先どういうふうに見られたいかという視点で，戦略的

に地域資産を整理・編集し，解釈して新たな意味づけを行うことは，多様な主体がビジョンを共有し，問題意識と方向性を一致させる上で重要であるが，大学は企画・運営の中心としてうまくこの役割を果たしていたといえよう。

(2) 戦略的ゾーニング：地域ブランドを構築するためには，適切なゾーニング（地域ブランド構築をどの範囲で行うかを設定する事，対象となる地域を選定すること）を行う必要があるが，本事例では，大学が中心となって設立された実行委員会の話し合いのもと，実行段階の現実妥当性も踏まえた上で，「東映太秦戦国村とその周辺」と決められた。一般的にブランディングの取組みに関わるアクターが多岐にわたる場合，各アクター間の利益が完全に一致することはほとんどありえないため，どの地域範囲をとってブランディングするかについても，結果ゾーニングが曖昧になるケースが多い。あるいは，特に「公」が入っている場合は，無難に，最も身近な地域単位，つまり都道府県や市町村・町丁目といった行政単位に基づいてゾーニングが行われることも多い。しかし，本事例においては，多岐にわたるアクターが参加しているにも関わらず，各アクター間の意見を取りまとめ，感覚価値・観念価値といった新しい軸で括り直した「ブランド・アイデンティティに基づいた戦略的なゾーニング」を行うことに成功していた。これは，文系大学が持つ「中立的」な立場，そして「感性的」マネジメントができる適性と能力がそれを可能としていたからであるといえよう。

(3)「ネットワークの形成とコーディネーター的機能」：ここまで文系大学の役割として，「ブランド・アイデンティティの開発と浸透」，「戦略的ゾーニング」があるということを本事例から分析してきたが，そのどちらも，結局は文系大学の持つ「ネットワークの形成とコーディネーター的機能」が基盤となっていることが指摘できる。その意味で，文系大学が果たす役割として，当役割が最も重要であるといえよう。

太秦戦国祭りによる太秦地域の再活性計画ならびに実行においては，実に

第9章　文系産学連携による共創的地域ブランド・マネジメント　*161*

多様なアクターが参加し，適度に良い距離感を持ちながら，ネットワークを形成していったが，このネットワークの中心には大学があった。つまり，大学がアクター間をつなげる核となり，またブリッジとしても働き，情報伝搬や相互理解を促進するのに重要な役割を果たしていたといえる。大学がコーディネーター的存在として仲介役を果たすことで，アクター間が本活動のどこに意義があるかを確認しあうことができ，その結果，対立も生まれることなく継続的に太秦戦国祭りを開催することができたと考えられる。

　以上のことから，大学がネットワークの形成と，それをコーディネートすることに，中心となり大きな役割を果たしたことは間違いなくいえようが，さらに，注目すべき点がある。実行委員長でもあった細井教授は，組織形成にあたって，各アクターの自由度を尊重し，よい意味でのネットワークの「緩さ」を保っていたと話している。突発的な外来要因に直面した場合，各アクターが独自の判断基準により適切な判断を行い，そのような決断を「それぞれの専門分野である」と他のアクターが認める限り尊重することを共通認識としていた。つまり各アクターの活動においても，そこから生じる新たな組織の拡充においても，自由さ，緩やかさを認め，「弱い紐帯」[10]の連携を推進することによって，垂直的ではない，水平的・平等主義的なネットワークを作り上げることを可能にしたのである。

3　地域ブランド構築の基盤としてのソーシャル・キャピタル

　以上，「地域ブランド・マネジメント」の視点から，太秦戦国祭りの事例を用いて産学連携における文系大学の役割を具体的に考察してきたが，文系大学の役割としては，「ネットワークの形成とコーディネーター的機能」が特に重要な基盤的位置づけになっていることが指摘できる。

　これに関して，本書では幾名かの論者が，文系産学連携の役割として，「ソーシャル・キャピタル（社会関係資本）」の概念を用いて議論を展開しているため，本節においても，地域ブランド構築との絡みの中で，少しふれておきたい。

ソーシャル・キャピタルは，抽象的な概念でさまざまに定義されているが，地域との関連文脈で簡単にいうならば，「信頼」「規範」「ネットワーク」といったソフトな地域内の関係を指し，新たな地域づくりの方向性を示す概念として注目されている。概念自体は古くから提起されているが，1990年代に米国の政治学者パットナムが，比較研究により，ソーシャル・キャピタルを通じた協働が社会的効率を高めることを指摘して以降，より一層注目を集めているものである。

本書では，第1章にて加藤が，地域における文系産学連携とソーシャル・キャピタルの関係について，地域の再構築には自然と地域，とりわけそれを取り巻く人と人の共創的関係性が必要になるが，文系大学の役割とは，そのような共創的精神を個人に賦存すべきソーシャル・キャピタルとして育むことにあると仮説を述べている。また，第2章では吉田が，文系産学連携は，社会的課題・地域課題の解決へつなぐ，先導役あるいは橋渡し役としてソーシャル・キャピタルを形成する，という仮説を展開しているが，本章における事例分析を通して鑑みると，こうした仮説は概ね支持されるのではないかと考える。

太秦戦国祭りの事例では，文系大学が地域活性のために企画を立案したが，企画を具体的に実施に移すため，当初ノウハウを持つ一企業から人材を招き入れ，その後，多様なアクターを巻き込み「太秦戦国祭り実行委員会」を設立している。ここでは，文系大学は中立的な立場として，中核となり，各アクターの自立性を保ちつつも，情報の共有や意見交換を促進することで，相互の信頼や協力を醸成しながら，異質な人や組織を結び付けるネットワークを形成している。そして，「歴史創作コンテンツにおけるクロスメディア拠点」として太秦地域を発展させようと，ブランド・アイデンティティをアクター間に浸透させ，内部で共有するビジョンを設定することで活動の意義・方向性を明確にし，連帯の調和を高めている。

つまり，本事例からも，文系大学は先導役あるいは橋渡し役として，各アクターの共創的精神を育み，ソーシャル・キャピタルを醸成し地域を活性化する役割を果たしている，ということがいえる。「ソーシャル・キャピタル」論の

概念から示されたこうした文系大学の役割は，地域ブランド・マネジメントの視点から考察した「ネットワークの形成とコーディネーター的機能」という文系大学の役割とも合致するものである。

Ⅲ　まとめ

　ここまで，文系大学による産学連携，特に地域との関わりにおける文系大学の役割についての実践事例を見てきたが，ここで改めて「地域イノベーション」という観点から，文系産学連携の意義を整理していきたい。
　イノベーションは，日本では「技術革新」などと訳されることが多かったが，本来の意味は，「新しいアイデアから社会的意義のある新たな価値を創造すること」そして，「（新たな価値を創造することで）社会的に大きな変化をもたらす自発的な人・組織・社会の幅広い変革をもたらすこと」を意味する。つまり，イノベーションとは，必ずしも技術の文脈に限定されるものではなく，物事の「新機軸」「新結合」を創造する概念の事である。
　よって，地域イノベーションを捉える際も，単に地域に新しい施設を立てるとか理工系のハード面の技術的視点で捉えるのではなく，地域に新しい価値を創出・付与するといったソフト面からの視点も必要となるのは言うまでもない。しかし，今までは，後者の文系分野が得意とするソフト面からのアプローチは非常に少なかったのが実情であり，地域活性に関する産学連携数も，理系産学連携と比べ文系産学連携は圧倒的に少なかった。
　しかし，本事例でもその可能性を検証してきたように，地域イノベーションを起こすのに文系分野が果たすことができる役割は大きく，また，今日，それに対するニーズも高まっているといえる。ハード面からではなく，ソフト面から地域の魅力をどう形成し，どう伝えていくかという，文系的視点は，現代のような情緒や感性に根付いた経験経済的価値が重視される社会においては，地域を活性化するのに重要なアプローチとなっている。
　加えて，産学連携において文系大学が果たせる役割として，「ネットワーク

の形成とコーディネーター的機能」があることを検証してきたが，ここにおける文系大学の役割は非常に大きく，これこそが地域イノベーションを起こすポイントになるといっても過言ではないだろう。地域イノベーションを創出するには，変化をもたらしたいと考え，行動に移すことができる自発的・能動的なアクターを多く巻き込んでいく必要があり，更にイノベーションを共進化させるために，アクター同士に「つながり」をもたせ，「信頼関係」を築き，社会的ネットワークを構成・促進していく取組みが必要となってくるが，文系大学にはそうした「ソーシャル・キャピタル」を醸成する機能が求められているのである。

　本章では，地域イノベーションを創出する具体的アプローチとして，特に「ブランド構築」の観点から産学連携における文系大学の役割を事例から考察してきたが，事例分析からも新たな価値を創造し，ネットワークを形成するにあたって文系大学が果たす役割は大きく，第4章で述べられていた共創的地域ブランド・マネジメントにおける文系大学の役割についての理論的見解からの仮説は概ね支持されるといえよう。

　すなわち，地域を再活性化するにあたっては，理系分野からの製造や技術に関する機能的・ハード的アプローチからのみ議論されるべきではなく，今日的にはむしろ，地域の長期的ビジョン設定やコンセプトメーキング，そしてそれに伴う組織，ネットワークづくりといった感性的・ソフト的側面からのアプローチがますます必要となってくるといえようが，そこにおける役割は文系分野が担うべきであり，文系大学はその役割を担う適性と能力があるということである。

謝辞

　本事例の調査・分析にあたっては，立命館大学の細井浩一教授をはじめ太秦戦国祭りに携わった多くの方々にご協力いただいた。心から感謝の意を表したい。

(注)

(1) 「地域イノベーション」といった場合，さまざまに定義されるが，ここでは，広く「地域の再生・発展へ向けた革新的な取組み」の意で用いている。
(2) 京都は，多数の大学・研究機関の集積に加え，伝統産業から先端産業まで数多くの企業が存在し，古くから産学連携が盛んに行われていると言われている。
(3) 本事例は，企画の発起人でもあり産学連携の中心人物である立命館大学細井浩一教授へのインタビュー（2011年）をはじめ，現地での関係者へのインタビュー（2012年），並びに，立命館大学福田・中村・細井による当取組みに対する参与観察的論文（2009年）を参考に記述している。
(4) 太秦地域には，現在も東映京都撮影所と松竹京都撮影所の二ヵ所のスタジオがあり，映画・ドラマなどの制作を行っている。
(5) 「太秦戦国祭り」は，太秦地域の振興を目的として京都府の呼びかけにより結成された「京都太秦シネマフェスティバル」の一環をなす産学連携施策として，2006年10月に立命館大学の細井浩一・中村彰憲研究室で企画されたことが，その始まりである。
(6) 当時，東京で行われるコミックマーケットという消費者参加型イベントが1日で13万人の動員力を持っていた。また，戦国時代をテーマとしたアクションゲームが50万から100万本ほどのヒットを記録していた。戦国時代を舞台とした大河ドラマの平均視聴率も20％超えをしていた。
(7) 鈴木氏は2005年9月より戦国魂プロジェクトを総合プロデューサーとして立ち上げ，家紋など戦国時代の意匠をモチーフとした商品開発，インターネットを活用したネットショッピング・情報発信などを主体的に行っていた。
(8) たとえば，2006年12月に行われた第2回ミーティングでは，シンポジウムを行うこと，新しい戦国時代の表現をテーマに150名ほどの参加者を目標とするコスプレイベントを開催すること，戦国関連商品の販売・戦国時代の食の再現と販売，声優イベント・同人誌即売会などを開催すること，イベントのキーワードを「上洛」とすることなどが決定された。続く，同月開催の第3回ミーティングでは，広報活動について重点的に議論され，公式サイト，ロゴ，マスコットキャラクターの制作が決まった。
(9) 太秦戦国祭りの第1回は2007年3月17日〜18日，第2回は同年9月29日〜30日に開催されたが，それ以降は，おおよそ1年に1回にペースで続いている。
(10) 1973年にスタンフォード大学の社会学者マーク・グラノヴェッターが，「弱い紐帯の強み」として，厳密な社会的つながりを持つ人より，弱い社会的つながりを持つ人の方が，新規性のある情報をもたらしてくれる可能性が高いとして

いる。つまり，弱い紐帯の集合による創造性は多面的なアプローチを可能にするため，似たような環境にいる存在の集合による創造性よりも，優れた結果をもたらす可能性が高いとしている。

【参考文献】

福田一史・中村彰憲・細井浩一（2009）「産学公連携による地域映像産業振興事業と内発的発展における外来要因の役割—「太秦戦国祭り」を事例とする参与観察的研究—」『立命館映像学』No.2, pp.85-106

福田一史・中村彰憲・細井浩一（2010）「コンテンツ活用型地域振興の類型化に関する比較事例研究」『立命館映像学』No.3, pp.71-87

Putnam, R.D. (1993) *Making Democracy Work: Civic Traditions in Modern Italy*, Princeton University Press.（河田潤一訳『哲学する民主主義—伝統と改革の市民的構造』NTT出版，2001年）

Putnam, R.D. (2000) *Bowling Alone: The Collapse and Revival of American Community*, New York; Simon & Schuster.（柴内康文訳『孤独なボウリング：米国コミュニティの崩壊と再生』柏書房，2006年）

（浦野　寛子）

第10章 文系産学連携による商店街再生のための商業人育成
―実践事例による検証―

I はじめに

　全国的に中心市街地の空洞化に見られるように地域商業の疲弊が顕著である。特に地方都市においてその傾向が著しい。後述するように全国の商店街の景況は非常に厳しく改善の兆しさえ見いだせない。地域商業の再生に多くの課題があるのは事実である。しかし，地域商業活性化のための国や自治体の支援は不十分ながらも制度はある。中心街の賑わいを作ること自体に商業者や行政等の各関係者に大きな反対があるわけではない。そこで生活する多くの消費者が反対あるいは無関心というわけではない。どれも解決不可能な課題とは思えないが，何故かなかなか再生に向け進まない。「合成の誤謬」[1]といえる状況のようにも見える。確かに直接的な原因は，商店街が課題と意識するように経営力ある店舗の減少で商店街全体の顧客吸引力が弱まっていることである。しかし，経営力ある店舗の減少は構成店舗だけの要因であろうか。地域商業の賑わいは地域経済活性化の結果である。地域経済で企業の業績向上で賃金の上昇，雇用増大などがあってはじめて地域商業が活性化するのである。また，経営力ある店舗の減少は消費者の求める商品やサービスを提供できなくなった結果である。従来商店街の重要な機能として若い経営者のインキュベート機能や経営者同士の経営力向上のための意思疎通の機会があった。

　この他者との関係が希薄になっている傾向は商店街だけの現象ではない。地域社会全体に他者に対する無関心，自我欲求の拡大，他者との関わりを避ける孤立化現象が増大している。地域社会を構成する各主体の意思疎通の不足，地域のさまざまな課題や動向に対する情報が共有できていないことである。地域に対するアイデンティティがなくなっている。

地域社会はもちろん，地域商業についても活性化のためにはコミュニケーションの核となるリーダーが重要であることはすでに周知のことである。しかし，地域社会の主体間に活性化の原動力としての役割を果たすリーダーを育成することについての共通認識ができていなかったように思われる。

全国で活性化[2]している地域商業は，地域社会のさまざまな主体と連携し，地域社会の一員としての自覚のもと地域に貢献する活動がみられる。これは商店街の中での結束力が強く，商店街の外に対しても開かれた関係を持っている。この活性化に大きな役割を果たしてきたのは産学（公）連携である。地域社会や商店街でコーディネートし，商店街・地域商業が自律化していく道筋を示したのである。

本章では主に筆者が関わった商業者育成について産学（公）連携で持続的に活動している例としていくつか触れているが，特に東京都墨田区の事例を中心に文系大学と地域社会との連携についてのあり方を考える。

II ソーシャル・キャピタル論からの人材育成

第1章で詳述してあるが，本章でも商店街のあり方を考えるのに有効なソーシャル・キャピタル論について触れておく。全国の活性化できていない地域商業・商店街では，商業者同士，住民等との結びつきは弱く，地域社会ではお互いが無関心になっている傾向があるようにみえる。多くの商業者は自分を取り巻く他人との関係の中で存在しているが，地域のリーダーを自ら育成できないし，その気もない。本来商店街は準拠集団であり，各構成員が商店街組織に対する帰属意識は，一般論で見ると行政体や企業などにおける帰属意識と比較しきわめて低い。

パットナム（2000）[3]によるとソーシャル・キャピタルについて「社会関係資本が指し示しているのは個人間のつながり，すなわち社会的ネットワーク，およびそこから生じる互酬性と信頼性の規範である。この点においてソーシャル・キャピタルは「市民的美徳」と呼ばれてきたものと密接に関係してい

る。」と表現している。換言するとソーシャル・キャピタルは，人や組織の協調的な関係性（信頼，互酬性の規範，ネットワーク）の用語であるということである。地域社会との関係でいえば，人間関係を維持しつつ地域を守っていこうとする人々の活動に結びつくといえよう。このソーシャル・キャピタルの考え方は，地域商業で商業者同士の結びつきや地域社会との連携を考えていく上で，また地産地消，地域内経済循環を実現するための欠かせない理論である。地域商業活性化についてソーシャル・キャピタル論で解明を試みたい。

　稲葉（2011）は，ソーシャル・キャピタルについて「おかげさま，お互い様という地域的紐帯」と説明している。また，日本のソーシャル・キャピタルについて，東日本大震災でボランティアとして駆けつけた行動を，お互い様と譲り合う互酬性の規範であると評価している。

　稲葉はパットナム（2000）[4]を引用し，ソーシャル・キャピタルについて「教育や職場などでの経験などの蓄積である人的資本は個人に着目した概念だが，社会関係資本は必ずしも個人に帰属するものではない。それどころか，たとえ個人に帰属するとしても，そもそも複数の個人からなるコミュニティが存在しなければ，社会関係資本は成立しない。」[5]と述べている。また，ソーシャル・キャピタルについてジェイコブス（1961）[6]は，都市において不可欠なのは自分を取り巻く他人との関係の中に存在しているとし，ネットワークをソーシャル・キャピタルとしてとらえた。

　ソーシャル・キャピタルについて，多くの先行研究で定義があるが，人々や組織の中で生まれる協調的行動について信頼・規範・ネットワークを分析していくという点では共通性がある。パットナム（2000）は「社会関係資本の形式の多様性のあらゆる次元の中で，最も重要なのは「橋渡し型」（あるいは包含型）と「結束型」（あるいは排他型）の区別であろう」[7]といい，ソーシャル・キャピタルには異質なもの同士を結びつけるブリッジング（橋渡し型）と同質なもの同士が結びつくボンディング（結束型）なものがあるということである。稲葉（2011）は，「被災者救済のためにさまざまな経歴の人がNPOなどのネットワークはブリッジング（橋渡し）な社会関係であり大学の同窓会，

商店会や消防団等はボンディング（結束型）な社会関係である。」[8]とし，閉じられたネットワークと開かれたネットワークで説明している。現実のさまざまな社会における経済学での外部性の共通性と異質性があることを示している。この考え方を商店街研究に当てはめると構成メンバーにとって準拠集団である商店街のこれまでの研究をさらに深耕化できる可能性がみえてくる。

ソーシャル・キャピタル論から見ると，今日の地方都市の商店街疲弊の実態は，国土政策の視点ではEU諸国とは異なり土地利用政策の不備から郊外型大型店進出の規制ができなかったことによる影響が大きい。もちろんこのことだけが原因ではないが，土地利用の政策誘導がなければ当然，強いものがより強くなる競争の帰結を確認するだけである。少なくとも大規模店舗法の時代は調整という機能を通じて大型店と小規模小売店（商店街）がコミュニケーションをとる機会は現在よりも多かった。すなわち地方都市の商店街の実態は地域商業関係者のソーシャル・キャピタルを壊したことの結果である。

商店街の多くは，郊外の大型店との共存には大きな課題がある。商店街の中あるいは至近距離に大型店があっても関係は協調的とはいえない。これは集客力の違いによる販売格差が大きいためであり，店舗面積が$1,000m^2$を超える大型店だけでなく，中規模の$1,000m^2$未満の店であっても中小商店とは経営規模格差が大きいことで地域活性化のための共通認識を醸成するコミュニケーションが不足していたといえる。

また商店街の多くは，商店街の外部との交流はあまり進んでいるとはいえない。稲葉のいう開かれたネットワークよりも閉じたネットワークに近い。商店会の中で近接する店主同士が売れない理由を納得し合う機会が多い。排他的で閉鎖的であるが，課題解決のために一致団結して行動を起こすことはほとんどない。開かれたネットワークのために他の商店街や異業種，まして消費者（住民を含む）などとの関係性を持っているのは少数の商店街に限られる。

このソーシャル・キャピタルの視点を踏まえ，地域商業活性について産学（公）連携のあり方についてみていくことにする。

Ⅲ 地域商業の現状と文系大学の産学連携の意義

1 全国の商店街の現状

　全国の地方都市で商店街活性化が進んでいない。改めてその理由をみてみよう。まず，個店の経営の課題であるが，各商店は顧客に対して満足を与える経営をしているであろうか。小売店でいえば，消費者は，より低価格で高品質（鮮度・安全安心）の商品を求め，場所（立地・店舗）を選択し，都合のよい時間に買い物する。それらに加え，接客，サービスの良さも購買決定に大きく影響する。これらは商店経営，マーケティングの基本である。もちろん顧客に支持され繁盛している店もあるが，顧客の視点が欠落している商店街・商店が多すぎる。郊外型大型店との違いを明確に意識しなければならない。今日高速交通体系が発達し，1時間から1時間半もあれば，ほとんど全国の中小都市でも大きな都市の繁華街に行ける。たとえば，福井では「京金族」という表現がある。ファッション品の購買に若い世代は簡単に京都や金沢に出向するという意味である。大都市と同質的な都市を志向せず地元の顧客を大切にする経営を徹底することが必要である。同質的な都市はより大きな都市に吸収されるストロー化による都市の序列化が進むことは経済地理学でも実証されている[9]。

　業態間競争から地域間競争になり競争環境が厳しさを増した。しかし，競争があるなしに関わらず個店そのものの経営が問われている。商店街実態調査[10]でも商店街の課題で上位にあるのは「商店街に魅力ある店がない」という回答である[11]。商店街自身が自らの弱さを個店の魅力の少なさを意識しているのである。しかし，商店街はすでに郊外型大型ショッピングセンターの増加によるという意識は上位の課題ではなくなった。

　商店街の現状を全国の商店街実態調査で見てみよう。2009年でみると景況感は「繁栄している」商店街は1％しかなく，「停滞している」（54.1％　3つの合計），「衰退している」（44.2％）をあわせるとほとんどの商店街が非常に厳しい現実である。まだ，回答した商店街はアンケートに答えることができる

組織のある商店街であることを考えると，事態は深刻である。商店街における大きな問題として回答しているのを見ると，最も多かったのは，「経営者の高齢化による後継者難」(51.3%)であるが，次いで多いのは「魅力ある店舗が少ない」(42.7%)である。2003年調査以前は郊外の大型店などとの競争が上位にきていたが，2009年では「大規模店との競争」第7位である。既に商店街の多くは大型店との競争についての意識は薄れ，個々の経営力のなさや高齢化など店の存続を意識する意識構造になっている。同調査でも空き店舗率も増えつづけ[12]，商店街の機能劣化が急速に進んでいることが分かる。

図表10-1　商店街の景況

単位：%

調査年		2001年	2003年	2006年	2009年
繁栄している		2.3	2.1	1.6	1
停滞している	繁栄の兆しがある	53.4	67.4	4.8	2.8
	まあまあ横ばいである			22.9	17.9
	衰退の恐れがある			37.9	33.4
衰退している		42.3	29.7	32.7	44.2

注：無回答を除いているため合計は100%にはならない
(出所)中小企業庁（2010）『商店街実態調査』

図表10-2　商店街における大きな問題（過年度比較）

	最も多かった回答	二番目に多かった回答	三番目に多かった回答	設定回答数
1996年度	大規模店に客足がとられている (75.0%)	後継者難 (63.9%)	大規模店出店ラッシュに押され気味 (60.6%)	回答は複数選択
2001年度	魅力ある店舗が少ない (72.8%)	大規模店に客足がとられている (72.3%)	商店街活動への商業者の参加意識が薄い (65.0%)	回答は複数選択
2003年度	経営者の高齢化等による後継者難 (6.71%)	魅力ある店舗が少ない (66.3%)	商店街活動への商業者の参加意識が薄い (55.7%)	回答は複数選択

2006年度	魅力ある店舗が少ない (36.9%)	商店街活動への商業者の参加意識が薄い (33.4%)	経営者の高齢化等による後継者難 (31.4%)	回答は主なもの3つまで選択
2009年度	経営者の高齢化等による後継者難 (51.3%)	魅力ある店舗が少ない (42.7%)	核となる店舗がない (27.2%)	回答は主なもの3つまで選択

（出所）中小企業庁（2010）『商店街実態調査』

2　文系大学の産学連携の意義

　商店街実態調査で見たように，個店の経営力についての課題は深刻である。2001年に中小企業基本法が変わり[13]，各商店や商店街は自助努力が強く求められるようになり，公的な経営改善のためのきめの細かい無料の経営支援は制度としてなくなった。有料の専門家派遣に頼らざるを得ないが，小規模小売店にはその負担は重いものになっている。特に地方都市では専門家も少なく，大学の役割がより求められるようになった。ただ，大学でも地方都市ではビジネススクールの開設は難しい。開設したとしてもニーズに応えられるカリキュラム等の維持は難しいのが現実である。そこで大学が商業者の自助努力を支援することが地域貢献として重視されている。文系大学の産学連携の重要な役割である[14]。

　経営学関連の教員を中心とした経営力向上支援は地方都市では特に有効である。経営力向上に加え，地域のリーダーの育成が大きな役割である。経営塾などの「閉じられたネットワーク」で個店の経営力の向上を学習し，親密なネットワークを形成して地域社会に対しての貢献する意義を自覚してもらうのである。経営の実力が向上するとともに地域のリーダーとして「開かれたネットワーク」で地域の他の人，組織と連携し地域貢献を実践するように支援するのである。社会関係資本の視点は経営塾による経営力向上，地域リーダー育成は，コーディネートする教員との信頼関係が特に重要である。しかし，大学教員がいつまでも支援できるわけではない。いわばレールを敷く役割である。

レールを走るのは地域の商業者等である。地域活動が継続できてはじめて地域が活性化しているといえるのである。

　商業人育成のために各地でさまざまな取組みがされている。しかし，効果が上がっているところは必ずしも多くはないように見える。むしろ立ち上げても公的機関の資金援助が終わったとたん活動が停止してしまう例は数多い。また，座学形式の知識付与の塾が多く，教えることと教わることが一方通行になっていることや知識偏重の指摘もある[15]。森本（2007）[16]は効果を上げるための経営者教育は「様々な知識（K）と経験（E）を反復して濃縮する能力（A）といる場と機会（教育）が必要である」[17]と指摘している。筆者の実践からのと「塾」の成果をあげるための運営上のポイントは次のようにいえよう。

① 知識習得の講義座学は必要最低限にすること
② 参加形式で考える内容が必要であること
③ 参加メンバー同士の一体感を重視すること
④ 修了した後も双方向の連携を保つこと
⑤ 次の段階の場を持っていること

これらのことについて継続することが運営上のポイントである。

　経営者の人材育成について吉田（2006）は3つの視点から考える必要があることを指摘している[18]。

　第1は，「リーダーづくり」である。これからの時代の産業支援は行政主導ではない。地域産業人のリーダーあるいはそのグループによる産業振興を行政が支援する仕組みが必要である。リーダーづくりは「塾」を通して育成されていく。経営の知識習得と経営実践で自社の業績が向上するに従い多くの経営者は社会的使命を認識していく。自然と地域でのリーダーとなっていくのである。「塾」の大きな役割の1つは経営力向上のためのメニューをしっかり用意することである。

　第2は，「仕組みづくり」である。仕組みとはリーダー育成のための器づくりである。「塾」「ビジネススクール」等である。多くの場合，最初の仕組みは

市町村などの自治体がつくることが多い。その場合でも多くの失敗例は一方的講義で「塾生」はお客さんとなっていることである。「参加してもらう」のではなく、「意欲の後押し」に徹することである。また、主催者に「何のため」、「将来何を期待するか」といった展望がなく、短期的に成果を求めすぎることもうまくいかない理由の1つである。行政としても将来、産業のリーダー、地域社会のリーダーとなってもらうことにより、地域課題の解決のかなりの部分を任せることができるのである。

　第3は、「制度づくり」である。制度づくりは「塾」修了後の人材育成と活用の制度を準備しておくことである。「塾」終了後、塾生は地域で、それぞれの立場で経営者や産業人としてリーダーとなって活躍していく。それをより実効性を高めるためにいくつかの制度を用意しておくのである。たとえば、塾の講師としてのリーダーシップの発揮、行政の各委員会委員など行政への関与、より広域的な経営者とのネットワークへの参加等である。

Ⅳ　産学連携によるソーシャル・キャピタルの強化

1　閉じられたネットワークから開かれたネットワークへの転換
　　―長野県佐久市岩村田本町商店街―

　全国の商店街には商店街内部での結束力強化し、さらに地域社会との広いネットワーク形成により地域活性化を図っているところがある。社会関係資本の視点からは社会関係資本をより強化した展開の事例である。
　岩村田本町商店街[19]は、長野県佐久市の長野新幹線佐久平駅から車で10分ほどの農地と住宅が混在した昔ながらの街に立地している。新幹線佐久平駅ができ開業後まもなく高速道路佐久インターチェンジもできた。駅近くにはショッピングセンターイオンが出店した。商店街は老舗の多い伝統的な造り酒屋、信州味噌、和菓子など手造りにこだわる店が多い。商店街のコンセプトとしても「手造り　手仕事　技（わざ）の街」で発展を期している。

立地環境の激変は岩村田本町商店街の若手経営者にとって危機意識が強かった。将来に不安を感じた当時30歳代の若手経営者や後継者グループによる商店街組織改革の機運が高まり，大変な軋轢のもとで商店街運営の代替わりを図った（阿部理事長）。幹部が総入れ替えになり，理事の平均年齢が36.7歳という全国で最も若い商店街振興組合が誕生した。

　若手に変わった商店街は内部での議論を経て，商店街への集客を図るイベントに取組んだ。日本一長いいなりずし，日本一長いロールケーキ等話題性ある企画である。イベント開催中は商店街通りに人が溢れるほどの集客があり，イベント自体は大成功であったが，一方で売上に結びつかず，空き店舗は増えていった。「商店街の売上につながらないイベントは意味がない」（阿部理事長）として方針を転換し，魅力ある個店の集まりとしての商店街を目指した。個店の魅力向上に取り組む中で，商店街が存在感を発揮して勝ち残るには，地域とともに生きる店づくり，商店街づくりが原点であると考え，商店街活動の中核にすえた。

　内部的な結束力で商店街の方向が見えてきて，地域にとって必要とされる課題解決に向け商店街が活性化するために地域社会のさまざまな関係者との連携を強化した。開かれたネットワークの形成である。商店街に必要な業種として食料品店「本町おかず市場」を商店街で開設した。商店街にあったスーパーが撤退し，顧客の要望として「日常の食料品を買える店が欲しい」という声が多かったからである。しかし，商店街に出店してくれる食料品店がみつからず，自分たちで2003年4月開店した。地域の農家とも連携し，安全安心の「地産地消」をかかげ，地域の女性グループとも連携し，手づくりの惣菜を常時50種類そろえた。地元の特産品をつかった新しいメニューの開発もしている。阿部理事長によると，今や「地域の台所」と商店街は評価されているという。「本町おかず市場」事業は2002年から「経営の勉強会」を行ってきたこともふまえ準備を始めた。勉強会は12回行った。勉強会は「単に本町おかず市場の成功に導くためだけのことではなく，共に生きていく者として，各店の見直しや改善をし，いかに顧客に必要とされる店にしていくか，いかに向上していく

かを学ぶ」(商店街資料)ことを目的とした。

　商店街が主体で空き店舗対策としてこのような店づくりに取り組むケースは全国的にも非常に珍しいことである。成功させるため，野菜の専門家，惣菜の専門家を募集し，また愛される「名称」を決めるために2003年1月にチラシを発行した。名称は「本町おかず市場」と決定した。材料は地元の無農薬野菜だけを使い，また肉や魚，卵などは生産者がはっきりわかる物だけを使い，安全と健康を第一に考えた惣菜を作るため店内に厨房を作った。商店街では近隣の消費者の冷蔵庫代わりになる店舗を目指すことを理事会で決定し，開店準備にとりかかった。

　地元密着で地域とともにという理念から，住民の要望を非常に重視している。地元高校との関係強化，子育て・教育など地域団体との連携による活動，地元神社との連携，ショッピングセンターイオンとの連携を行っている。ワオンカードと商店街ポイントカードの共通化，また，「本町おかず市場」の不足商品をイオン経由で調達することなどである。岩村田本町商店街では，これらの事業を通して，地域の人々に利用してもらえる店舗にするためには，地域に密着した店舗運営を心がけ，顧客とコミュニケーションを積極的に図ることが重要と考え，日々買い物に来る客とともに「地域と共に生き，暮らす店舗づくり」を進めている。

　また，この地域に開かれた活動は，人材育成にもなっている。新しく設置したいくつかの施設の運営について1理事二役制をとっていることである。これは若返った理事の教育も兼ねて，開設した施設運営について本来の自分店舗以外に運営責任者として役割を担ってもらうのである。たとえば，本業の文具業の経営者は「本町おかず市場」の運営の責任者でもある。理事はすべて本来業務以外に商店街の重要な役を兼務することで，経営についての勉強と組織の責任を勉強することになった。本事例は商店街自らの危機感からの活動で大学とは必要に応じての連携であるが，産学連携の一事例として紹介する。

2 地域リーダー育成のための産学連携―㈱金沢商業活性化センター―

　㈱金沢商業活性化センター[20]（以下，センター）は，金沢市のまちづくり会社である。本章の事例についてみると，センターとの産学連携のきっかけは中小企業基盤整備機構の中心市街地活性化支援を通してセンターのまちづくりリーダーの高本氏が大学と関係ができたからである。まちづくりについて金沢市は先駆的にいくつもの施策を実践してきた。その多くに高本氏が関わっており，まちづくりについてアドバイスすることで連携が強くなっていった。金沢市は人材育成については意欲的でこれまでも地域リーダー育成について塾やセミナーなどを実施してきた。

　その一つとして2008年度に金沢市の支援を得て，次世代のまちづくりを担う人を育成するため金沢中心商店街まちづくりリーダー育成をはじめた。大学の役割は企画・運営，講師紹介に加え，まとめの解説を担当した。このまちづくりリーダー育成事業は「まちなか商い塾」と呼び中心市街地の若手商業者による勉強会を実施した。月1回程度で，全15回程実施した。

　金沢市は，北陸では最も都市規模が大きく賑わいのある都市である。しかし，近年，駅前にイオン系のフォーラスが進出したのをはじめ郊外に相次いで大型ショッピングセンターの進出もあり，市内の二大商業地である「武蔵が辻」地区の大型店が撤退するなど全国的な小売業の停滞の状況に危機感を持っている。近い将来北陸新幹線も予定されており，東京等の広域商業集積との差別化を図るなどの対応に迫られている。そのために金沢市，センターは現在の商業の維持・発展，影響力拡大のためにも商業人が，より全面に立ち街の賑わいを作る必要があるという認識でこの「まちなか商い塾」を開催した。

　塾の内容は，まちづくりの手法の理解，実践への応用である。当然，個店経営活性化の視点が重視され，座学では基本をしっかり理解し実践的な応用のためにグループでの活動を中心として塾生同士の横のつながりを作っていった。有志による塾後の飲み会も頻繁に行われた。商店街リーダーとなるための資質形成のための座学，グループ討議だけでなく，他都市事例研究なども行われ

た。また，街を見直そうというテーマで，塾生がカメラで市内の優れたところ・改善すべきところを写してきて，整理分析も行うなど熱心な勉強会が開催された。幾度も地元マスコミにも取り上げられ，金沢市全体としても関心の高さが窺えた。塾生数は延べ54人（参加団体は21）であった。センターは今後もリーダー育成は続けていくという。

主催したセンターはまちづくり会社であるが，この塾で終わりでなく，その後の大学との橋渡しや個別相談にも応じ，フォローアップも図っている。

3　経営力向上のための産学連携—武生商工会議所—

武生商工会議所[21]は中心市街地活性化ためのまちづくり組織も担っている。これまで商店街モール化や広場設置などハード整備はほぼ整った街である。しかし，衰退の一途をたどり，武生商工会議所の梅田氏は，活性化には個々の経営者の経営力向上しかないという認識を持っている。梅田氏は，筆者が大学として持っている研究会の主力メンバーでもあり以前から連携は進んでいた。

福井県越前市にある武生商工会議所では，2008年度に商店街人材育成事業を開催した。この事業の理念は元気ある商店街づくりを推進していくためには，商店の後継者および商店街をリードする養成することが必要であることから，目標達成のために必要な事業である。

越前市は2005年に武生市と今立町が合併してできた新しい市である。人口規模は合併により8万5千人程であるが，武生駅に近い中心市街地は福井市に近接し，郊外大型店の出店などで中心街の沈滞は著しい。越前市は中心街の活性化のために中心市街地活性化基本計画の認定を受け活性化に取り組んでいる。しかし，環境変化に対応する計画は進んでいるとはいえない。最近中心部とは競争関係にあった大型店の撤退が決まり，一層の沈滞化が懸念されている中で武生商工会議所としては中心街の活性化は魅力ある個店づくりが重要という信念のもとに「商人塾」を開催した。目的としては，商店街における後継者の育成を図るため，商店街の中の意欲ある経営者，後継者を対象に実施した。座学とグループ討議を中心に夜半まで熱心に開催された。6回開催されたほか，個

店診断も実施し,塾生の各店舗を専門家とともに商工会議所のスタッフ同行し,その現場で全員が実践的な勉強をした。まちづくりを推進する商工会議所では,地域の活性化は意欲ある若手の商業人が担わなければという信念を持っている。このことは塾生の共通認識とされている。それぞれの参加者で,商店街をリードする新たな集団を組織化し,より高次のネットワークと経営力確保の支援を継続している。最後まで参加したのは6名であったが,確実に地域の商業人の担い手を育成しつつある。

V むすびにかえて
―墨田区「すみだ商業人塾」の事例をもとに―

東京都墨田区は1997年に基礎的自治体の商工行政として先駆的に中小小売店の人材育成に取り組みはじめた。これがすみだ商業人塾である。この取組みに先立ち産学連携は始まっていた。墨田区では,次代を担う若手経営者を中心に中核となってほしい商店街の経営者の経営意欲向上の学習機会をつくっていた。区の依頼を受け,一方的な講義でなく,議論を交えた学習会を支援してきた。たとえば,ある学習会で筆者はマーケティングの原点を実践的に次のように問いかけた。「あなたがたは,店にものを置いておくと売れると思っているが,店で何を売っているのですか。サービスを売っていますか。満足を売っていますか。もうものを売るだけの時代ではないのですよ。百貨店でもスーパーでも通信販売を手がけている。便利さと品質,信頼を売っているのですよ」[22]。議論の末,商店街リーダーから「これからの私たちの活動は,商店街のイベントだけでなく,個々の店づくりまで広げていくのが課題になるだろう。各店が本気で自分の店のことを考えていかなければならない時期にきている」[23] という発言があり,産学連携により経営者の意識が変化していった。商店街の学習会だけでなく,墨田区の中小企業支援策について施策担当者との連携が続いていた。ソーシャル・キャピタルが経営力向上と地域リーダー育成を実現できた産学連携について紹介する。

第10章 文系産学連携による商店街再生のための商業人育成　*181*

　墨田区は，雑貨系の中小製造業の集積した全国的に有数な都市で，中小企業の街と呼ばれている。墨田区は1970年に全国に先駆けて中小企業振興基本条例を制定した[24]。その下に産業振興と人材育成に関する施策立案のための産業振興会議を設置した。産業振興会議は，設置した当時は工業部会と商業部会を設置し，区の課題と方向性を議論し政策に結びつけることが目的であった。大学教員が企画・運営に関与するとともに地元商工業者，中小企業診断士などをメンバーとして実施し，そこから数多い先駆的中小企業施策が生まれた。本稿で事例に取り上げる「すみだ商業人塾」は墨田区産業振興会議商業部会の提案事業である。現在は商業者有志（墨田区商店街連合会が事務局）の自主運営になっている。設立の目的は，塾生の経営力向上を経て，地域リーダーとして影響力を持ち，産業界の幹部としての要職を担う人材育成である。経営者の経営向上意欲，行政の産業振興意欲，大学の地域貢献と研究素材としてWin-Winを維持できたことである。

　産学公連携の人材育成について課題とあり方を考えていく。「すみだ商業人塾」は1996年に区が立ち上げた[25]。17年経過しても商業者の自主的な運営が継続している。当初の募集は墨田区商店街連合会（区商連）や墨田区の広報，口コミ等で行った。募集に当たっては「経営に危機感を持っているやる気のある経営者」という限定をつけたが，設立総会には20名程度を見込んでいたが80名を超える応募があった。参加に対する厳しい条件をつけた，たとえば有料で欠席は認めない。また自分の店を診断の場として提供するなどである。結果として40名ほどでスタートすることになった。

　定例会は月1回で夜2時間程度，毎回テーマを決めて各自同士の勉強会とメンバーの店の自己診断を進めていった。参加者のメンバーには，商業者以外に自主参加の区の職員，中小企業診断士，大学教員，ミニコミ誌発行人等の異色名人もメンバーであり，毎回活発な議論が戦わされた。メンバーの店の自己診断では，他のメンバーが事前にその店をしっかり見ておき，塾でお互い忌憚のないその店の改善提案をした。診断される店の経営者は必死になって反論し，経営者同士の厳しい議論になっていった。その過程で各経営者は自分の店の診

断の番が来るまで自分の経営を見直し改善していった。もう一巡するまでの間に指摘されたことは改善し，次回に報告するのである。参加者の目の色が変わり，経営に対する姿勢が見違えるようになっていった。

　経営力向上の相互研鑽を続け，非常に強い信頼関係ができあがっていった。塾以外でも有志で共同販促活動やインターネット販売の企画も始まった。自ら実践して活動が発展していったのである。「商業人塾」メンバーの3分の1は同一商店街の経営者である。これは会場として使用した場所がこの商店街の近くであったこともあるが，日常的に活発な商店街活動ができていて経営意欲が高い経営者が多かったこともある。他は区内の商店で若い経営者が大半である。他のメンバーは区内全域に分散するが経営向上意欲ある経営者であり，開かれたネットワークを構築するのに効果的な人材であった。

　前述したように，この塾の本来の目的は，経営力向上だけではない。地域のリーダーの育成も重要な目的である。この塾の出身者として，現在墨田区商店街連合会の会長，副会長，東京都商店街連合会の副会長等の幹部を輩出排出し，全国の商店街などから講演依頼が今も続く地域リーダーが生まれた。この商業人塾の卒業生の中には墨田区の産業振興会議の委員として活躍している人材が出ている。これらの卒業生は自社の経営力も向上し，周囲の店からも注目されるようになっている人も多い。繁盛店の経営は自ずと一目をおかれる存在になっている。その人が産業振興会議などで行政担当者と意見交換するようになり，自らの主張だけでなく，地域ではリーダーとして行政とのパイプ役さえも果たしている。

　産学連携で他にあげておくべきこととして，早稲田大学，千葉商科大学との包括協定が結ばれていることである。早稲田大学は区内の企業がグループを組んで産学官年間連携プランを立て，30数社が集まって知識と新しい技術を開発しようという試みである。例として「経営革新支援事業」がある。早稲田大学から出たベンチャー企業「早稲田ビジネスパートナーズ」が区内企業の経営改善に取り組んでいる。

　千葉商科大学も2013年度，墨田区商店街連合会と包括協定を結び，特に商

店街との関係を強めている。大学教員が正規会員として「商業人塾」で最新情報を提供するだけでなく，ゼミ生を中心に商店街のイベントの企画，PR原稿の提案やイベントの支援，塾の傍聴など学生の経験の場も含め強い関係となっている。

　墨田区の場合は，中小企業振興条例を作った当時は職員と現場の距離は遠く，必ずしも効果的な施策はできなかったという。そこで，区役所の係長クラスの全職員に「工場台帳」の作成を機に現場での聞き取りを実施した。その結果職員が現場の課題や現実がわかり中小企業者の理解も増し，現在の施策に結びついている。墨田区はできるだけ現場に詳しい専門的職員の育成を進めており，全国の自治体とは異なる人事体制といえるかもしれない[26]。

　人材育成の産学連携事例として成果が見られるのは，具体的に，地域社会自らが自立的に地域活性化活動を継続していること，リーダー育成できたことである。ただ，産学連携が成果をもたらすのは非常の属人的要素が大きいことを指摘せざるを得ない。人対人の信頼関係が成り立ってはじめてできるのではないだろうか。大学や特定の組織が地域社会と産学連携を進めて成果を上げるためには，双方に人対人の信頼関係が気づかれていなければならないし，地域社会の自主的な活動になっていった後もいつでもコミュケーションのとれる関係を維持しておくことが必要である。本事例が他の産学連携の実践に参考となることを期待したい。

謝辞

　本稿でいくつか取り上げた事例は筆者が深さの如何を問わず関わったものである。これらの事例でともに活動したり，改めてヒアリングさせていただいた方々に謝意を表したい。

　岩村田本町商店街については，改めてヒアリングを2011年9月27日，28日に実施し，阿部理事長，中村副理事長，他理事3名と面接した。

　金沢商業活性化センターについては，高本業務課長と連携し2008年度以降20回以上活動をともにした。

　武生商工会議所については，梅田専務理事と2006年度から2013年連携して活動を

してきた。

　墨田区については，髙野氏（現墨田区観光産業部長）をはじめとする区役所担当者・幹部，特に墨田区商店街連合会（山田会長），橘銀座商店街協同組合，すみだ商業人塾（大和塾長）とは長い期間連携している。

(注)

(1) 合成の誤謬とは，経済学で主に用いられる概念で，何かの問題解決について，各主体が正しいと思う行動をとった結果（個別利得）は，全体として（全体利得）みると悪い結果を招いてしまうことをいう（「大辞林」三省堂）。また，地域商業が活性化できないことについて合成の誤謬を指摘した小川雅人（2013）を参照されたい。
(2) 活性化とは，本章では地域社会の人が自律的で継続的に活動できる状態をいう。
(3) Putnam（2000）；柴内訳（2006）
(4) 稲葉（2011）p.1
(5) 稲葉（2011）p.15
(6) Jane Jacobs（1961）；山形訳（2010）p.156
(7) Putnam（2000）；柴内訳（2006）p.19
(8) 稲葉（2011）p.31
(9) たとえば，都市の序列化については山川（2004）に詳しい。
(10) 中小企業庁（2010）
(11) 中小企業庁（2010）
(12) 商店街実態調査（2010）（pp.20-31）では，空店舗率は，2003年は7.3％，2006年8.9％，2009年は10.8％と調査ごとに悪化している。
(13) 2001年に中小企業基本法が改訂され最も変わった一つは，行政機関による中小企業経営や商店街の診断有料化となる中小企業診断制度が抜本的に変わった。
(14) 理科系大学でもものづくりや技術経営など製造業に対する地域貢献は広く実施されている。
(15) Mintzberg（2004）；池村訳（2006）
(16) 森本（2007）がMBAコースとの関連で詳しく説明している。
(17) 森本（2007）p.10
(18) 吉田（2006）に3つの視点の人材育成が示されているが，一部補足してしめした。pp.4-16
(19) ヒアリングは2011年9月27日，28日，阿部理事長，中村副理事長，他理事3名と面接しヒアリングした。

(20) 金沢商業活性化センターのアドバイザーと 2008 年度に 20 回以上参加している。
(21) 「商人塾」を含め武生商工会議所管轄地域の中小起業支援のため 2006 年度から 2013 年まで少なくとも年 10 回以上打ち合わせや相談を受けている。商人塾もその一つである。
(22) 墨田区商工対策室産業経済課（1987）p.154
(23) 墨田区商工対策室産業経済課（1987）p.156
(24) 筆者は産業振興会議設立とともにメンバーに加わり商業部専門委員として平成 13 年まで関わった。「すみだ商業人塾」の立ち上げにも関わり企画運営に携わった。
(25) 現在は墨田区商店街連合会の下で有志により自主運営されている。
(26) 筆者は墨田区が，「すみだ商業人塾」を立ち上げた前後から区役所担当者・幹部と長い期間連携している。。

【参考文献】

稲葉陽二（2011）『ソーシャルキャピタル入門―孤立から絆へ―』中公新書 2138（pp.1-3）

小川雅人（2010）『地域小売商業の再生とまちづくり』創風社

小川雅人（2011）『地域における商店街の経済的・社会的機能の見直しと商店街組織の連携のあり方』千葉商科大学大学院政策研究科博士課程　博士論文

小川雅人（2013）「地方都市における賑わいの創出の誤謬と商業の役割」『ふくい地域経済研究』第 16 号

墨田区商工対策室産業経済課（1987）『イーストサイド・工業ネットワーク都市の構造』

中小企業庁（委託事業）『平成 18 年度商店街実態調査報告書』全国商店街振興組合連合会

森本三男（2007）「経営者教育：MBA 教育とその対策」創価大学経営学会『創価経営論集』第 31 巻第 3 号

吉田敬一（2006）「歩いて暮らせるまちづくり」中小商工業研究所『まちづくり再考』

山川充夫（2004）『大型店立地と商店街再構築』八朔社

中小企業庁（2010）『商店街実態調査』

Jacobs, J. (1961) *"THE DEATH AND LIFE OF GRAEAT AMERICAN CITIES"* The random House Publishing Group.（山形浩生訳『新版 アメリカ大都市の生と死』鹿島出版会，2010 年，p.156）

Mintzberg, H. (2004) *Managers Not MBAs*.（池村千秋訳『MBA が会社を滅ぼす』日

経BP社,2006年）

Putnam, R.D. (2000) *"BOWLING ALONE: The Collapse Revival of American Community"*（柴内康文訳『孤独なボウリング―米国コミュニティの崩壊と再生―』柏書房,2006年）

（小川　雅人）

第11章 大学発ビジネスプランコンテストを契機とした地域産業振興
―「ご当地絵本」発行の事例―

I はじめに[1]

　文系大学における産学連携の分野としては，第2章のアンケート調査の結果からも示されているように，「まちづくり」や「地域産業振興」といった内容が高い割合を占めている。とくに地方圏では，人口減少に伴う地域産業の衰退などを背景に地域産業を取り巻く課題は山積していることから，地域課題の解決や地域産業振興に資する提言を文系大学に対して求めるニーズは高い。

　こうした中，地方圏を中心に行政や支援機関，金融機関などがビジネスプランコンテストを企画・運営するケースが増えてきている。その背景には，地域産業振興策が行き詰まりを見せる中，地域産業振興につながる斬新なアイデアを地域内外からコンテスト形式で募集し，受賞者に当該プランを地域において実践してもらうことで，産業振興と定住対策の両方を達成させたいという狙いがある。

　一方で，文系大学がビジネスプランコンテストを主催する場合には，そこに学生への教育という狙いが含まれる。そして学生が若者独自の発想で地域資源を捉え，地域の抱える課題やその解決策につながるプランを策定したり，そのプランを実現化したりする過程で，学生自身が成長するとともに地域のさまざまな主体に対してもプラスの効果をもたらすことが期待されている。

　第2章では，「文系大学の産学連携が，社会的課題・地域課題への解決へつなぐ，橋渡し役あるいは先導役としてソーシャル・キャピタルを形成する」という仮説が提示されている。

　また第1章では，橋渡し型のソーシャル・キャピタルについて，「異なる組織の関係の薄い異質な人々を結びつける潤滑油というべきもの」であることが

指摘されている。つまり，文系大学における産学連携が，橋渡し役としてソーシャル・キャピタルを形成しているという仮説を検証するには，文系大学の産学連携が，異質な人々をどのように結びつけていったのかを考察することが重要となる。

本章では，島根県立大学総合政策学部で実施されているビジネスプランコンテストである，島根県立大学産業コンテスト「MAKE DREAM」の開催及び受賞プランの実現化の事例を取り上げる。事例の考察にあたっては，まず本事例がもたらす学生の成長に関する効果について整理する。次に，本事例が地域のさまざまな主体にもたらした効果を整理しつつ，ビジネスプランの実現化を契機として大学が地域内の異質な人々をどのように結びつける役割を果たしていったのかについて考察することで，第2章で提示された橋渡し役としてのソーシャル・キャピタル形成に係る仮説を検証する。

II 島根県立大学産業コンテスト「MAKE DREAM」開催までの経緯

公立大学法人島根県立大学は，総合政策学部及び大学院を有する浜田キャンパス，看護学部及び短期大学部の専攻科を有する出雲キャンパス，短期大学部の健康栄養学科，保育学科，総合文化学科を有する松江キャンパスから成り立っている。島根県立大学ではその行動規範として島根県立大学憲章を制定している。同憲章においては「地域の課題を多角的に研究し，市民や学生の地域活動を積極的に支援して，地域に貢献する」ことが謳われている。島根県立大学では，地域に開かれた大学としてその保有する知的資源を活かし，個性的で実践的な地域研究を市民や学生と連携しながら推進し，地域活動に積極的に参加することによって，地域に貢献する大学となることを目指しているのである。

こうした中，島根県立大学では地域連携推進センターが地域からの要望や相談の窓口となって地域と大学を結びつける役割を担っており，浜田キャンパスの総合政策学部を中心として，さまざまな地域連携活動を展開している。本書

では文系の産学連携に焦点を当てることから，本章では総合政策学部の地域連携活動を中心にみていく。

　島根県立大学総合政策学部の地域連携活動を教育，研究の分野ごとに大別してみていくと，まず教育の分野では，1年生の必修科目として「フレッシュマン・フィールド・セミナー」という科目を設定し，各教員の専門分野を中心としたテーマに基づき，大学1年生の段階から地域へのフィールドワークを実施している。また，2～4年生対象の「総合演習（ゼミ）」でも，地域課題の解決に向けて学習・研究に取り組む研究室も多い。

　次に研究の分野では，包括連携協定を結んでいる島根県浜田市や益田市などの地方公共団体との共同研究において地域産業振興に資する研究などがゼミ活動などを通じて実施されている。

　このように，島根県立大学総合政策学部では，主に大学の研究室単位で産学連携が行われているが，総合政策学部という学部の性格上，幅広い専門分野の教員を揃える必要があることから地域経済，地域産業に関連した分野を担当する教員数が全体として多いわけではない。また，学生が地域産業振興に関するアイデアを発表する場も優秀卒業研究・論文発表会などの一部の機会に限定されていた。

　島根県立大学産業コンテスト「MAKE DREAM」開催のきっかけは，2011年の夏頃に石央商工会から，島根県立大学において地域産業政策や中小企業経営を担当する筆者に対し，同商工会の合併5周年記念事業として学生によるビジネスプランコンテストを開催したいので企画・運営面で協力をしてもらえないかという相談があったことによるものである。

　これまで島根県では地域活性化を目的としたビジネスプランコンテストが既に行われてきたが，こうしたコンテストの開催に大学が深く関与するケースは前例がなかった。

　筆者は，ベンチャービジネス論や地域産業政策論の講義を通じて，ビジネスプランや地域産業振興策を学生に自ら考えさせてきた。そしてこれらの経験を踏まえ，「大学として」ビジネスプランコンテストを開催することの意義を考

え，島根県内で行われている主要なコンテストとの差別化を図るべく，コンセプトを具体化していった（図表11-1）。

島根県江津市や島根県で行われているビジネスプランコンテストは，「創業人材」の誘致による起業促進やUIターン人材の定住促進を目的としている。このため，応募者は全国の県外在住者を対象とし，コンテストの受賞者には定住によるプランの実現化を行うことが要件とされ，そのための活動資金を行政が支援するという形がとられている。

これに対し，「MAKE DREAM」は，学生に事業を企画することの意味を考えてもらう起業家教育や，学生が地域産業振興策を考えてもらう地域政策教育などの学生への教育の一環として位置づけられている。このため応募者は，島根県立大学総合政策学部の学部生に限定した。

また，学生が発案するビジネスプランは必ずしも自らによる起業を要件とはしておらず，地域の企業や行政などに学生の発案する若者ならではの自由な発想を聞いてもらい，新産業や新事業創出の参考にしてもらう「アイデア提供型」の企画とした。「産業コンテスト」という名称にしたのも，地域産業振興に関する学生のアイデアを地域に提供する場を設定し，学生と地域産業・行政との接点をつくりたいという狙いに基づいている。

図表11-1 「MAKE DREAM」と島根県内の主なビジネスプランコンテストの違い

	島根県立大学産業コンテスト「MAKE DREAM」	島根県内の主要なビジネスプランコンテスト
名称		（例）島根県江津市ビジネスプランコンテスト「Go-con」 島根県ビジネスプランコンテスト
応募者	島根県立大学総合政策学部生	県外在住者からの全国公募
目的	学生の起業家教育，地域政策教育 学生のアイデアを地域の企業や行政等に提供 ⇒学生と地域産業，行政との接点をつくる	「創業人材」の誘致による起業・定住促進 定住によるプランの実現化が要件 ⇒そのための活動資金を行政が支援

（出所）筆者作成

第11章　大学発ビジネスプランコンテストを契機とした地域産業振興　　*191*

　コンテストの運営にあたっては，2011年度については石央商工会の合併5周年記念事業として企画されたこともあり，主催を石央商工会，共催を島根県立大学とした。また地域の企業や行政などといった地域産業に関わる幅広い主体に学生のアイデアを聞いてもらいたいというコンテストの狙いから，浜田市内の地域産業振興に関わる幅広い機関に参画を要請した。結果として，後援として浜田市，日本政策金融公庫浜田支店，浜田商工会議所，島根県商工会連合会石見支所（現・石見事務所）が参画した。

　2012年度以降は，コンテストを浜田市全体のものとして位置付けていきたいという趣旨から，主催者を，浜田市の産業振興を目的に2007年に浜田市，浜田商工会議所，石央商工会の3機関を構成員として発足させたはまだ産業振興機構とした。そして浜田市，浜田商工会議所，石央商工会の3機関と島根県立大学を共催とし，日本政策金融公庫浜田支店，島根県商工会連合会石見支所を後援とした体制で運営が行われている（図表11-2）。

図表11-2　「MAKE DREAM」の運営体制

	「MAKE DREAM 2011」		「MAKE DREAM 2012」以降
主催	石央商工会	主催	はまだ産業振興機構
共催	島根県立大学	共催	島根県立大学 浜田市 浜田商工会議所 石央商工会
後援	浜田市 日本政策金融公庫浜田支店 浜田商工会議所 島根県商工会連合会石見支所	後援	日本政策金融公庫浜田支店 島根県商工会連合会石見支所

（出所）筆者作成

　受賞者の決定に際しては，コンテストに参画している6機関の職員を審査員とした応募申込書の書類審査を経て最終プレゼンテーション進出者を決定し，外部公開による学生のプレゼンテーションに対して同じく上記6機関から書類審査を行った審査員とは別の審査員を選出して審査を行ったうえで受賞者を決定している。

最終プレゼンテーションの実施にあたっては大学の行事として大学内の施設を使用しているため，施設使用料などはかからない。また，書類選考や最終審査に関わる審査員はボランティアでの参加のため審査員への謝金等は発生しない。広告宣伝も各機関のホームページや広報誌などを通じて行っているため追加的な広告宣伝費も発生しない。また，「アイデア提供型」の企画のため，受賞者の学生はプランの実践を要件としないことからプランの実現に向けた活動資金などの支援等に対する予算も確保していない。このため同コンテストの実施にかかる主な費用は，最優秀賞1名に対する5万円程度の賞品代と，優秀賞2名に対する各2万円程度の賞品代程度となっている。まさに関係6機関が「手弁当」で同コンテストの運営に関わっているのである。

　このような運営体制であるにもかかわらず，2012年1月20日に開催された「MAKE DREAM 2011」の最終プレゼンテーションの審査にあたっては，浜田市産業経済部長を審査委員長とし，日本政策金融公庫浜田支店長，浜田商工会議所会頭，島根県商工会連合会石見支所長といった錚々たるメンバーが参加した。また，主催である石央商工会からは会長が，共催である本学からは筆者が審査員として参加した[2]。

　「MAKE DREAM 2011」には合計18件の応募があり，書類選考を通過した上位6組が，最終プレゼンテーションを実施し，学生や行政，地域支援機関，地元の企業，市民など約160人の方々が出席した。その結果，3年生（当時）の玉木さくらさんが発表した「はまだ・絵本〜ご当地絵本活性化事業」が最優秀賞を受賞した。

　同プランは，観光振興における情報発信の難しさや地域コミュニティ衰退の背景に，地域住民が地域の魅力について深く知らないことが関わっているのではないかという問題意識に基づいて策定されたものである。そして自身の地域産業政策に関するゼミ活動での経験や，絵本の読み聞かせサークルでの活動経験をヒントに，地域の魅力を「ご当地絵本」という媒体に具現化することを提唱した。「ご当地絵本」の活用方法としては，絵本の読み聞かせ活動を通じて子供を中心にふるさと教育を実施し地域住民の地域への愛着向上を図るととも

に，絵本を外部への観光情報発信のツールとしても活用することで観光による産業振興をも同時に実現することを狙いとしている。同プランにおいては，絵本の作成にあたり浜田市三隅町の伝統工芸品であり，重要無形文化財やユネスコ無形文化遺産にも指定されている石州和紙を用いるというアイデアも評価された。

III 「ご当地絵本」プランの実現化

「MAKE DREAM 2011」で最優秀賞を受賞した玉木さんは，コンテスト終了後プランの実現化に向け独自に学生への参加呼びかけや浜田市教育委員会などとの協議を行ったが，具体的なプラン実現化への道筋は見えなかった。ふるさと教育を行ううえでの資料の題材として当初は民話や昔話を想定していたが，民話や昔話は情報の収集や方言の取り扱いなどの側面で障壁が大きかったためである。

プラン実現化に向けて大きく動き出したのは，2012年2月末にコンテスト運営6機関で学生のプラン実現に向けたサポート体制について協議を行ったこと，6月中旬に浜田市産業経済部長がリーダーシップを取りつつ，そこに学生（玉木さん）に加え大学教職員や石央商工会の経営指導員なども参画してプランの実現に向けた具体的協議を実施し，絵本作成に係る資金の調達方法，絵本の題材，絵本における石州和紙の活用方法などについて大枠の方向性を決めたことが大きい。

こうした中，①絵本作成の主体を玉木さんが設立した島根県立大学の絵本の読み聞かせサークル「ゆるりの会」とすること，②必要資金の大半については「ゆるりの会」が島根県「公益信託しまね女性ファンド」の補助金申請を行うことで賄いつつ残額をコンテスト主催者（当時）の石央商工会が負担すること，③絵本の題材を民話や昔話ではなく産業振興の観点から伝統工芸や地域産業とし第1弾の題材を石州和紙とすること，④ふるさと教育と観光情報発信の両方を実現する絵本の作成は困難なことから，主目的を小学生への読み聞かせ

をメインとするふるさと教育に設定すること，⑤補助金の対象事業であることから絵本を有償で販売するのではなく，浜田市内の学校や図書館に寄贈することなどといったプランの実現に向けた現実的な方策が徐々に固まっていった。その過程では石央商工会の経営指導員が学生と石州和紙製造業者とを結びつけるコーディネーター的な役割を果たすこととなり，浜田市産業経済部がプロジェクト全体の進捗をフォローする役割を果たすこととなった。

　石州和紙を題材としていく上で，石州和紙の製造業者として現存する4つの工房の職人の「想い」をコンセプトに絵本のストーリーを考えていくこととなり，7月には4つの工房をそれぞれ代表する4人の職人が一堂に会する中で，それぞれの職人の石州和紙にかける想いについて学生がヒアリング調査を行った。さらに8月に実施した2回目のヒアリングでは，学生が4つの工房に実際に訪問し，製造現場の見学も行った。

　石州和紙は1枚1枚が高価なため，絵本のすべてを石州和紙で製本することは予算上の制約から困難なことから，対応策として実際の和紙を色づけ，それらをちぎり絵にしたものを絵本の原版とするアイデアを学生が考案し，本物の石州和紙は絵本の表紙にのみ使用することにした。また，ご当地絵本活性化事業のPRと絵本作成への学生及び市民の幅広い参加を期待して，ちぎり絵用の和紙着色のワークショップを10月に2回に亙って開催した。さらに，事業のPRと進捗状況の発信を目的として「はまぽん通信」という情報誌を発行した。

　こうした経緯を経て，2013年3月に石州和紙を題材とした絵本「きいてきいて！こうくんのひみつ」が完成し，計200部が浜田市，幼稚園，小中学校，図書館などに寄贈された。また，この絵本を用いて読み聞かせサークル「ゆるりの会」が地元小学校で読み聞かせを開始した。これらの一連の取組みはテレビ，新聞などで幅広く報道された（図表11-3）[3]。

第11章 大学発ビジネスプランコンテストを契機とした地域産業振興　195

図表11-3　「ご当地絵本」完成までのプロセス[4]

時期	活動内容
2012年1月20日	「MAKE DREAM 2011」にて「はまだ・絵本」～ご当地絵本活性化事業が最優秀賞受賞
1月30日	「ご当地絵本」作成に向けて大学1，2年生へ活動内容と参加の呼びかけ
2月17日	浜田市教育委員会との協議
2月27日	関係6機関でプラン実現に向けた支援に関する協議
6月18日	浜田市産業経済部，石央商工会，大学関係者が学生を交え実現化に向けた具体的協議
6月28日	石州和紙事業者へのプラン実現化に向けての会議
7月10日	大学3年生へ活動内容と参加の呼びかけ
7月23日	石州和紙製造業者への取材（1回目）
8月9日	石州和紙製造業者への取材（2回目）
9月21日	補助金申請確定
9月23日	石州和紙会館ワークショップ参加
10月4日・5日	浜田市教育委員会ヒアリング
10月11日	絵本作家への相談
10月14日	絵本作り色塗りワークショップ開催 「ご当地絵本」プロジェクトの情報発信ツールとして「はまぽん通信」発行
10月22日	絵本作り色塗りワークショップ開催（2回目）
10月29日	構成完成
11月15日	はまぽん通信（第2号）発行
12月14日	「MAKE DREAM 2012」の場で「ご当地絵本」の進捗状況を説明
2013年3月2日	石州和紙を題材とした「ご当地絵本」『きいてきいて！こうくんのひみつ』が完成
3月5日	完成した絵本200部を浜田市長，幼稚園，小中学校，図書館などに寄贈
3月7日	絵本を用いて読み聞かせサークル「ゆるりの会」が地元小学校で読み聞かせを開始

（出所）筆者作成

Ⅳ 事例の考察

1 学生の成長に関する効果

これまで「ご当地絵本」プランの実現に至るまでのプロセスについてみてきたが，ここからは，まず本事例がもたらす学生の成長に関する効果について整理する。

「ご当地絵本」の作成に携わったのは，玉木さんを中心とする学生であったが，絵本の作成経験者がメンバーにいなかったことから，絵本の作成は当初困難を究めた。こうした中，学生は，自ら人づてを頼って絵本作家にアドバイスを求めるといったことも行っている。

今回の「ご当地絵本」の作成プロセスを通じて，学生が社会人とのやり取りをする機会が飛躍的に増加した。絵本の完成までにはさまざまな関係者との調整を経つつ進捗管理を行う必要があったが，学生は，社会人とのメールや電話のやり取りについても回を重ねるごとに慣れていった。さらに慣れるに従って，どのようにしたら自分自身の考えをよりうまく伝えられるかを学生自らが工夫をするようになっていった。

また，進捗管理をしていく過程で，浜田市や石央商工会などの協力者との間で常に情報を共有することの重要性を学んでいった。このため，市や商工会から進捗状況を聞かれる前に学生が自ら定期的に状況を報告するようになっていった。

絵本作成の過程では，当初のプランのとおりにはいかないことも多くあったが，そうした制約の中から現実的なアイデアを生み出すことで，プランの実現に向けて前進する術を身につけていった。

たとえば，予算上の制約から石州和紙の使用が限定されるという困難に直面したときにも，和紙を絵の具で色付けしてちぎり絵にしたものを絵本の原版とするアイデアを生み出したことに加え，ちぎり絵用の和紙着色のワークショップを開催して，市民の参加の機会をつくるとともに，ワークショップそのものを

活用して当該事業の情報発信にも活用することを行っている。

　こうした背景には，絶対に石州和紙を題材とした絵本を完成させたいという学生の強い想いがあった。こうした強い想いの下で行った一連の活動を通じて，学生は社会人とのコミュニケーション能力やプロジェクトの進捗管理，問題への対応の仕方など学生生活だけではなかなか経験できないさまざまな経験を積んだのである。こうした経験は絵本が実際に完成したことで大きな成功体験へと昇華し，学生にとっては大きな自信の獲得にもつながっている。

　さらに「ご当地絵本」プラン実現化の取組みは，絵本作成に実際に携わった学生の成長に留まらず，読み聞かせサークル「ゆるりの会」の後輩に対しても，自分たちで何か新しいことにチャレンジしようという雰囲気を醸成するという効果をもたらした。

2　橋渡し役としてのソーシャル・キャピタル形成に係る仮説検証

　次に，「ご当地絵本」プランの実現化が地域のさまざまな主体にもたらした効果を整理しつつ，ビジネスプランの実現化を契機として大学が地域内の異質な人々をどのように結びつける役割を果たしていったのかについて考察することで，第2章で提示された橋渡し役としてのソーシャル・キャピタル形成に係る仮説を検証する。

　「ご当地絵本」プランの実現が地域にもたらした効果としては，一連の取組みがマスコミに幅広く報道されたことによる浜田市の宣伝効果があげられるが，もっとも大きな効果は学生の成長とともにこの取組みが異質な人々同志のつながりをもたらしたことである。

　「ご当地絵本」プランの実現化に向けては，玉木さんを中心とする学生だけでなく，学生の活動を背後から支える大学の教職員に加え，浜田市，石央商工会などの行政，支援機関，互いにライバル関係にあるはずの石州和紙の4つの工房などといった多様なアクターの協働がみられている。

　ではこれらの異なる組織からなる多様なアクターは，「ご当地絵本」プランの実現化の過程においてどのように結びつけられていったのであろうか。

それは，学生という異質な存在が持つ，石州和紙を題材とし実際に石州和紙を用いた絵本を作ることでその価値を次世代へと伝承したいという熱い想いに和紙製造業者が共鳴したことが大きい。そして学生の純粋な想いに何とかして応えてあげたいとの理由から，石州和紙の4つの工房の職人が一堂に会してそれぞれの和紙作りに対する想いを話し合い，職人同志が協力してその想いを絵本の基本的なストーリーとしていくといった絵本のコンセプトが生み出されるに至ったのである。

結果として，完成した絵本は予算上の制約から石州和紙の使用は一部に留まったものの，和紙のちぎり絵をデザインとした全く新しい形の絵本となっている。絵本の作成に携わったのは絵本作成経験のない素人の学生であるが，結果的には製作側の想いがきちんと込められた絵本となったのである。

石州和紙職人へのヒアリングによると，「ご当地絵本」の作成を通じて，地場産業の振興や目に見える経済的な効果がもたらされたわけでは必ずしもないという。しかしながら，学生のプラン実現に向けた動きが，石州和紙の4つの工房や行政，大学，支援機関などといった多様なアクターの間で，第1章で述べられたような「通底奏音」となる問題意識を共有する契機を作り出し，当該事業に関わる各アクターに対して新たな気づきや変化をもたらしたと考えられる。

3 大学の役割

次にこれらの効果に対して大学がどのような役割を果たしてきたかについてみていく。

「ご当地絵本」プランの実現化にあたり，教員である筆者をはじめとする大学側は，大学が前面に出ずあくまで黒子に徹することを心がけてきた。その理由は，学生が主体として動くことによって，学生の成長を促すとともに，学生に達成感や自信を持ってもらうこと主眼においているためである。

こうした考え方に基づいて大学側が心がけてきたのが，学生が地域産業と触れ合うための機会の提供である。「ご当地絵本」の完成は学生の強い想いと行動力に裏打ちされていることは言うまでもないが，玉木さんがプランを策定す

る契機となったのは，過去のゼミ活動において和紙作りを実際に体験し，石州和紙職人と産業振興についてディスカッションを行った経験があったからであった。また，ビジネスプランコンテストというプランを具現化する場がなければ，このようなアイデアを策定し，実現することもなかったであろう。そうした意味では，ゼミ活動やビジネスプランコンテストの運営を通じて，学生が地域産業と触れ合う機会を提供したことは大学の大きな役割であるといえよう。

また，コンテストの運営にあたっても，大学が地域のしがらみに囚われず中立的な立場から参画することで，プランを実現可能な方向へと導いている。

たとえば，大学教員は学生への教育を名目として，学生がプランの実現に向けて動きやすい環境を作るべく，地域のさまざまな主体との間のルール作成に尽力している。プランの実現は学生の主体的な活動に任せつつも，学生は問題への対処の仕方を大学教員に聞き，大学教員は学生の相談内容に応じて適宜アドバイスを行っている。また大きなトラブルが生じた場合には実際に教員が間に入って調整を行っている[5]。

4 「ご当地絵本」発行の課題

最後に「ご当地絵本」発行の課題についてみていくと，学生，関係者は口を揃えて当該事業の継続性を課題としてあげている。

プランが石州和紙を題材とした絵本という「形」になったことは大きく評価できるものの，この流れを今後の産業振興にどのようにつなげていくかが重要なポイントとなる。

実際に当該絵本を用いて小学生への読み聞かせによるふるさと教育は行われているものの，石州和紙のプロデュースに向けてどのように絵本を活用するかについては具体的な方策を立てられていない状況である。

また，長期的な視点から絵本を産業振興に活用する方法を考えていくことも重要となる。学生の想いは石州和紙という地域資源を将来の世代にどのように伝承していくかということにある。そうした意味でも「ご当地絵本」の完成をゴールとするのではなく，そこをスタートにした活用方法を考えていく必要が

あろう。

　こうした取組みは学生が参加して初めて成り立つものであるが，プランの策定に参画した学生はいずれ卒業していく。このため学生だけでなく想いを共有したさまざまな主体が参加し，自律的な取組みとしていくことが継続への第一歩となるのである。

V　おわりに

　これまで，島根県立大学産業コンテスト「MAKE DREAM」開催の経緯及び受賞プランの実現化の事例から，学生の成長に関する効果や，地域のさまざまな主体にもたらした効果を整理しつつ，本事例が地域内の異質な人々をどのように結びつけ，潤滑油としての役割を果たしたのかについて考察した。

　その中で，学生への教育を契機としたビジネスプランコンテストの開催及びプランの実現化に向けた学生の熱い想いが，多様なアクターの間で「通底奏音」となる問題意識を共有する契機を作り出し，各アクターに対して新たな気づきや変化をもたらしたことについて指摘した。その一方で，プランの実現後にいかに事業を継続させつつ，プラン策定に尽力した学生の想いを地域全体で継承していくかが課題であることを指摘した。

　第1章では，文系大学の産学連携による地域コミュニティの再生とは，地域の活力をつくりだして関係性を再構築する取組みであることが指摘されているが，本事例が地域産業振興にもたらす意義として，「ご当地絵本」プランの実現化に向けた動きを契機として，地域コミュニティにおける関係性の再構築につながったことがあげられよう。

　「MAKE DREAM」のその後の展開についてみていくと，「ご当地絵本」の実現化に引き続いて，翌年度に開催された「MAKE DREAM 2012」で最優秀賞を受賞したプラン「さかなのがっこう」についてもプランの実現化に向けた動きがみられた。このプランは浜田港で水揚げされた魚を使って，地元の水産商業施設で小学生に対して料理教室からメニュー開発を行い，そのメニューを

地域のイベントで販売することでふるさと教育を行い地域に愛着を持ってもらうことを狙いとしている。

　大学側としては，実現した各プランの継続性に配慮することもさることながら，コンテストそのものを継続し，学生のもつさまざまなアイデアを継続的に地域産業振興に反映させる機会を提供することが重要となろう。

(注)
(1) 本章で取り上げる事例は，筆者が勤務する島根県立大学において開催しているビジネスプランコンテスト及び同コンテストにおける受賞プランの実現化に関するものである。筆者は同コンテストの企画・運営及び受賞プラン実現化のサポートに関わっている。
(2) 筆者を含む最終プレゼンテーションの審査員は，1次審査にあたる応募申込書の書類審査には関わっていない。
(3) たとえば，NHKの地方ニュースなどのテレビ報道や，朝日新聞，読売新聞などの地方版，山陰中央新報，中国新聞などへの新聞掲載があげられる。
(4) 「ご当地絵本」完成までのプロセスの整理にあたっては，玉木さくらさんの卒業研究「ご当地絵本の効果と課題」や玉木さんへのインタビュー内容などを参考にしている。
(5) たとえば製本の過程で，印刷スケジュールの遅れや製本の仕上がりの不具合などがあったが，その場合は教員が学生と印刷業者の間に入り調整を行った。

【参考文献】

島根県立大学地域連携推進センター（2012）「公立大学法人島根県立大学　地域連携活動報告書」平成23年度年報第4号

島根県立大学地域連携推進センター（2013）「公立大学法人島根県立大学　地域連携活動報告書」平成24年度年報第5号

島根県立大学「ゆるりの会」（2013）『きいてきいて！こうくんのひみつ』平成24年度公益信託しまね女性ファンド助成事業「はまだ・絵本」―ご当地絵本活性化プロジェクト―

石州半紙技術者会・石州和紙協同組合ウェブサイト http://www.sekishu.jp/

（久保田　典男）

第12章 文系産学連携におけるソーシャル・キャピタルの有効性
―実践事例からの検証―

I はじめに

　文系産学連携の役割と有効性を検証するうえで，本書第1部理論編でも論じてきたように，「ソーシャル・キャピタル（社会関係資本）」の概念を適用することが可能であると考える。パットナムによる先行研究によれば，ソーシャル・キャピタルは，「異質な人々を結びつける潤滑油となり，人々の自発的な協調活動をもたらし社会の効率性を高める」[(1)] 役割を果たす機能を持っている，とされる。一方で，本書第1章で指摘しているように，パットナムやコールマン，リンなどの研究では，ソーシャル・キャピタルが社会効率性を高めることに先立って，「ソーシャル・キャピタルが存在すること」が前提となっているが，ソーシャル・キャピタルがどこからどのように生まれるのか，については触れていない。そもそも，衰退する地域の再生には，ソーシャル・キャピタルが機能するための基層となるコミュニティそのものの修復が求められているのではないか，との疑問に答える必要がある。第1章では，その修復には，自然と地域，とりわけそれを取り巻く人と人の関係性が必要であり，その関係性は「共創」がもたらす人材教育ひいては地域学習が生み出すものであるとの仮説を示している。続く第2章では，文系産学連携は，社会的課題，地域課題の解決へつなぐ，「先導役」あるいは「橋渡し役」としてのソーシャル・キャピタルになることを仮説として導いている。そこで，共創による関係性構築における橋渡し役となるのが文系産学連携なのではないか，という問題意識を本稿の出発点としたい。

　このような問題意識のもと，本章では，第1章（ソーシャル・キャピタルの有効性）および第2章（アンケート調査結果）で展開したリサーチクエッショ

ンならびに仮説を実際に筆者が取り組んできた文系産学連携の事業をもとに検証する。具体的には，第1章の中で概念整理された「人々の自発的な協調活動をもたらし社会の効率性を高めるソーシャル・キャピタル論」を手掛かりに，異なる2つの大学で自ら実践してきた2つの事例をもとに，文系産学連携がもたらすソーシャル・キャピタルの有効性とソーシャル・キャピタル形成（再構築）の条件を検証してみたい。

Ⅱ 実践事例の概要紹介と検証

1 本節の概要

　本節では，第1部でまとめたソーシャル・キャピタルに関わる理論上の議論を踏まえて，実際に筆者が実践してきた事例をもとに，具体的に文系産学連携がどのような役割を果たし，どのような意味を持ち，どのような成果を生んでいくのか，そして課題や限界はどこにあるのか，について検証する。

　最初の事例では，伝統産業を担う中小企業と文系大学（研究室）との市場浸透・商品開発を目的とした連携事業である。この事例は，文系大学における「橋渡し役」としてのソーシャル・キャピタルの有効性を示すとともに，ソーシャル・キャピタルはどこからどのように生まれるのか（どのように再構築されるのか），を示すものである。本事例は，共有された基層（価値観・問題意識）が持続可能な社会の効率性を高めており，その基層の修復における文系産学連携の役割と重要性を示唆する。

　次にあげる事例では，失敗した実践事例をもとに，文系産学連携の限界と課題を示すものである。本事例は，ソーシャル・キャピタルがそもそも存在しない場合，あるいは構築・または再構築できなかった場合，持続的あるいは発展的な文系産学連携事業には至らないことを示唆する。

　ソーシャル・キャピタルをキーコンセプトに，持続可能な地域振興にむけた社会的課題の解決から人づくりへ，人づくりからコミュニティの再構築への回

帰を通じた文系産学連携がもたらすソーシャル・キャピタルの有効性と限界を明らかにしたい。

2　文系産学連携における有効性の検証
　　―伝統地場産業・商品開発事例から―

(1) 連携事業の概要

　本連携事業は，伝統地場産業を担う中小企業と大学（筆者の研究室）が連携し，共同で販路開拓と新商品開発を行ったものである。

　本事業開始時，以下の3つの事業目的を掲げスタートした[2]。①大学の知的資源を地域社会の課題解決のために活用し，地元大学として社会貢献する。②実際の経営に学生たちを関わらせ，現場教育を通じて問題意識の喚起と実践力を習得させる。将来的に地域社会で貢献できる人材を育成する。③地域内の産業連関や異業種連携を意識した地場中小企業の経営革新を側面支援することで，地場産業の活性化に繋げる。

　本事業は，前任校では約1年間，現在勤務する本務校において約3年間実施し，合計4年間にわたり連携を行った。連携を開始したのは2009年1月ごろからであった。

(2) 関わった人たち・資源・仕組み

　連携相手である地場企業F社（染め物屋）の次期後継者であるF氏と筆者が主体となり事業を開始した（図表12-2参照）。当該企業の経営改善にむけた助言を行っていく過程に，筆者のゼミナール学生たちを「プロジェクト研究」形式で関わらせた。ここでいうプロジェクト研究とは，複数のゼミ生が共通の研究テーマを設定し，グループワークによって調査・分析を行い結論・提案を導くものである。具体的には，学生たちとともに，当該企業の企業診断や販路開拓や新商品開発に必要となるマーケティング調査などを実施した。このときのプロジェクト研究テーマは，「伝統地場産業における中小企業の経営革新と持続可能な成長戦略」であった。

第12章　文系産学連携におけるソーシャル・キャピタルの有効性　205

図表12-1　連携相手F社の工房の風景

(出所) 筆者撮影

図表12-2　連携相手企業2社の概要

社名	藤岡染工場 越後亀紺屋 (F社)	社名	麒麟山酒造株式会社 (K社)
所在地	新潟県阿賀野市中央町2-11-6	所在地	新潟県東蒲原郡阿賀町津川46
代表	藤岡修	代表取締役社長	斉藤俊太郎
従業員数	18名	従業員数	38名
創業	寛延元年(1748年)	創業	天保14年(1843年)
事業概要	染物の製造・販売，クリーニング事業など	事業概要	酒類の製造・販売・卸
主力商品	袢纏，暖簾，手ぬぐい，引き出物受託など	主力商品	日本酒(辛口)

(出所) 筆者作成

　本事業に関わった企業はもう1社 (K社) ある (図表12-2参照)。筆者の提案により，販路開拓・新商品開発の途中段階 (事業開始後半年後ごろ) から，地場企業K社 (酒蔵) と異業種連携によりコラボ商品を企画・開発することになった。このときから，同社経営者のS氏との共同作業が行われることになる。
　事業予算については，最初の1年間は，自治体外郭団体の地域経済活性化のための助成金を地場企業と共同で獲得し，2年目に外部競争資金 (大学向けの研究費) を獲得し実施したが，それ以降残りの2年間は特に外部から事業予算は獲得せず，必要に応じて企業の同社予算や筆者の個人研究費など手弁当で工

面した。

　われわれから販路開拓や新商品開発に関わる調査企画書の提案が行われるたびに，F氏は社内外の関係者（経営者，デザイン担当，職人，取引先等）への説明や説得・意見調整を通じてコンセンサス形成を行っていった。その意味で，F社における社内人材，取引先なども本事業の事業遂行を支えた資源である。

　学生たちは，事業を前進させるために必要となるデータの収集を行うために，調査企画を立て毎週ゼミナールの時間に，繰り返し発表を行うことが日常化していく。その際，筆者や連携企業の関係者などのコメントを踏まえ，企画書に加筆修正を加えることで実践的なビジネスプランを仕上げていった。なお，連携企業関係者は，連携事業を開始して数か月経過した頃から，ゼミナールの時間にほぼ毎週参加するようになっていた。企画書に基づいて実施したマーケティング調査は，概ね2ヶ月に一度くらいのペースで実施された。それ以外にも，月に一度のペースで，われわれは企業を訪問し進捗を報告した。暗中模索の中で出来上がっていったこのようなやり方が，本連携事業の「仕組み」である。

(3) 連携事業の契機・発展経緯

　筆者の専門領域は中小企業論であり，この専門領域の範疇には「まちづくり」「地域振興」が含まれる。そのため，公式・非公式に問わず地域におけるさまざまな会合の場に招聘され，まちづくりに関する意見を求められる機会が少なくはなかった。そうした機会の一つに，大学のおひざ元にある地域商店街の活性化を考える「まちづくり座談会」がある。本座談会は，地元青年会議所の有志を発起人として商店街組合や地域住民らとともに発足されたものであり，筆者はその会の学識者委員となった。F氏が，筆者に対しこの会合への委員依嘱の際に，研究室を訪問してきたことが同氏と筆者との最初の出会いとなる。F氏は，地場企業の次期経営者という立場である傍らで，地元青年会議所の一員としても活躍する身だったのである。幾度となく，F氏を含む青年会議所や地元商店街関係者の方々と議論を重ねるうちに，おのずと彼らと筆者との間に，この地域を活性化していくための問題意識とビジョンの共有が出来てい

た。F氏とは，その後も地元のさまざまな会合の場で顔を合わせる機会が増え，これを機に自然とF氏の本業ひいては地場産業活性化の相談に応じるようになっていく。

目の前にある地域が置かれている危機的状況をどうにかしていかなくてはならないという問題意識，その解決に向けた基本的な考え方や価値観を既に互いに共有していたため，本業において筆者の研究室と連携の事業化を考えることは，決して難しいことではなくむしろ自然な形でトントン拍子に展開していった。実は，ゼミ生たちにも既述の「まちづくり座談会」にオブザーバー参加させていた経緯があり，このことが功を奏し同様に，彼らにとっても連携相手と事業遂行のための問題意識や価値観の共有にさほど多くの時間や労力を要さなかった。

事業は，次のとおり大きく分けて3つの段階を経て展開し発展をしていく。まず第1段階は，現状分析，第2段階は，戦略の策定，第3段階は，販路開拓・新商品開発である。第1段階の現状分析は，企業・市場・顧客を分析するもので，自社の強み，弱み，ポジション，ターゲット，課題発見を浮き彫りにする作業である。第2段階の戦略の策定は，本事業のゴールを定め，そこに到達するまでの具体的な戦術を客観的なデータ分析をもとに検討し，ビジネスプラン（仮説）を立てることである。第3段階の販路開拓・新商品開発は，第2段階までに策定したビジネスプランを実行し，仮説を実証するプロセスである。

もっとも時間と労力を必要とするのは，第1段階である。ここでは，店頭でアンケート調査を実施したり，グループインタビュー形式でヒアリング調査を実施したりすることで，可能な限り一次情報の収集に努めた。そもそもどのような調査が必要となるかを検討することが，企業の自立化に向けた学習としても学生たちの実践的な教育としての観点からも重要と考えていた。結果的に，議論をしながら結論へと導いていく作業そのものが，企業や学生たちが「気づき」によって「自立」するために必要なプロセスとなった。

(4) 生み出されたもの・成果

実際に実施したアンケート調査やグループインタビュー調査などの調査結果

から，認知度に対する誤解，ターゲットの再確認，顧客ニーズなど，戦略に必至となるさまざまな具体的発見を得ることができた。そこで発見した客観的事実となるデータと財務の見直しをもとに，中長期的なビジョンを立てることが可能となり，段階的に取り組むべき具体的な戦略が明らかになった。同社に初めて形式知化された「ビジョンと戦略」が策定された。問題意識と進むべき方向性が明確化されたのである。

同時に，目指すべきゴールは見えても，中小零細企業1社では到底到達できない現実的な課題に対して，異業種連携による「資源を補完し合う」新たな取組みに挑戦することができた。ここで実践した異業種連携とは，分野は違えど同じ地域で生まれ育ち同じように長い歴史を誇る伝統的地場老舗企業が，共通する「地域再生」への思いを込めたコラボ商品の開発である。このアイデアは，上述したアンケート調査やグループインタビューの調査結果から得られた客観的データをヒントに筆者と学生らが両社を結びつける提案を行ったもので，日本酒を染め物で彩った「手ぬぐい」で包み込むというものだった[3]。

お中元限定商品ということで，大手百貨店や地元の酒屋を通じて販売ルートを開拓した。互いが元々持っていた販路を共有し，それぞれのファンに対して発信を行ったのである。結果的に，それぞれの顧客を取り組むことができ新たな販路開拓にも繋がった。初年度で7,000本を完売，次年度は9,000本を完売させることができた。事業趣旨が地元での共感を呼び，新聞雑誌等のメディアに取り上げてもらえたことも少なからず意味を生んだ。その後，この企画に賛同する地元酒蔵が出現し，現在では，7つの酒蔵が同社と連携し，「手ぬぐいで包み込む日本酒」を売り出している（図表12-3参照）。こうした取組みの趣旨が認められ，2011年に「ニイガタISDデザインコンペティション」準大賞を受賞したのである[4]。このようにして始まった異業種連携は筆者が新潟を離れた現在も自主的に継続されている。F社もK社も，奇しくもこの事業後に時代の変化に対応する形で，地域に眼差しを向け続けながらも海外展開に積極的に乗り出している点も興味深い事実である。

一方，この事業を陰で支えた学生たちは，見事に「実践力」を習得できたと

第12章　文系産学連携におけるソーシャル・キャピタルの有効性　209

図表12-1　連携相手F社の工房の風景

（出所）藤岡染工場提供資料「NICO Press」2011年10月号

考える。たとえば，この事業に関わった学生たちは，経営学の基礎知識やマーケティングのノウハウもそうであるが，それ以上に，問題意識の掘り下げ方，それに対する課題解決の道筋の立て方，第3者への説明の仕方など，創造性を伴う「問題解決能力」を習得できたものと思われる。最初から想定した答えを探し当てるのではなく，試行錯誤，創造力を働かせながら学習する意味は大きい。こうした能力が，その後の就職活動おいて活かされ，希望する企業から内定を獲得する助けとなっていたことは論を待たない。また，これを機に地場産業の活性化について本格的な研究を行いその知見を将来地元新潟の活性化に活かすことで貢献したいという強い思いから，大学院への進学を決意した学生もいた。当該学生は，定員割れをする地方私学から最難関国立大学である京都大学の大学院に見事合格を果たし，夢の実現への着実な一歩を踏み出すことに成功している。

(5)「信頼関係・互酬性の規範・社会的ネットワーク」を切り口とした検証
　　（小括）

　こうした文系産学連携の成果を何でとらえるかについては，諸説紛々，議論が絶えないところではあるが，誤解を恐れず記せば筆者がこの事業を実践して

いて痛感するのは，販売売上や顧客数の向上などの目先の数字を成果目的とした指標にほとんど意味はないものと考えている。もちろん，それらも大事な要素であることは否定しないが，むしろ，関わった地域の人たちがどれだけ自ら問題意識を持ち，それを解決していく具体的な解決の道筋を描くことができ，それを実現するための資源を自ら獲得していく「自立力」を持てるか，といった持続性・継続性を成果目標とする方がよほど意味があるものと考えている。主体である地域の構成要員個々の行動が継続しなければ，一時的に大学の資源に依存する形でカンフル剤的に売上を上げることができたとしてもそれは一過性のものであり根本的な解決には繋がっているとはいえないからである。この自立化は，事業に関わったすべての人に対していえることである。そこには，参加学生も含まれる。大学にとって，「学生の成長」は一丁目一番地の使命であり，地域コミュニティにおける「通底奏音」[5]を奏でる人材を育成することは，地域社会にとって不可欠である。こうした人材が，社会効率性を高めるソーシャル・キャピタルそのものとして機能していくことに繋がっていくものと考えられる。

　本事例は，数値的な企業利益という観点からいえば目を引くような成果は出ていないものの，翻って，大学が連携相手の問題意識を喚起する起爆剤として「先導役」を果たし，さらに「橋渡し役」として持続力を涵養するための「通底奏音」を創り出すことで，継続的な活動に繋がっていったことについては一定の成果を果たしているといえないだろうか。

　そうだとすれば，文系産学連携の何がどう「先導役」「橋渡し役」としての有効性を機能させているのだろうか。パットナムの「信頼関係（アクターの間の信頼関係）・互酬性の規範（アクターに共有される規範）・社会的ネットワーク（アクターを結合しているネットワーク）」の概念を本事例に照らし合わせながら，その答えを紐解いてみたい。

- 信頼関係：ここでは，事業を開始する前に既に「まちづくり座談会」で共有されていた問題意識や考え方が，主体であるＦ社と筆者そして学生たちの間

に信頼関係を構築させることを容易にさせていたことを指摘できよう。ここでいう信頼関係とは,「共有する規範に基づいて規則を守り,誠実かつ協力的に振る舞うことへの期待」である。すなわち,すでに形成されていたこの信頼関係が,「持続可能な地域社会」を共通の基層となる価値観として連携事業における目標や成果の設定などにおける無用なコンフリクトを避け（取引相手を知るための情報費用や取引費用が軽減し）,事業遂行における協力が円滑に進んだ要因といえる。

　また,ここでいう共有されていた問題意識や考え方とは,「地域性」と密接な関わりがあることも見逃してはならないポイントである。すなわち,地域に対する愛着,あるいは危機感（もしくは双方）が互いに言わずもがな心の内に存在することが前提条件となり,いわば「運命共同体」として行動していくことの信頼関係をベースとした問題意識や考え方である。

● 互酬性の規範：ここでは,F社と大学（学生含む）,F社とK社,そして大学（学生含む）とK社との間で形成された「一般化された互酬性の規範」[6]が,目先の利益に目を奪われずに「何をすべきか」を判断し,惜しむことなく補完し合える資源を前向きに提供し合う行動基準が出来上がっていたことが指摘できよう。すなわち,目先の売上や顧客数の向上といった数値目標ではなく,基層に埋め込まれた問題意識と価値観となっている持続可能な地域社会の再生という中長期的な目的にむかって,互いができ得る範疇の中で,損得勘定とは異なる次元において「何をすべきか」を判断していったのである。異業種連携によるコラボ商品開発が労力の割に目を引くような利益に直ちに結びつかなかったとしても,活動の輪が広がり継続されていることがそのことを裏付けているものと思われる。大学の立場から捉えてみても,地場産業の再生によって地域経済が活性化することは,地域に存立する私立大学として必要不可欠との意識が,業務時間を意識しない労力を問わない関わりを可能としていた。同時に,文系産学連携は,この互酬性の規範を形成するうえで,いわば啓蒙する形でそのことの意味を丁寧につなぐ役割を果たしていた

といえよう。

- 社会的ネットワーク：パットナムの指摘によれば，人と人とのつながりであるネットワークは社会効率性を高め，このネットワークが信頼関係や互酬性の規範を高める好循環を生み出す重要な要素となる，としている。

　ここでは，文系大学の専門領域に関わる教員である筆者の人的ネットワークが，地場企業同士の共創する取組み（地域資源を互いに補完し合う異業種連携）をつなぎあわせる手助けをしていた。このとき，大学がもつ中立的な立場が潤滑油となっていることが重要な意味を持っている。ここでいう中立的な立場とは，どちらか一方の利益に偏るわけではなく，自らの特定の利益を追求するわけでもなく，社会貢献をベースとした立場である。

　したがって，この役割は特定の利益や目的に依存する企業活動やコンサル業では担えないことを意味する。この繋がりが営利的な契約関係にもとづく強い繋がりではなく，互いにいつでも解消することができる緩やかな結びつきであることも，パットナムが指摘する「弱い紐帯」に符合する[7]。

3　文系産学連携の限界と課題の検証
　　―成功事例と失敗事例との比較から―

(1) 失敗事例：島根県S集落農業振興事業の実践事例

　ここで失敗事例としてとりあげる事例は，成功事例でとりあげたものと同様の仕組みを適用することを意識しながら，新商品開発と販路開拓を通じて農業の活性化を図ることを目的として実施したものである。前者との違いは，連携相手，地域，産業，学生，そして連携事業の主導者である。本事例の連携事業に関わった主な関係者は，物産販売を行う専門商社，生産者（コメ作り農家），地域行政（村役場および市役所），立正大学経営学部（筆者研究室）である。地域は，島根県H市S村というところで，筆者の本務校がある東京品川からほど遠い場所である。

　事業開始に至る契機は，本事業の主導者となる専門商社の社長A氏の働き

かけによるものであった。A氏は，某大手家電メーカの出身で，地元島根県のふるさと親善大使を務める。大手企業を退職後，地元の産品を東京に販売する専門商社を立ち上げ，過疎化による衰退で悩まされる地元の活性化に情熱を傾けている。A氏が農産品の高付加価値化と東京での販路開拓を模索していたところ，物産展を開催していた東京品川の商店街連合会の会長H氏より，筆者の紹介を受けることに始まった。当時，筆者の研究室は品川の商店街と連携事業を行っていた関係から，H氏は筆者の専門と活動分野を理解していたのである。

本事業は，A氏主導のもと共同で某省庁の産学連携予算を獲得して，農商学官連携プロジェクトを立ち上げた。同事業の目的は，農業を主要産業とする限界集落の衰退に歯止めをかけるための仕組みづくりにあった。大学が担うポジションは，農産品の高付加価値化と新たな販路の開拓を通じて，当該地域の農業を活性化するための具体的な戦略を提示することであった。A氏は，全体の企画とその先導役，そして生産者と大学，その他プロジェクトの関係者をつなぐ全体の事業調整役を事業開始時より自ら買って出た。

事業は，2011年4月にキックオフミーティングを行い，同年9月にS村に4泊5日の現地調査を実施した。その間現地調査に出発するまで，プロジェクトに参加した2年ゼミ生ら（当時18名）は，主にゼミの授業時間を使って情報収集と文献調査を通じて，S村の農家が活性化するための仮説を構築した。現地では，農業体験，現地関係者への聞き取り調査，生産者たちとの座談会，各施設見学，地元島根県立大学の学生たちとの交流，地場産業の視察，資料収集といったフィールドワークを実施し，調査終了後は東京に戻り調査結果の分析を進め，約1か月かけて報告書にまとめた。われわれが報告書の中で連携相手に対して行った提言は主に3点である。1点目が，生産性を上げるための顧客へのインターネットを活用した直接販売方式である。2点目は，顧客を首都圏の富裕層に絞り，そこに向けた認知度を高めるPR戦略の展開である。3点目は，地域の生産者が産業の枠組みを超えた地域連携による商品開発である。

しかし，われわれが提言したことは，最後まで「形」となって実現されるこ

とはなかった。また，事業継続にも繋がることもなかった。すなわち，この連携事業による地域活性化は当然のことながら農業の高付加価値化に関わる成果を何一つ生まなかったことになる。

(2) ソーシャル・キャピタルを切り口とした文系産学連携の限界と課題の検証
　　（小括）

　前者の事例を意識しながら同じ仕組みを適用して連携事業を実践してきたにもかかわらず，後者の事例において成果が出なかった要因はどこにあるのだろうか。同様にソーシャル・キャピタル論における信頼関係，互酬性の規範，社会的ネットワークを切り口として検証してみたい。

● 信頼関係：連携事業におけるそれぞれの主体である「農（生産者）」・「商（A氏）」・「学（筆者・学生）」「官（市役所・村役場）」が事業の目的や問題意識を十分に共有することなく，事業は始まった。利害が一致するかどうかの確認もないままに進んでいったのである。それぞれが役割分担を初めから決められ，最後まで，全体が顔を合わせて議論する機会はなかった。常に，A氏が仲介・伝達を担い事業は進んでいき，各主体を繋ぎ合わせる「信頼関係」は最初から存在していなかったし，構築される機会もなかったといえる。まして，筆者・学生らは地域外で暮らす人間であり，議論なくして地域に対する考えや思いを生産者は伺い知る術はない。互いの「信頼関係」不在のまま事業が展開していたことで，目標や成果の設定などにおけるコンフリクトが取引相手を知るための情報費用や取引費用を増加させ，事業遂行における協力は次第に円滑ではなくなったことを指摘できよう。

● 互酬性の規範：事業終盤に明らかになったことは，A氏は，専門商社としての自社の利益をどれだけあげられるか，ということを数値目標化し事業に取り組んでいたことである。これは，われわれ大学研究室と生産者らが，目標としていた持続可能な農業振興のための「農産品の高付加価値化」を目的とした仕組みづくりとは一致していなかったことになる[8]。問題意識，目的，

利害が一致しない状況は，主観的あるいは能動的に事業に関わることを困難にさせていた。そのため，連携事業の発展に対する関係者の動機付けは次第に希薄化し，自らのこととして労を惜しまず取り組もうとする思いはそれに逆相関する形で薄れ，互酬性の規範は自然と消えていった。すなわち，事業全体の利益よりも自社の利益が優先され目的化されていたことが，逆に事業遂行の効率性を低下させる結果となったものと思われる。目先の利益や自己の利益のみの追求からは，関係者における内発的動機づけも関係者間のシナジーも起こらず[9]，そのような状況から互酬性の規範は生じないことを示唆している。

- 社会的ネットワーク：本事例では，N氏が経営する営利企業が事業における先導役でありコーディネーターの機能を果たした。当該企業が関係主体を選定し，それらを繋げていった。このネットワークの繋がりは，事業開始前においては事業予算獲得のための「戦略的関係」であり，事業開始後においては予算使用上の「契約関係」であった。実際に活用されたネットワークは，事業遂行のための予算執行あるいはスケジュール調整に関わる必要最低限の「情報伝達」や「情報交換」のツール以上の意味を持っていなかった。事業の内容に関わる説明は，N氏が各関係者に個別に行っていたからである。すなわち，問題意識の喚起，共有，気づき，といった「啓蒙」「人づくり・地域学習」に繋がるネットワークとしては機能しなかったのである。誰のネットワークをどのような意図で，どのような形でむすびつけていくのか，によってネットワークの持つ機能が異なってくることを示唆している。

(3) 文系産学連携の成功と失敗の分水嶺

既にみてきたように，文系産学連携の有効性の一部として，(1) ソーシャル・キャピタル（＝コミュニティ＝基層＝通底奏音）の創造や再構築における作用が見いだせること，(2) その創造や再構築のプロセスにおいて，文系産学連携は，人と人との「関係性」をつなぎあわせるだけなく，人材教育や地域学習という形で自立性を促す可能性があること，が考えられる。すなわち，文

図表12-4 実施した連携事

連携事業内容	信頼関係	互酬性	ネットワーク	地理的近接性	持続性
1. 商店街活性化「まちカフェ」事業（新潟・新発田）	○	○	○	○	○
2. 伝統地場産業「販路開拓・商品開発」事業（新潟・阿賀野）	○	○	○	○	○
3. 商店街活性化「夕市」事業（東京・品川）	×	×	○	○	×
4. 農村地域活性化「販路開拓・地域連携」事業（島根・S集落×東京・品川）	×	×	○	×	×
5. 新聞社「地域活性化のための高校生への情報発信」事業（全国）	△	△	△	○	△
6. 銚子活性化「3大学共同インゼミ」事業（立正大学・駒澤大学・桜美林大学）	△	×	○	×	×

（出所）筆者作成

　系産学連携がもたらす効果とは，狭義の意味では，社会環境の変化によって寸断されてしまった地域資源の紡ぎ合わせ（ネットワーク形成）であり，同時に社会的課題や地域課題の解決にむけた関係性づくり（信頼関係の構築）であり，持続可能な地域社会にむけた啓蒙（互酬性の規範）でもある。広義の意味では，「持続可能な地域社会の実現あるいは再生」ということになろう（図表12-4参照）。

　このように有効性をとらえてみると，ここでいう「成功」とは，どれだけ持続可能な地域社会の実現や再生につながる契機や仕組みを創れたか，ということになろう。より具体的に言えば，大学が関わらなくなったとしても，自立して活動を持続していき，自ら発展できるだけの問題意識とビジョンを持つこと，それを実現していくための地域における共創の関係性の構築と学習にどれだけ貢献できたのか，ということになる。

　この文脈から見えてくる文系産学連携の「失敗」あるいは「限界」とは何か，文系産学連携がうまく機能しない場合にはどのような要因があるのだろうか，ということを検討してみると，最終的なゴールが社会や地域全体の持続性

構成要素マトリクス表

主体	対象	コーディネーター	自己資金	助成金	収入	実施期間	成果
学生×地域	地域	大学教員・学生	×	○	あり(増)	2年	◎
企業×学生	地域	大学教員・学生	○	○	あり(増)	4年	◎
生×商店街	地域	商店街組合・学生	×	○	なし	1年	△
農家×学生	地域	営利企業	×	○	あり	半年	×
生×新聞社	高校生	学生	○	×	あり	1年	△
学生×地域	地域	地元信用金庫・大学教員	×	×	なし	半年	△

や発展というより連携相手個々の目先の利益のみが目的化してしまったり，そのことが原因となって関係性に障害が生じたりすることで，一過性の事業になってしまったりすることなのかもしれない。そもそも人も地域も育たなければ，持続的発展はおろか現状からの脱却もままならないであろう。

Ⅲ　むすびにかえて

　産学連携を文系大学が担う意味と本質はどこにあるのだろうか。単に「人と人との関係をつなぐ」だけではなく，関係性を「啓蒙」「教育」していく，いわば導く機能を併せ持っていることである。持続可能な社会を実現するための「机上の空論」を説くのではなく，「方法論」を教え込むことでもなく，さまざまな学説（先人の叡智）を踏まえ，考える契機を与え一緒にビジョンを描いていくプロセスから，自立を促していくことに最大の意味がある。本来，大学は想定された「答え」を教えるところでも，「答え」を導く方程式を教え込むところでもない。したがって，自治体やNPOなどの非営利が同様の機能を担う

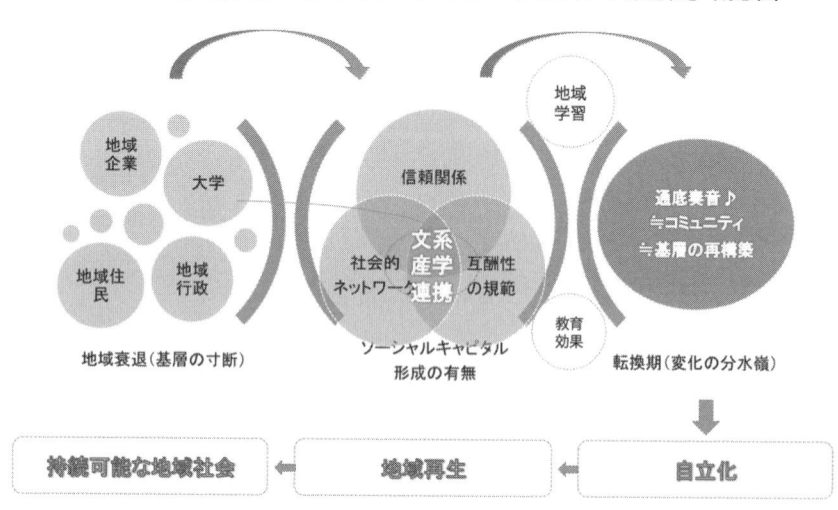

図表12-5【文系大学におけるソーシャルキャピタルの有効性】概念図

(出所) 筆者作成

に十分でない理由はそこにある。

　この「啓蒙」を通じて再構築されていく地域における主体同士の関係性が，信頼関係を高め「通底奏音」となる問題意識の共有を持たせている。この通底奏音が，その後，互酬性の規範として地域主体が地域資源とのむすびつきを能動的に形成する動きへとつながっていく。成功事例を用いて紐解くと，一連の契機・発展への展開，生み出された成果におけるプロセスから，持続可能な地域振興にむけた社会的課題の解決から人づくりへ，人づくりからコミュニティの再構築への回帰を通じたストーリーが浮かび上がってくる。すなわち，この「人づくり」と「ソーシャル・キャピタル形成（再構築）」との関係性において文系産学連携の意義を見出すことができよう（図表12-5参照）。

　翻って，この「啓蒙」不在に展開されていった主体同士の関係性は，信頼関係を構築することも「通底奏音」となる問題意識の共有を持たせることもできない。この通底奏音の不在が，互酬性の規範を生み出すことなく地域主体が地域資源とのむすびつきを能動的に展開させる可能性を低下させていく。失敗事

例を用いて紐解くと，文系大学がイニシアティブをとり中立的な立場でありつつも高所から導いていくプロセスがいかに重要かが読みとれよう。勿論，ここでいう「高所」とは「上から目線」ということではなく，あくまで水平的な関係であるが，正しい方向へと導くための啓蒙する立場を意味する。

　成功事例で解説した内容には実は続きがある。上で解説したのは筆者が新潟にいた頃の話である。その後，筆者が東京の大学に移籍したあとも事業は継続するのであるが，失敗事例であげたものと同様の要因で，事業プロセスも事業成果も行き詰まりを迎えることになったのである。端的にいってしまえば，F氏と筆者との間に存在していた信頼関係，互酬性の規範，ネットワークが，筆者が衣食住の場所を移すことで希薄化していったということである[10]。今となって回想してみれば，物理的な距離が生じたことに伴い，従来存在していた「ソーシャル・キャピタル」は次第に失われ，互いが目先の利益を回収しようとする行動に少しずつ変わっていってしまったものと思われる。当事者意識と運命共同体意識，すなわち，「どれだけ自分のこととして考えられるか」がソーシャル・キャピタルの形成・再構築，機能の多寡を規定する，ということなのかもしれない。

　以上みてきたように，ソーシャル・キャピタルの視点から文系産学連携をとらえるならば，本章の出発点に掲げた仮説「共創による関係性構築のための人材教育・地域学習における橋渡し役となるのが文系産学連携なのではないか」は支持されるものと考える。

　衰退する地域の再生には，ソーシャル・キャピタルが機能するための基層となるコミュニティそのものの修復が求められている。その修復には，自然と地域，とりわけそれを取り巻く人と人の関係性が必要であり，その関係性は「共創」がもたらす人材教育ひいては地域学習が生み出すものである。

謝辞

　本章のケースは，以下の方々に対するヒアリング調査ならびに連携事業にかかる参与観察にもとづくものである。ここに深く感謝の意を表します。またこれ以外に

おいても調査協力に関わって頂いたすべての方々および諸機関に対しここに感謝の意を表します。
- 敬和学園大学　連携事業（2009年1月から2010年3月まで）　ヒアリング調査（2012年12月20日，2013年9月3日，2013年12月9日）
- 越後亀紺屋藤岡染工場　藤岡利明専務取締役をはじめとする従業員の皆様
- 麒麟山酒造株式会社　齋藤俊太郎代表取締役社長をはじめとする従業員の皆様

（注）

(1) 詳細は第1章で解説したソーシャル・キャピタルの概念を参照されたい。
(2) 当時学内外で使用するために作成した説明資料による。その後の予算獲得を目的とした申請書類にも同様の記述がある。
(3) 手ぬぐいは，F社の主力商品の一つである。このことから，手ぬぐいのさらなる認知度の浸透を図る目的（市場浸透戦略）と手ぬぐいの新たな販路を開拓する目的（新市場開拓戦略）の2つを同時に戦略の中心に掲げた。
(4) ニイガタIDSデザインコンペティションとは，にいがた産業創造機構が主催するもので，「地域発ブランド」を構築し得る産業の育成を図ろうと生活市場へ向けた「新しい商品」と生活を支える「新しいシステム」の提案を対象に毎年開いているコンペティンションのこと。同年応募数は79点あった。
(5) 「通底奏音」とは，第1章脚注（13）によれば「バロック音楽において伴奏部を支え補いながら常に底流に流れている低音旋律のこととされているが，ここではその比喩的表現として，表面に現れずに心の底流にあって人びとに共鳴作用をもたらしているもの」としている。本章では，この解釈に基づき，目に見えない地域に共有されている「コミュニティ」「地域性」を結びつけている掟・規範・慣習のような比喩として表現している。
(6) 規範は，社会の成員が一定の状況において，「何をすべきで何をすべきでないか」の行為基準である。パットナムは，規範の中で互酬性を最も重視する。互酬性は相互扶助的な利益交換であり，双務的な贈与の場合には，「均衡のとれた互酬性」（誕生日プレゼントのような同じ価値品目の交換）と，一般化された互酬性（お歳暮といったすぐに見返りを求めない利他的な交換）の二つの態様がみられる。詳細は第1章参照のこと。
(7) パットナムによれば，強い紐帯よりも弱い紐帯の方が，個人的な利己を超えて信頼の範囲を拡げ，より広い協調活動を促進することを示している。
(8) このことが明らかになったのは，ネットを使って流通システムを直接販売に改善することで生産性を高めようと生産者の合意を得て進めていこうとしたとき

に，反対を受けた。その理由が，同社の利益に好影響を与えるものではないというものだった。
(9) デシによれば，内発的動機づけとは，外的には何も報酬がないのに，その人がある特定の活動それ自体から喜びを引き出し，その達成感を予測することを動機とすることをいう。藤本（2007）は，この内発的動機づけの成果の特徴を，過去の成果に直接的に連想した金銭的報酬によって報いるのではなく，将来のチャレンジングな仕事そのもので報いる方法によって，経験が蓄積され多能的な人間が育つ，と説明している。このことは，パットナムが説明する「互酬性の規範」と符合する。
(10) F氏との良好な関係は現在も続いている。あくまで効率性の問題として取り上げた。

【参考文献】

藤本隆宏（2007）「ものづくり経営学」光文社

吉田健太郎（2011）「大学と地域との連携による実践的起業家教育の可能性—社会起業家教育の実践事例—」『ふくい地域経済研究』第13号，研究論文，福井県立大学地域経済研究所，2011年8月

Deci, Edward L. (1975) *"Intrinsic Motivation"* Plenum Press, New York.

Putnam, R.D. (1993) *Making Democracy Work: Civic Traditions in Modern Italy*, Princeton University Press.（河田潤一訳『哲学する民主主義—伝統と改革の市民的構造』NTT出版，2001年）

Putnam, R.D. (2000) *Bowling Alone: The Collapse and Revival of American Community*, New York; Simon & Schuster.（柴内康文訳『孤独なボウリング—米国コミュニティの崩壊と再生』柏書房，2006年）

Lin, N. (2001) *Social Capital: A Theory of Social Structure and Action*, Cambridge University Press.（筒井敦也・石田光規・桜井政成・三輪　哲・土岐千賀子訳『ソーシャル・キャピタル：社会構造と行為の理論』ミネルヴァ書房，2008年）

（吉田　健太郎）

第13章 事例にみる文系産学連携の評価に関する現状と課題

I はじめに

　国をあげての産学連携活動が推し進められて約10年が経過し，産学連携の課題をより的確に把握し，必要な支援を行うためにも産学連携活動の評価や成果をどう測定するかといった問題がクローズアップされている。とりわけ，ここ数年，本格的な評価指標の作成に向け経済産業省や文部科学省も力をいれている[1]。これらは，政策として見た場合，効果的な予算配分やPDCAサイクルを効率的に回す上で必要であり，成果指標が産学連携活動をより継続的で効果的なものにすることが期待されている。しかしながら，第2章のアンケートおよび第6章でも明らかなように，「文系の」産学連携活動の取組みはさまざまであり，関わる主体の数や活動の規模，投下する予算の規模をみても多様である。地域連携センターなど，大学の産学連携組織を通して行われているものもあれば，研究室単位で教員の個人的関係で行われているものも多く存在する。また，大学の産学連携組織を通した案件であっても，予算規模は小さくほぼ手弁当で行われている産学連携が多い。このように多種多様な産学連携がある中で評価や成果といった課題の扱われ方もさまざまである。第6章で述べたステークホルダーに対するアカウンタビリティのための評価やマネジメントのための評価，そして産学連携プロジェクト自体の評価などがある。本章ではインタビュー[2]調査から得られたいくつかの事例から文系産学連携の評価について検討し，類型化することで評価の現状と課題を明らかにする。2節では国の推進する評価の現状，3節では，大学の産学連携組織の評価の現状を，4節では産学連携の教育に特化した評価，5節では産学連携プロジェクト自体の評価について検討する。

II マネジメント，アカウンタビリティのための評価　国における産学連携の評価

　すでに述べたように経済産業省や文部科学省においては国の競争力強化を目的とし，イノベーションを創出するために産学連携が重要であるとし，産学連携への予算手当や，国立大学をはじめとして産学連携活動を円滑に行うための組織の創設を推進している。平成22年度以降は産学連携の評価指標の策定へ向けてさまざまな事前調査を行い，平成25年度に「産学連携評価モデル・拠点モデル実証事業（モデル実証事業）」の公募を行い実験段階に入っている。では，これら経済産業省や文部科学省が試行錯誤している評価の目的および背景についてみてみたい。

　平成24年度の報告書[3]では，産学連携評価を目的として，「産学連携組織（大学知財本部，TLO）がイノベーションの促進に果たす役割やパフォーマンスを評価し，PDCAサイクルを回すことができる評価の枠組みを構築する」とある。したがって，ここでの評価は産学連携組織が評価が対象となろう。さらに，評価指標の作成にあたって，次の3つのねらいを定めるとしている。

① 個々の産学連携組織・大学等が，各機関の産学連携機能や特徴を把握して自らPDCAサイクルを回すとともに，対外的にPRすることができる評価指標の使い方・評価結果の見せ方を提示する。

② 国全体として産学連携のパフォーマンスや施策効果を諸外国との比較で把握し，国全体として産学連携機能の強化に向けた目標設定や方向性を提示することのできる評価指標や評価方法を構築する。

③ 国全体として産学連携機能の強化を図るため，産学連携組織・大学単位でPDCAサイクルを回し，評価結果に基づく資源配分を可能とする評価方法を検討し，来年度以降，本格実施できる評価の枠組みを構築する。

　ここに示されている評価の目的は，大学やTLOといった機関を通じて行われる産学連携への予算配分のため，また，大学やTLOがPDCAサイクルを回して経営改善を行うという，マネジメントのための評価であるといえる。政策

的に効率的かつ効果的な産学連携を行うためには重要であろう。ただし，これには，産学連携機能を作動させるメカニズムとして，大学の知的財産本部や承認TLOがその主体をなし，それぞれの活動目的のもと，インプットとして，活動資源（リソース）と組織体制（インフラ）を保有し，ステークホルダーとのやりとりという活動内容を実践して活動結果（アウトプット）を得るという一連の行為[4]が可能であるということが前提となっている。また，予算配分という表現からも明らかなように，公的資金等を投じることによる国民に対するアカウンタビリティを意識したものである

　しかしながら，現実的には文系産学連携に多く見られるような大学の産学連携機関を通していても手弁当で小規模で行われている産学連携や，研究室単位で行われている教育重視の産学連携が対象ではなく，理系ベースの大規模または予算規模が大きい産学連携のための評価を目的としていると言えるだろう。

III 産学連携組織における評価

1 広島大学の産学連携組織とプロジェクト採用（計画段階）のための評価

　広島大学は文系，理系合わせて11学部[5]からなる国立の総合大学である。広島大学の産学連携は，産学・地域連携センターが窓口となり実施されている。このセンターは国際産学連携部門，新産業創出・教育部門，知的財産企画部門，地域連携部門，広島分室の5部門から構成されている。学部構成からも理系の産学連携が多数を占めるが，新産業創出・教育部門ではベンチャービジネス創出を支援するため，ベンチャー企業論，技術戦略論，知的財産および財務会計論，技術移転論，技術経営概論といったMOT教育を行っている。また，社会人対象に起業家養成講座・公開講座（イノベーティブ企業家）を実施している。これらは理系の技術をもとに起業する上で必要となるマネジメントの能力を養成する文理融合の産学連携である。

　文系産学連携を多く扱っている地域連携推進事業[6]についてみてみる。こ

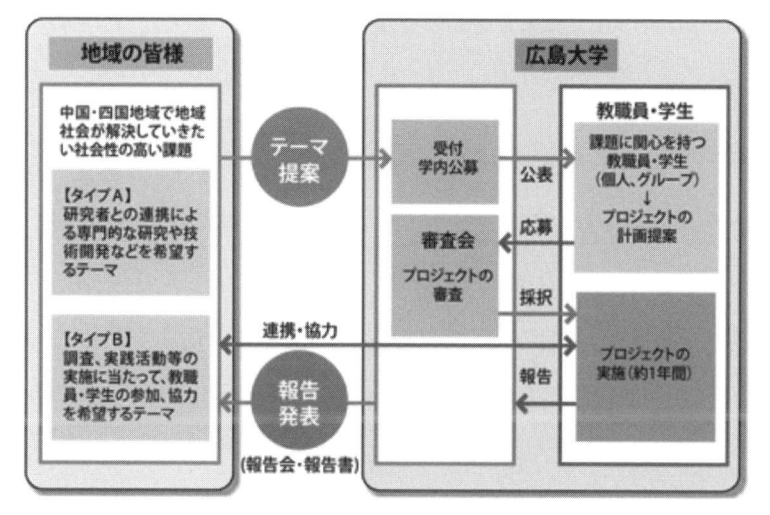

第13章 事例にみる文系産学連携の評価に関する現状と課題　225

図表13-1 「地域連携推進事業」の流れ

[図：地域連携推進事業のフロー図。地域の皆様（中国・四国地域で地域社会が解決していきたい社会性の高い課題、【タイプA】研究者との連携による専門的な研究や技術開発などを希望するテーマ、【タイプB】調査、実践活動等の実施に当たって、教職員・学生の参加、協力を希望するテーマ）から、テーマ提案→広島大学（受付・学内公募）→公表→教職員・学生（課題に関心を持つ教職員・学生（個人、グループ）→プロジェクトの計画提案）→応募→審査会（プロジェクトの審査）→採択→プロジェクトの実施（約1年間）→報告→報告発表（報告会・報告書）、連携・協力の流れ。]

（出所）広島大学HPより抜粋（http://www.hiroshima-u.ac.jp/ccc/intro/tie/index.html#A）

れは，広島大学の学術的な蓄積や教職員・学生の力を活用し，さまざまな分野で地域づくりに取り組んでいる人たちを応援するというコンセプトのもと，地域からテーマを提案してもらい，広島大学の人材と資金を活用して，提案者と連携・協同しながらプロジェクトに取り組むものである。企業や公的資金からの外部資金の獲得を前提とする産学連携とは異なり，広島大学の資金を地域の人たちが活用するところに特徴がある。プロジェクトのタイプには研究協力型のタイプAと地域共同型のタイプBの2種類がある。タイプAは学術研究や研究開発を目的として提案者と研究者の共同研究であり，200万円以内の予算で広島大学所属のプロジェクト担当者に配分される。タイプBは課題を解決するための教員・職員・学生の参加や支援を目的として提案者との協働により実施する調査，社会実験，ワークショップなどであり，50万円以内の予算で広島大学のプロジェクト担当者に配分される。手続きとしてはまず地域の企業などからテーマを募集し，それを集計して学内で公募をかける。この公募に対し，教職員や学生が計画書を提出するという形で応募する。審査会ではこのプロ

ジェクトの目的である，地域のニーズに応える連携という視点で評価をして決定する。ここで重要となるのが産学連携プロジェクト計画の評価である。これらのプロジェクトの評価については，次のように点数化している。

【タイプA】

項目	点数
制度の趣旨への適合性	20点
提案課題への適合性	15点
計画内容の妥当性	45点
実施効果	20点

【タイプB】

項目	点数
制度の趣旨への適合性	20点
提案課題への適合性	20点
計画内容の妥当性	40点
実施効果	20点

　タイプAとタイプBでは「提案課題への適合性」と「計画内容の妥当性」の比率が異なる。計画内容の妥当性の中には資金計画は適切であるかという項目があり，タイプAの場合，予算の上限が200万円とタイプBより高額になっているからだと考えられる。また平成23年度と24年度の実績では，タイプAにて採用された研究は全て理系の産学連携であり，タイプBの大半が文系である。文系の場合，経費の額は少額であるが，提案課題が地域のニーズにあっているかといった点がタイプAに比べて重視されている。プロジェクトの採否における事前評価は当該プロジェクトに投入される経営資源が適切であるか，事業の進め方そのものが合理的であるかなど，プロジェクトを回すPDCAサイクルの計画段階での評価という意味で重要である。事後の評価については，最終的な成果物として求められているのは報告書になる。課題としては，計画段階の指標化された評価と比べると，プロセスや結果に対する評価が求められないことである[7]。

2 同志社大学の文系産学連携組織の事例

　京都は全国でも産学連携が非常に盛んな地域である。そのなかでも率先して産学連携を行っている大学のひとつが同志社大学である。同志社大学は文系11学部，理系3学部[8]からなる総合大学である。同志社大学では文系および文理融合の産学連携に組織的に力をいれている。理系中心の学内の産学連携体制から文系および文理融合系産学連携に関するニーズの発掘や知的財産管理への取組みなどを通じ，産業界，官界，市民から期待される大学としての社会的責任を果たすべく，総合的な産学連携体制整備を行い，2002年リエゾンオフィス，2003年には知的財産センターを発足させた。2006年度より，人文社会系産学連携をさらに強化し，2008年度に文部科学省「産学官連携戦略展開事業（戦略展開プログラム）」に採択，2010年度に文部科学省「大学等産学官連携自立化促進プログラム（機能強化支援型）」に採択された。これに伴い，2008年に産学連携活動に実績を有する文系の産学連携コーディネーター2名を配置し，大学間連携を図り，文系のベンチャー企業の支援など積極的に文系産学連携の推進体制を強化してきた。

　さらに，同志社大学では同志社大学の強みである「卒業生のネットワーク」をいかした文系産学連携に力をいれている。産学連携が活発な京都においては他大学との競争が激しいため，卒業生の協力が得られることは重要である。2004年11月に「NPO法人同志社大学産官学連携支援ネットワーク」を設立した。会員に弁護士や公認会計士，司法書士，ベンチャーキャピタル，起業家などベンチャー支援のプロが多く存在する。ここでは，けいはんな地区での新産業創出プログラムへの協力や起業の相談に応じる体制を整えている。2005年11月には「同志社校友会大阪支部産学官部会（LCC）」を，2007年3月には「東大阪リエゾン倶楽部（HLC）」設立。どちらもOBを中心とした組織で，産学連携支援などの活動をボランティアで行う。京都にはOBを多く輩出し，歴史があり規模の大きい大学が多い中で，OBのネットワークを構築してうまく産学連携につなげられていることはひとつの産学連携組織としての成果である。

図表13-2のように人文社会系産学連携を研究系産学連携，教育系産学連携，事業系産学連携，社会貢献系産学連携の4つに類型化していることは注目すべき点である。

図表13-2　同志社大学の人文社会系産学官連携の4類型

	主な目的と特徴	取組事例
研究系産官学連携	教員の研究分野を発展させることが目的	マーケティング調査 理論の実地検証 大学のIT・技能を活用した多様な取組み
教育系産官学連携	学生の教育効果や人間形成が目的	インターンシップ フィールドワークを兼ねた地域調査 プロジェクト型教育プログラム
事業系産官学連携	大学の資源をビジネスに応用し，企業の収益性を高めることが目的	ビジネスプランコンテスト 商品開発 企業等の研修プログラム
社会貢献系産学連携	USRの一環として商店街の活性化や地域振興等を目的とした連携	社会起業家要請塾 市街地活性化若人チャレンジ事業

（出所）同志社大学人文社会系産学連携推進リーフレットより筆者作成

リエゾンオフィスでは，教員のシーズと地域や産業のニーズとの橋渡し役，また教員の研究支援，大学の社会貢献をサポートする業務を行っている。同志社大学のリエゾンオフィスへのインタビューから評価に関連して次のことが明らかになった。

- 文系産学連携の評価に関しては必要と認識しながらも，現状では指標などは作成していない。
- 現状では，文系の教員は産学連携において評価指標を作成しなくても，教員自身が研究やプロジェクトに納得している。
- 成果は何かを考えた場合，大学自体の知名度，すなわち広報である。
- 文系産学連携の場合，連携を始める前には出口が見えないものが多い傾向にあり，定量的な評価に向かない。

このように，同志社大学の文系産学連携における評価については，必要であ

るというものの急務とは認識されていない。理由はいくつか考えられるが、取組事例が社会貢献系や教育系、研究系のものが多く、事業系においても社会貢献の要素が強いものであるからだと考えられる。そこにはコーディネーターが、常に教員とのコミュニケーションをとることを心がけ、教員のシーズを研究業績や資料だけでなく、教員との会話を通して人間性や性格を含めて把握しているため、外部のニーズとマッチングさせる上で、満足という成果がでるようなコーディネイトができているからであろう。

Ⅳ 教育を中心とした産学連携と評価
（広島経済大学の興動館プロジェクト）

広島経済大学は経済学部に5学科[9]を持つ文系の大学である。広島経済大学では「ゼロから立ち上げる」興動人の育成を教育目的に掲げ、教育プログラムとしての産学連携活動に力を入れている。興動人とは、既成概念にとらわれない斬新な発想と旺盛なチャレンジ精神、そして仲間と協同して何かを成し遂げることのできる力を備えた人材であると定義されている。これらの教育目的を達成するために、人間開発プログラム、基礎知識開発プログラム、プレゼンテーション能力開発プログラムの3つの柱を立てている。興動館では、このうち人間開発プログラムに関して産学連携を中心としたさまざまなプロジェクトを「起動館プロジェクト」と称し、複数人のグループで産学連携プロジェクトを実践することで人間力を育成している。興動館プロジェクトには大学が主催するプロジェクトと学生からの申請によるプロジェクトがある。前者は継続的な産学連携であり、「インドネシア国際貢献プロジェクト」、「子供達を守ろうプロジェクト」、「武田山まちづくプロジェクト」、「カフェ運営プロジェクト」がある。後者は、学生自身が自ら企画を立ち上げ、プロジェクトの規模や内容によって、最大1,000万円の予算を獲得することができるプロジェクトである。プロジェクトの企画には学生の活動をサポートするコーディネーターが配置され、企画書の作成や経費の計算など技術的な面で申請の段階からサポートする。プロジェクトはプレゼンテーションが行われ、最終的に決定される。

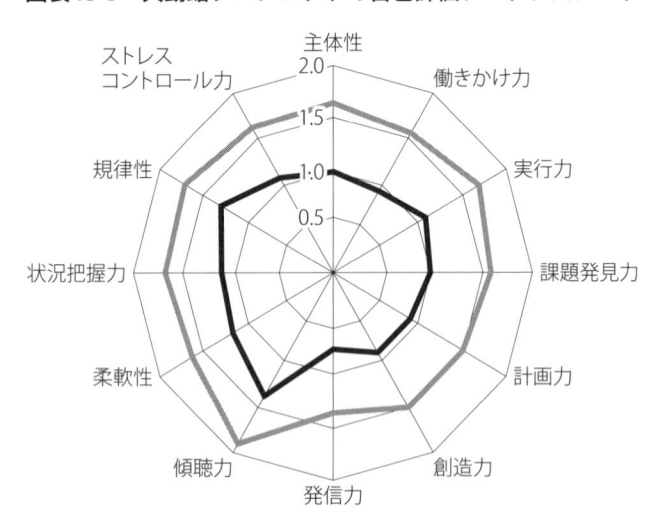

図表13-3　興動館プロジェクトの自己評価プログレスシート

（レーダーチャート：主体性、働きかけ力、実行力、課題発見力、計画力、創造力、発信力、傾聴力、柔軟性、状況把握力、規律性、ストレスコントロール力の12項目。当初の自己評価レベルと修了時の自己評価レベルを比較）

平成21年度興動館プロジェクトプログレスシートより。回答数：292名
（出所）広島経済大学興動館パンフレットより抜粋

　産学連携の評価として注目すべきは，目的である人間力を伸ばす教育の効果を測定する指標を導入し，学生の成長を可視化している点である。図表13-3のように「プログレスシート」という評価シートによって，学生とコーディネーターが一緒に自己の成長をチェックできる仕組みになっている。プロジェクトの事前，中間，事後にそれぞれ自己評価を行い，変化をグラフによって可視化する。指標の項目も，経済産業省が定義する「社会人基礎力」[10]の12の能力要素を採用している。主体性，働きかけ力，実行力，課題発見力，計画力，想像力，発信力，傾聴力，柔軟性，状況把握力，規律性，ストレスコントロール力である。最終的に産学連携プロジェクトを通して，学生が就職を目指す上で必要な社会人基礎力が備わるように構成されている。興動館プロジェクトによる産学連携プロジェクトの評価は，このように学生の教育という観点から指標化され成長が見えるように行われている点が特徴といえる。

V 文系産学連携個別プロジェクトの評価の現状

1 国際グリーンツーリズム（青森中央学院大学の産学連携）

　青森中央学院大学では留学生教育と地域の活性化を目的とした産学連携を実施している。本プロジェクトに関しては第8章で詳しく記述されているので，概要と評価の特徴について述べる。地域活性化の一環としてアジアを中心とした海外からの修学旅行生や観光客が地域の農家に宿泊しながら，農業や漁業体験などを行うグリーンツーリズムを実施している。また同時に，観光や料理体験，温泉入浴体験，伝統文化を体験できるメニューなどさまざまなメニュー取り入れることで，地域のあらゆる資源を関わらせた活動となっている。ここでは，大学に在籍する留学生が語学サポーターとして農家と海外からの観光客をつなげる重要な役割を果たしている。留学生は活動を通して日本語能力を向上させ，地域の文化や風土といった日本文化についての理解を深めていく。同時に海外からの参加者を通して，観光客の増加など地域の活性化を図る。本事例では，大学，留学生，農家をはじめとして多くの主体が関わっているため，成果もあらゆるところに現れる。

　評価についてインタビューから次の点が分かった。

- このプロジェクトは行政からの補助金を活動資金としているので，継続して補助金を獲得するためには評価が必要である。補助金は，金銭的効果だけでなく，行政がバックアップしているというプロジェクトへの信用の確立というメリットがある。特に海外から見た場合，行政や大学といった公的な機関が関係することで信用度が高くなる。一方で，補助金に頼らない自主運営を確立させるための収益性が必要である。
- 留学生の教育という面では発表会と単位認定という形で評価している。
- このプロジェクトをPRして波及させるためにも，プロジェクトの効果を説得力のある数字で試算する必要がある。
- このプロジェクトからの波及効果や経済効果も明らかにしたい。

このように，グリーンツーリズムプロジェクトは地域活性化による地域の産業発展が目的であるため，海外からの観光客の増加，それに伴う地域への経済効果が期待されるため，補助金そのものだけでなく，行政が関与しているという「信頼」の意味での補助金獲得のため，評価指標が必要である。また，PRの観点からも評価を必要としている。

中川・岩船・内山（2012）では，グリーンツーリズムプロジェクトに関して定量的に把握して評価を試みている。ここでの指標は，どの国から何人，どの体験を行ったという実績値，国別の誘致実績値，そして，地域経済への効果についても測定している。たとえば，アジアからの観光客の消費の経済波及効果を青森県の産業連関表から2,717万円と推計している。さらには，経済波及効果分析を行い，アジアからの観光客による生産誘発額，粗付加価値誘発額，雇用者所得誘発額などを測定している。これらを測定することにより，グリーンツーリズムをはじめとするプロジェクトへの協力企業や団体が増える可能性があり，文系産学連携をきっかけとして地域にある資源を結び付けていくことも可能となるだろう。

2　ご当地絵本プロジェクト（島根県立大学久保田ゼミの産学連携）

ご当地絵本プロジェクトの詳細については，第11章で主体である久保田氏が書かれているので，ここでは概要を述べた上で主体である久保田氏，学生の玉木氏および連携相手の石州和紙の関係者へのインタビューに基づいて成果について検討する。

本プロジェクトは島根県立大学の地域活性化と学生の企業家育成教育を目的としたビジネスコンテストにおいて，最優秀賞を獲得した玉木さくら氏の「はまだ・絵本～ご当地絵本活性化事業」からスタートした。地元の石州和紙の職人の想いをストーリーにし，表紙に石州和紙を使用した絵本を完成させ，子供達に読み聞かせるというプロジェクトである。

このプロジェクトの関係者へのインタビューから分かった成果および評価に関する課題は次の通りである。

本プロジェクトにおいて，特に評価指標は設定されていないが，プロジェクトの成果物としてご当地絵本が完成している。久保田氏や石州和紙の関係者からみて，学生の成長が見て取れたという。石州和紙の職人さんからみた成果は，「このプロジェクトを通じて和紙の売上が伸びたわけではないが，学生の熱い想いを知ることができたことは励みになった」ことである。また，学生と職人さんをはじめとした地域の人々や経済団体，役所の交流が生まれたことも大きい。担当教員である久保田氏は地域の人から優秀な学生を教育した教員として認められたことに満足感を得たという。玉木氏は，プロジェクトを通じて自分が成長したことと，ゆるりの会の後継者が育成できたことも成果であるという。このように，11章でも述べられているが，これらのインタビュー結果からも定量的な評価はないが，このプロジェクトを通して，ネットワークの構築や信頼性の構築など，ソーシャル・キャピタルの構築が認められた。

一方，評価の課題として玉木氏は「成果物であるご当地絵本が図書館でどれくらい貸し出しされたのか，どのように活用されているのか，販売されるならどれくらい売れたのかといった，その後の評価が知りたい」という。すなわち，文系産学連携プロジェクトの波及効果を測定する必要がある。

3 オリジナル宇治茶「雫」プロジェクト（龍谷大学伊達ゼミの産学連携）

龍谷大学伊達ゼミナールでは2007年より人口減少と高齢化などの問題を抱える京都府南山城村の地域活性化プロジェクトとして，NPO法人「南山城村茶ECOプロジェクト」と連携し，南山城村産100％の龍谷大学オリジナル宇治茶「雫」の開発を行った。詳細は第8章にて記述されているので，概要を簡単にまとめて，評価についてのインタビュー結果を考察する。2008年の「やましろ農産物直売in竜馬通り商店街」に続き，南山城村が産地の宇治煎茶を使ったオリジナル商品の制作を行った。南山城村のお茶業界の活性化も重要な目的であるため，学生がお茶の栽培から，製茶，商品開発，パッケージデザイン，そして販売まですべてに関わって行った。売れ行きも販売2ヵ月で目標達成し，2011年には東京でのイベントに出展するなど，順調にプロジェクトが

継続されている。また，小川コーヒーとのプロジェクトなど新たなプロジェクトへと波及している。

　この農商学連携プロジェクトの評価について，伊達先生に伺った。要点は次の通りである。

- このプロジェクトにおける成果は学生の成長である。学生の成長を測る指標は設定していない。卒業式などに後輩にしっかりとプロジェクトのことなどを話している時によかったと感じる。
- 学生達が知事と会談する場ができるなど大学の広報としての成果があった。
- 「雫」の売上高は把握できる。現在も継続して売られているということが成果である。売上の額というより，継続できていることが成果。
- 地域のお茶農家にとっての成果は，学生がよく訪ねてくれる，お茶に興味を持ったなと感じることではないか。
- 南山城村のお茶の知名度が徐々に広まっていると感じることも成果。
- 教員としては売上というより，次にまた自分が楽しいと思う新たなプロジェクトができるようにつながればそれでよい。

　伊達ゼミナールにおけるプロジェクトにおいては，評価に関して定量的に把握はしていないが，最大の成果は学生の成長である。また，南山城村の活性化，そしてプロジェクトが継続している（＝売れている）ということが成果である。売上高という金銭的な面ではなく，継続していることは，売れているということであり，そこに農家との信頼関係や地域の意識の変化がある表れであり，そこのことが成果である。すなわち，第8章でもふれられているが，産学連携を通してソーシャル・キャピタルが形成されていることが，重要な成果である。

4　「まちカフェ〜Link」地域連携プロジェクト
　　（敬和学園大学吉田ゼミの産学連携）

　2008年度に敬和学園大学の吉田健太郎ゼミナールで行われた産学連携プロジェクト「まちカフェ〜Link」地域連携プロジェクトの事例から，評価につ

第13章 事例にみる文系産学連携の評価に関する現状と課題　*235*

いて検討する。

　吉田ゼミナールでは，新潟県の助成金を受けて新潟県新発田市の中心市街地の活性化事業を行った。吉田ゼミナールは吉田氏の当時の講義科目である「現代企業論」「地場産業論」「マーケティング論」を基礎としたゼミナールである。これらの知識をベースとして，衰退する商店街の活性化を目的に学生自らが課題を現場で発見することからスタートした。その結果，商店街の空き店舗を利用したまちカフェの運営を行った。吉田（2011）によると，このプロジェクトの目的はただ単に，商店街を活性化させるということだけでなく，学生たちがカフェ経営を行うことを通じて，地域コミュニティの再形成と地域経済活性化の起爆剤となることを目的とした。さらには，学生教育という視点から社会起業家としての起業家精神を肌感覚で学ぶことも重要な目的としている。

　このプロジェクトの特徴として，プロジェクトは予算が獲得できた年度に社会性という観点から単年度のみで行うのではなく，継続してサービスを提供してくための事業性を同時に両立させることにあるとする。継続することで，より多くのネットワークが形成され，地域への新たな波及効果が生まれ，地域住民自体が主体的に地域を活性化させるという意識へと変化してく。ここでは，学生の教育，ネットワークの形成，地域への波及効果を重視している。

　上述の目的に対し，その成果については次の通りである。まず，商店街活性化のための空き店舗を利用したカフェ経営の成果は，2008年10月15日から2009年12月31日までの1年2カ月の間に751名の来客と329,490円の売上を達成した。

　当初の目的である教育成果に関しては，5つの成果をあげている。(1) これまで足を運ばなくなってしまっていた地域住民がカフェを利用するために商店街を訪れるようになったこと，(2) 各種メディアを通じて商店街の新しい価値観を世論に訴えかけたこと，(3) 地域内に新たなネットワークが形成され，そこから勉強会や座談会等が誕生したこと，(4) 学生達がそれぞれの得意分野を活かして，自ら事業創造を行おうとする積極性が見られるようになったこと，(5) 学生達の生き方と職業意識に変化がもたらされたことの5つである。

さらに，吉田は本事例の最大の成果を自らが築き上げてきたネットワークから学生達が卒業した後にも「まちカフェ」の事業を引き継ぐ後継者が見つかったこととしている。すなわち，大学教員や学生という主体にとってみれば，本プロジェクトから得られる成果はカフェの売り上げや利益ではなく，このプロジェクトへ関わるプロセスから得られるネットワークや信頼関係，自身の成長，そしてその結果としての地域の意識の変化，さらにその結果としてのカフェの継続なのである。これらプロセスと結果の一連の流れが結び付いたところに成果があり評価されるべきである。
　一方で評価に関する課題として，助成金獲得との関係をあげている。この産学連携プロジェクトは，社会起業家育成という観点からも事業として軌道に乗るまでの複数年，スタートアップ支援として助成制度が必要となる。そのため，当該プロジェクトが適正な経営とソーシャル・イノベーションのエンジンとして機能しているかの評価体制が必要だという。すわなち，事後評価とフィードバックを通して社会起業家として自立するまでの支援が必要である。
　このように，本プロジェクトにおいて，カフェ経営の売上額は定量的に把握されているが，最大の成果はネットワークや信頼関係といったソーシャル・キャピタルの形成，教育効果にある。

VI おわりに

　文系産学連携の評価に関して事例を通して検討してきた。文系産学連携は大学機関を通して，組織的に行われるものから研究室単位で行われるものなど多様であるため，評価する対象，目的もさまざまである。したがって，インタビュー調査から明らかになったように，大学や産学連携機関といった組織の評価，学生教育の評価，プロジェクト自体の評価といったように，評価の在り方，捉え方もさまざまであった。
　文部科学省や経済産業省の試行している評価は資源を効率的に活用してイノベーションを創出するというマネジメントのための評価，国民をはじめとした

ステークホルダーへのアカウンタビリティを目的とした評価の傾向が強くなっている。一方，広島大学の産学連携センターの事例でみられたように，産学連携を組織的に運営するにあたり，プロジェクトを採否の段階，すなわち，PDCAサイクルの計画の部分での評価に試行錯誤している例も見受けられる。

次に具体的なプロジェクトとして見た場合，文系産学連携には短期的に企業の業績改善につながる製品の開発や生産を目的としたような産学連携は少ない。多くの文系産学連携が，明確な目的や緻密な計画ありきというよりは，地域をなんとかしたいといった漠然としたイメージでスタートし，産学連携プロセスの中で試行錯誤していくケースが多い。青森中央学院大学のグリーンツーリズムの事例にみられるように，連携相手により，経済的な評価指標が比較的重要なケースもあるが，多くの事例を通して，成果として共通するのが，学生への教育効果，地域の人たちとのネットワーク，信頼関係の構築，連携を通じて地域と学生や地域とこれまでつながりがなかったものへの橋渡しができたという点に集約される。すなわち，第1章で説明されるソーシャル・キャピタルの形成である。ソーシャル・キャピタルが形成されたかどうかを測定している事例はみられなかったが，吉田ゼミナールのカフェの事例や伊達ゼミナールのように主体が変わってもプロジェクトが継続されたり，新たなプロジェクトが生まれている現状，広島大学で採用されたプロジェクトの中で継続案件が見られることもソーシャル・キャピタルが形成されていることを示している結果だと言える。

今後の課題としては，文系大学の産学連携の特徴であるソーシャル・キャピタルの形成によって継続的な地域活性化や他の地域へと波及させるために，プロジェクトの継続や他の地域へ波及することを目的として，定量的にもしくは定性的に表現できる部分については可視化していくことも必要であろう。しかしながら，本来，評価システムは大学の理念とリンクしたものであり，また国の推進するイノベーションの創造につながることが理想であるが，文系大学で行われている産学連機は多種多様であるため，評価が目的化してしまったり，評価の使い方を誤るとソーシャル・キャピタルの形成という文系大学が持つ繊

細な役割を見失う可能性があることに注意すべきである。

謝辞

　本章で取り上げた事例は，以下の大学の関係者に対するヒアリング調査に基づくものである。インタビューを受けていただいた方に対し，ここに感謝の意を表します。

- 広島大学（2012年2月28日インタビュー）
- 広島経済大学（2012年2月29日インタビュー）
- 龍谷大学（2012年9月13日インタビュー）
- 島根県立大学（2013年3月5日インタビュー）
- 同志社大学（2013年7月5日インタビュー）
- 青森中央学院大学（2013年7月31日インタビュー）

（注）

(1) 経済産業省では平成25年度に「産学連携評価モデル・拠点モデル実証事業（モデル構築事業）」を公募して評価指標のモデルの実証実験を行っている。

(2) インタビューには広島大学，広島経済大学，青森公立大学，青森中央学院大学，島根県立大学，信州大学，公立はこだて未来大学，同志社大学，立命館大学，京都産業大学，京都外国語大学，北海学園大学，札幌学院大学の担当者や産学連携実施者からお話を伺った。ただし，個別のケースを本論文では全て扱うことができないが，これらのインタビュー結果を踏まえて記述する。

(3) 平成24年度産業技術調査事業　産学連携機能の総合的評価に関する調査報告書　株式会社三菱総合研究所

(4) 平成23年度産業技術調査事業　産学連携機能評価に関する調査　調査報告書（平成24年2月）　株式会社日本総合研究所

(5) 総合科学学部，文学部，教育学部，法学部，経済学部，理学部，医学部，歯学部，薬学部，工学部，生物生産学部から構成されている。

(6) 地域推進事業の前身である「広島大学地域貢献研究」は平成14年から平成21年まで実施され，地域社会から提案された課題は300件を超え，92件が採用された。これらの実績を踏まえて制度をリニューアルし，「広島大学地域推進事業」がスタートした。

(7) 地域貢献研究事業としての評価はプロジェクト担当者や課題提案者へのインタビューやアンケートによって行われている。

(8) 神学部，文学部，社会学部，法学部，経済学部，商学部，政策学部，グローバル地域文化学部，文化情報学部，理工学部，生命医科学部，スポーツ健康科学部，心理学部，グローバルコミュニケーション学部から構成されている。
(9) 経済学科，経営学科，国際地域経済学科，ビジネス情報学科，メディアビジネス学科，スポーツ経営学科から構成されている。
(10)「社会人基礎力」とは，2006年から経済産業省が提唱しているもので，「職場や地域社会で多様な人々と仕事をしていくために必要な基礎的な力」として「前に踏み出す力」，「考え抜く力」，「チームで働く力」の3つの能力（12の能力要素）から構成されている。

【参考文献】

加藤吉則・松村洋平・吉田健太郎・藤井博義・浦野寛子（2013）「地域振興における産学連携の可能性に関する理論的背景と今後の研究課題」『産業経営研究所年報』第30号，pp.1-13，立正大学産業経営研究所

中川一徹・岩船　彰・内山　清（2012）「青森県における国際グリーン・ツーリズムの推進」青森中央学院大学地域マネジメント研究所『グローカル・マネジメント　地域力再発見のために』研究年報第8号

日本総合研究所（2012）『平成23年度産業技術調査事業　産学連携機能評価に関する調査　調査報告書（平成24年2月）』

三菱総合研究所（2013）『成24年度産業技術調査事業　産学連携機能の総合的評価に関する調査報告書』

吉田健太郎（2011）「大学と地域との連携による実践的起業家教育の可能性―社会起業家教育の実践事例―」『ふくい地域経済研究』第13号，福井県立大学地域経済研究所，2011年8月

（藤井　博義）

第14章 産学連携による教育研究と政策課題
―信州大学イノベーション研究・支援センターの実践からの示唆―

I はじめに

　わが国の産学連携政策は，産業政策と科学技術政策の二つの政策が重なり合う領域で，形作られて来たといえよう。大学の知識や人材を企業が活用するという古典的な連携論は今日では大きく様変わりしている。地域のイノベーションに着目する議論の中で，大学は企業と連携しつつ，新たな価値を創造する主体として位置づけられるようになっている。本章では，こうした産学連携政策のパラダイム変化を姜・原山（2005）をふまえ，「リサーチパーク・パラダイム」から「ラーニング・リージョン・パラダイム」への変化として捉え，新たなパラダイムにおいて，ソーシャル・キャピタルの蓄積が大きな役割を担うことを明らかにする。

　さらに，こうした産学連携政策をめぐる環境変化をふまえつつ，産学連携，とりわけ文系産学連携と大学のあり方を探る手がかりの一つとして，筆者が関わって来た信州大学の文系産学連携の実践活動を紹介する。信州大学では，2005年に文系産学連携のための全学組織としてイノベーション研究・支援センターを設立した。本センターの運営は，社会人大学院である信州大学経営大学院との連携・協力により行われている。本章では，これらの活動を通じて地域のネットワークや関係者の連携がどのように実現していったのか，具体例に即して検証を試みる。最後に，信州大学の実践活動の事例をふまえ，文系大学の産学連携に関する政策課題を明らかにしていくこととしたい。

Ⅱ 産学連携政策のパラダイム変化

1 学習地域論と大学

　フロリダ（1995）は，知識経済における「地域」を知識創造と学習の場として捉え，学習地域learning regionの概念を提唱した。学習地域論においては，企業だけでなく，大学，研究機関，自治体，支援機関等，地域の非企業的な組織の連携による知識の主体的な創造のプロセスに着目する。とりわけ，大学は，教育・研究組織の広がりを通じて，知識変換のスパイラル過程を創出し，地域におけるlearning economyのコアを形成する可能性を有しているとされる。すなわち，知識（knowledge）と学習（learning）の間のダイナミズムと言う観点からみると，大学は研究機関などと異なり，研究・教育が共存する開放型の組織であり，研究者だけでなく，広範な学生や卒業生を介して，地域における知識創造の場として重層的な機能を担っていると考えられる[1]。

2 政策のパラダイム変化

　今日，地域に関する諸政策は，産業政策や科学技術政策を中心としてそのパラダイムに大きな変化が生じている。1990年代の前半までの地域に関する産業政策は，わが国経済の競争力強化と国土の均衡ある発展の観点から，基本的には全国レベルでの工業再配置，拠点開発を目指す「産業立地政策」として展開されて来た。これらの中には，高度工業集積地域開発促進法（1983年）によるテクノポリス構想のように，ハイテク産業の産学連携を通じて，サイエンス・パーク型の拠点を中心とした地域の活性化をめざすものもあったが，国による拠点地域への政策資源の重点配分という基本的性格は他の政策と同様であった。

　1990年代の後半になると，産業立地政策は，地方分権の進展の下で性格を大きく変えることとなる。1990年代後半には産業の空洞化への対応を図る観点から，既存産業集積や商店街を活性化するため，地域産業集積法，中心市街

地整備改善活性化法が制定されたほか，新事業創出促進法により，日本版SBIRや創業支援の仕組みの整備，都道府県単位の支援体制の整備が行われた。1999年には，従来の産業立地政策に代えて，「地域固有の産業資源を活用した地域の内発的・自立的発展に向けた地域経済の振興」を目指す「地域産業政策」が新たな政策として提言[2]されている。

こうした政策理念の変化に応じて，2001年度からは，経済産業省による「産業クラスター計画」が全国19か所でスタートした。産業クラスター計画は，各地域の経済産業局がコーディネーター役を果たす中で，地域の産学関係者が地域の実情に応じて主体的にプロジェクトを推進する仕組みを基本としている。また，同計画は，これまでのわが国の下請けや系列といったタテ社会的な企業間システムに代えて，地域企業間のヨコのネットワークの構築を政策目標として掲げた[3]。文部科学省においても，2002年度から全国15地域を対象とした「知的クラスター創成事業」がスタートし，地域の大学を中心とした産学連携プロジェクトへの支援が行われて来た。

以上のような政策の枠組みの変化を，科学技術振興の視点から『知識と学習のプロセスを通じて地域のイノベーションが生み出される関係をベースにした新たな政策体系』への移行段階とみて，「ラーニング・リージョン・パラダイム」[4]と位置づける見方がある。従来，地域の科学技術振興の主流は，「サイエンス・パーク」方式であったとされる。「サイエンス・パーク」とは，大学の持つ知識，人材のリソースを活用させるための方策であるが，シリコンバレー等でイノベーションにおけるネットワークの重要性が認識されるようになり，サイエンス・パークに代えて，学習地域論に基づく新たな政策手法が注目を集めるようになったのである[5]。その意味では，産業クラスターや地域イノベーション・システムもこうしたパラダイムの変化を反映するものであると言えよう。

3 産学連携におけるソーシャル・キャピタルへの注目

学習地域が形成され，地域による主体的な取組みが行われていくプロセスで

は，ガバナンスのあり方や企業のフラットな連携といった仕組みの面だけでなく，その基底をなすソーシャル・キャピタルの蓄積が重要となる。ソーシャル・キャピタルの蓄積が地域の競争優位を左右するとの見方は，近年，政策面でも次第に重視されるようになって来ている。

　経済産業省の21世紀ビジョンでは，「多参画社会」が基本概念に据えられ，従来の産業別対策に代えて，個別企業やNPO，個人など多様な経済主体の参画をベースにした政策手法が提示された。また「産業構造ビジョン2010」では，初めてソーシャル・キャピタルの蓄積が地域の産業政策の目標の一つとされている。産業構造ビジョンでは，現状においては，地域発展の基盤となる企業，大学，金融機関，産業支援機関など，多様な主体のネットワークが不十分であるとした上で，地域の多様な発展にとっての共通基盤として，産業クラスター政策を活用しつつ，ソーシャル・キャピタルの蓄積を促すネットワークやプラットホームを構築していくことの重要性が指摘されている[6]。

4　大学の役割をめぐって

　大学は，単に知識，人材の供給源として捉えるべきものではない。むしろ，大学が，地域社会において独自の価値を生むとすれば，それは，大学の有する知識や人材の蓄積が，フラットで自由度の高い大学人の発想と組み合わされた時であると言えよう。その意味では，大学は，知識，人材を提供するという受身の主体に止まらず，地域社会の改革において先導的役割を担う可能性を有している。さらに大学は，さまざまなレベルでの信頼のネットワークの構築を通じてソーシャル・キャピタルの蓄積に寄与しているとみられる。このような地域における大学の機能を捉え直し，産学連携におけるその役割を具体的に明らかにしていくことが重要であると考えられる。

Ⅲ　文系産学連携への挑戦
　〜信州大学イノベーション研究・支援センターの取組み

　信州大学では，文系産学連携の拠点として，2005年，全学の組織，イノベー

ション研究・支援センター(以下,本章では「センター」と略記する)を設立した。本センターは社会人大学院である経営大学院を母体としつつ,社会科学系の教員が中心となり,その活動を展開している[7]。信州大学の産学連携活動については,すでに吉田(2012)において詳述されているが,ここでは,センターの9年間の活動を振り返りつつ,国,自治体の政策課題を考える素材を提供することとしたい。

1 センターの特色

センターの特色は,三点に要約できる。第一は,センターの研究及び支援の主な対象が「地域」であるということである。センターは,地域イノベーション・システムの構築をめざすことをその基本目標としている。第二は,地域イノベーション・システム実現の担い手としてのイノベーターの育成とそのネットワークの構築である。第三は,こうした目的を実現するためのセンター組織のあり方として,『組織の融合化』[8]と『地域のネットワークの活用』を軸にした新たなモデルを提示したことである。

『組織の融合化』に関して,センターは,次の五つの融合化を試みている。

①UFO[9]長野ビル試作工場内にセンター,経営大学院を設置し,教員,社会人院生がものづくりの現場(ベンチャー企業等が入居するインキュベーション施設や試作工場)から発想できるように工夫したこと。

②センター内に,長野県や中小企業基盤整備機構(以下,本章では「中小機構」と略記する)の職員を相談員として配置し,行政と大学の壁を取り払ったこと。

③中小機構の支援の下,大学内外の起業家や新事業のためのワンストップ・サービスを関係者の支援ネットワークを活用しつつ行うこととし,中小企業政策との壁を取り払ったこと。

④経営大学院の教員にセンターの相談スタッフを兼任させ,研究・教育と実践の壁を取り払ったこと。

⑤経営大学院教員と工学部教員が一体となって関連プロジェクトを推進し,

第14章　産学連携による教育研究と政策課題　*245*

図表14-1　センターにおける「組織の融合化」のイメージ

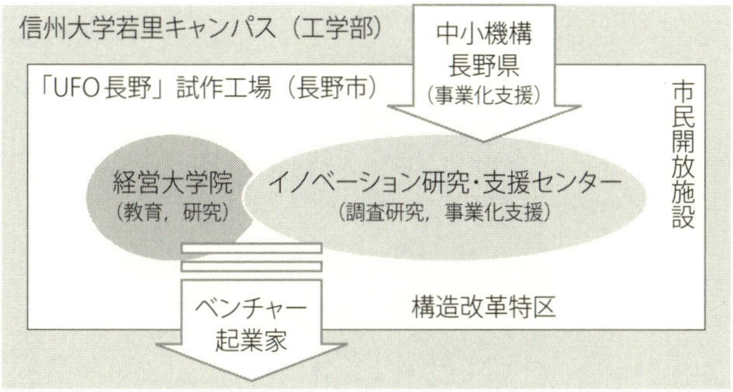

```
信州大学若里キャンパス（工学部）
    ┌─────────────────────────────────┐
    │  「UFO長野」試作工場（長野市）    中小機構      │ 市
    │                                  長野県      │ 民
    │                               （事業化支援）  │ 開
    │    ┌─────┐  ┌──────────────┐            │ 放
    │    │経営大学院│  │イノベーション研究・支援センター│            │ 施
    │    │(教育，研究)│  │(調査研究，事業化支援)      │            │ 設
    │    └─────┘  └──────────────┘            │
    │       ↑                                    │
    │    ベンチャー          構造改革特区           │
    │    起業家                                    │
    └─────────────────────────────────┘
```

（出所）樋口（2006）p.54

　文理融合型の教育システムの構築をめざしていること。

　上記のような『組織の融合化』は，支援機関としての国（中小機構），自治体（長野県，長野市），大学教員（経営学，工学），起業家をめざす大学院生，ベンチャー企業等の関係者が文字通り「一つ屋根の下」に集うことを通じて，異なるドメインの間での「暗黙知」の共有を促進する可能性を有していると考えられる。

　『地域のネットワーク』に関しては，長野県内の68の中小企業支援機関のネットワークである「ながの産業支援ネット」（2005年〜）や，信州大学がまとめ役となり，県内の19の大学・短期大学・高等専門学校を結集し，組織的な産学連携をめざす「信州産学官連携機構」（2008年〜）等が存在する。中でも，「信州産学官連携機構」は，まちおこしや地域ブランドなど，文系産学連携の活動についても幅広い取組みを行っている。センターは，これらのネットワークにも積極的に参画・協力し，活動を展開している。

　さらに，既成のネットワークに加え，経営大学院卒業生のネットワークも重要な役割を果たしていると考えられる。経営大学院の創設以来，現時点までの卒業生は100名近くになっているが，その大まかな内訳は，筆者の推計では，経営幹部が約3割，会社員等が約4割，新卒学生が1割強，学校関係者，自治

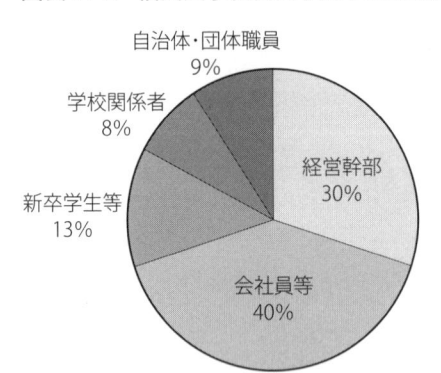

図表14-2 信州大学経営大学院学生の職業別構成

- 経営幹部 30%
- 会社員等 40%
- 新卒学生等 13%
- 学校関係者 8%
- 自治体・団体職員 9%

(備考) 1. 2005年度〜2013年10月1日までの卒業生について筆者推計。
2. 「新卒学生等」にはジョイントデグリーの博士課程在籍学生を含む。

体・団体職員がそれぞれ1割弱となっており，経営大学院が地域の産学官の幅広い関係者により構成されていることがわかる（ちなみに，女性の比率は2割弱，出身大学の文理の区分では4割が理系，6割が文系出身者である）。経営大学院・センターによる，卒業生への情報提供，卒業生と在校生の交流の場の提供等の活動は，就職事情等から卒業生とのつながりが希薄になりがちな一般の学部卒業生や大学院生に比べ，ソーシャル・キャピタルの蓄積に直接的に寄与しているものと評価できる。

実際，経営大学院卒業生を対象としたアンケート調査によれば，約4割の卒業生が，卒業後「教員・同級生・修了生との交流，ネットワーク」が役立ったとして高く評価している[10]。

2 センターの具体的活動の展開

センターは，地域イノベーション・システムの構築と，そのためのイノベーターの育成をその基本目標に掲げている。そうした観点から，センターでは，学生起業家の支援，大学の立場からの中小企業の経営支援が事業として重視されている。

(1) 起業支援

① 学生の起業意識

センターの事業の方向性を明確にするため，センターが立地する信州大学工学部キャンパスの大学院生[11]を対象とした起業に関する意識調査をこれまで2回行っている（2006年9月及び2013年10月）。本調査は悉皆調査であり，主な結果を要約すると以下のようなものである。

- 起業，社会起業家に関心のある学生がかなり存在する（2006年調査では全体の半数以上，2013年調査では4割弱）（図表14-3）。
- 起業のネックとしては，起業全般にわたる情報不足，マネジメント・スキル，資金提供者の確保を挙げる声が多い（図表14-4）。
- センターの事業としては，起業塾の開催，経営に関する起業相談，関係者への紹介・斡旋を求める声が多い。
- 学生起業家支援オフィスの利用については，学生の5割強が関心を持っている。

図表14-3 学生の起業，社会起業家への関心度

単位；％

	大いに関心あり	多少関心あり	全く関心なし	どちらとも言えない
起業	8.1（8.1）	30.1（44.9）	51.0（37.8）	10.8（9.7）
社会起業家	6.8（7.6）	30.1（42.7）	44.6（28.1）	17.9（19.5）

(備考) 2013年10月センター調査（回答数296人/送付数623人）
　　　（　）内は2006年9月センター調査（回答数188人/送付数630人）

② 学生起業家支援オフィスの運営状況

センターの学生起業家支援オフィスは，長野県の協力の下，2006年にスタートしている。オフィスでは経営大学院の教員が中心となって実践的な指導を行うほか，起業関連の実務についての専門家によるセミナー等が随時開催されている。オフィスの第1号入居者，㈱SPIエンジニアリングは，2009年には中小企業庁「元気なものづくり中小企業300社～キラリと光るモノ作り小規模企業」に選ばれた。その後も，オフィスを中心とした学生の起業への取組みは続いて

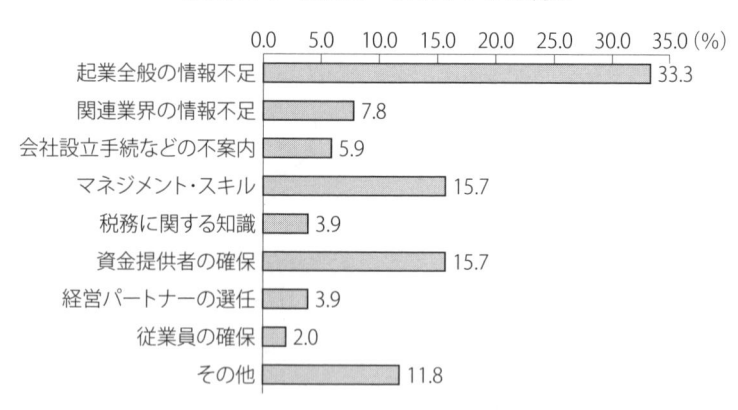

図表14-4　起業の一番のネックは何か

- 起業全般の情報不足：33.3
- 関連業界の情報不足：7.8
- 会社設立手続などの不案内：5.9
- マネジメント・スキル：15.7
- 税務に関する知識：3.9
- 資金提供者の確保：15.7
- 経営パートナーの選任：3.9
- 従業員の確保：2.0
- その他：11.8

(備考) 2013年10月センター調査

おり，現在は4社がオフィスに入居している（2013年10月1日現在）。2009年12月には，学生起業家支援オフィスを改組し，「次世代起業家サロン」とした。これは学生起業家と経営大学院卒業生や地域中小企業関係者の交流の場を設け，地域のネットワークの中で起業を具体化していくことが重要と考えたためである。また，2013年度からは，長野県の「ながの創業サポートオフィス」の分室を併設し，自治体サイドの支援メニューが直接学生に届くよう配慮している。

(2) 実践的な中小企業の経営支援

センターの主な事業は，大学の立場からの実践的な中小企業の経営支援であると位置づけることが出来る。茂木信太郎研究主幹・経営大学院教授（当時）はセンターの支援の考え方についてセンター7年誌[12]のインタビューで次のように語っている。『センター発足後最初の本格的な活動として，2005年に「地域ビジネスマネジメントスクール」を開講しました。地域交流と地域マネジメントをコンセプトにし，地域資源を活用しようと取り組む指導者層を対象にしたビジネススクールです。他社の事例を学ぶという一般的なビジネススクールとは異なり，自己の事業プランの展開を目的にしています。実際に課題

となっている事例やテーマを持ち寄って，ブラッシュアップを重ねました。県内全域から多くの人に来ていただき，各地の地域活性化に多少なりとも貢献できたように思います。地域おこしのためには人が大切で，人こそ地域資源だと考えます。』こうした考え方は，センターの事業全般に貫かれている。センターが取り組むのは地域の実践的な課題であり，文字通り，知識と学習のスパイラルの中で問題解決への道筋を見い出すことを目指している。

(3) 軽井沢中小企業サマースクールの開催

センターではこうした考え方を発展させて，軽井沢中小企業サマースクールを開講することとした。2006年〜2009年[13]まで，長野県，中小機構の協力を得て，全国の中小企業，経営大学院学生，卒業生，地域中小企業が軽井沢に集う中小企業サマースクールが実施された。サマースクールを通じての全国の中小企業関係者との交流の展開は，参加した学生だけでなく，大学や地域の関係者にとっても新たなネットワークを構築するきっかけとして大きな意味があったと考えている。

(4) ものづくり共創塾の活動

2008年度からスタートした長野市とセンターの共催事業である「モノづくり共創塾」は，長野市内の経営者等を対象とする経営実践講座である[14]。2009年3月には，卒業生14社が，自主的な異業種連携組織，「ながのビジネス共創プロジェクト（B-cip Nagano）[15]」を立ち上げている。

(5) 信州イノベーション大賞の創設と地域資源のシーズ発掘

信州イノベーション大賞は，センターが2006年にスタートさせた"勝手連的な"表彰制度である。地域中小企業の革新的な技術や経営だけでなく，観光・サービス，地域づくり，伝統芸能や若者の取組みなど，幅広い分野での地域のイノベーティブな取組みに，大学ならではの独自の視点で光を当てようというのがそもそもの発端であった。本制度により5年間に31の企業，団体等が表彰されている。大賞は一つ一つ，できるだけ個性的な賞のネーミングを工夫し，表彰理由を明らかにしている。また，本制度の表彰対象の多くは，地域資源を生かし，地域のネットワークに支えられた取組みとなっている。

図表14-5 信州イノベーション大賞一覧

	第1回（2006年）	第2回（2007年）	第3回（2008年）	第4回（2009年）	第5回（2010年）
	ものづくり賞	連携ものづくり賞	アントレプレナー賞	企業化チャレンジ賞	連携ものづくり賞
	(株)サンメディカル技術研究所	(株)ナディック	(株)マスターマインド	(株)インプロバイス	(株)サイベックコーポレーションサン工業(株)(株)IHIシバウラ長野県工業技術総合センター
	地域おこし賞	地域づくり賞	地産こだわり賞	ドリームデザイン賞	文化観光交流賞
	テクノネット駒ヶ根	飯田市川路公民館 天竜峡夏期大学	長野興農(株)	キューオーエル(株)	高遠ブックフェスティバル実行委員会
	フロンティア・スピリッツ賞	トップランナー賞	地域ブランド発信賞	伝統工芸現代化賞	コミュニティ魅力発信賞
	(有)エア・アンド・エア	(株)竹内製作所	諏訪圏工業メッセ	(株)木曽アルテック社	信州諏訪温泉泊覧会「スープ」実行委員会
	ユニーク・アイディア賞	信州イメージアップ賞	地域づくり賞	アートアライアンス賞	地域チャレンジ賞
	村山コーポレーション(有)	(株)サンクゼール	大鹿村観光協会	安曇野アートライン	信州大学工学部teamHACILA
	学生チャレンジ賞	コミュニティビジネス・チャレンジ賞	学生社会起業家賞	地域文化伝承賞	環境ビジネス賞
	信州大学ロボット研究会	Ondemand Remake	信州大学経営大学院 北様友裕氏	飯田市立上村中学校 霜月まつり神楽舞継承活動	おひさま進歩(株)
					地域ビジョンソリューション賞
					オーディオバイオグラフィー「羅針盤」
					商店街再生貢献賞
					わちがい(株)創舎
					ゴミ再生ユニーク賞
					河童の涙 (財)自然公園財団上高地支部

（備考）筆者作成

(6) 地域の環境人材育成への取組み～グリーンMOTプロジェクト[16]

　グリーンMOT（技術経営）プロジェクトは，大学の立場から地域中小企業のグリーン化をめざす事業である。具体的には，社会人大学院である経営大学院にグリーンMOT教育プログラムを開設し，総合工学系研究科（博士課程）の学生のジョイントデグリー制度，経営大学院学生の環境経営科目の履修を可能にする制度である。

　信州大学では，これまで「環境マインドをもつ人材の養成」のため，地域関係者とも連携しつつ，全学的な取組みを行ってきた。その発端となったのは，工学部での国公立大学初めてのISO14001の認証取得（2001年）などの取組みである。2004年度からは，信州大学の各学部で，「環境マインドをもつ人材の養成」への取組みが本格的に実施され，全5キャンパスにおいて，学生を中心にした手づくりのエコキャンパス（ISO14001の認証取得）を構築するなどの教育成果をあげて来ている。

　以上のような取組みを基礎として，2009年度より，地域のものづくり中小企業のグリーン化のための「グリーンMOT教育プログラム」が創設された。その事業内容は，以下の通りである。

　本プログラムを専攻しようとする大学院生は，経営大学院の基本科目を履修する他，グリーンMOT教育プログラムで開講される科目群（基礎科目群，環境系科目群，フィールドワーク等で構成）を履修する。プログラムでは，①環境配慮型の製品開発・設計，②製造プロセスの省エネ化，ゼロ・エミッション化，③部品，原料の選択，取引先のグリーン購入への対応，④リサイクルなど，事業活動の各段階に応じて，マネジメントと環境技術の両面から体系的な知識や思考方法の習得が可能となるよう配慮されている。

　本制度では，学生の教育に加えて，地域との協働が重視されている。毎年，信州サステイナビリティ・ウィークが実施され，地域の関係者や住民との交流が図られている。また，信州サステイナビリティ・フォーラムは長野県，長野市等の自治体，中小企業関係者，環境団体関係者などをメンバーとしており，環境経営に関する啓発普及や共同事業の推進に貢献している。環境経営につい

ては，全国の産学官関係者により，「環境人材育成コンソーシアム（Ecolead）」が結成され，アジアの環境人材育成，大学間の交流等が推進されているが，信州大学は，コンソーシアムの中核メンバーとしてネットワークの充実に取り組んでいる。

(7) 住民の環境意識調査と政策への反映

グリーンMOTプロジェクトの一環として，2009〜11年度，飯田市民の環境配慮意識・行動と環境施策，ソーシャル・キャピタルの関係についての住民調査を実施した[17]。また，2012〜13年度は，長野市においても同様の調査を行っている。環境政策の実施に際しては，住民の環境配慮意識・行動を把握しておくことが重要である。また，ソーシャル・キャピタルの蓄積が住民の環境配慮意識・行動や政策にどのように影響を与えるのかを解明することが必要である。これらの調査では，飯田市，長野市の行政だけでなく，飯田市と連携して太陽光パネルの普及を推進している「おひさま進歩エネルギー株式会社」など，産学官関係者の協力を得て，学術的な見地から住民の意識や行動に沿った自治体の適切な政策のあり方やビジネスの方向性を明らかにすることを目指している。

Ⅳ 文系産学連携推進に当たっての政策課題

以上のような，信州大学センター及び経営大学院の実践活動の事例をふまえつつ，文系産学連携を推進する上での政策課題を明らかにしてみたい。前述のように産業構造ビジョン2010では，多様な地域の発展にとっての共通基盤としてソーシャル・キャピタルの蓄積が重要であることを強調している。だが，地域の現場での取組みは，まだ十分とは言い難い。従来の政策手法を進化させ，ソーシャル・キャピタルを蓄積し，有効に機能させるための新たな政策の枠組みが求められている。

1　自発性，自律性を尊重する地域主導の仕組みづくり

(1) 地域主導のガバナンス・モデルの構築

　文系産学連携を効果的に行っていくためには，「国→自治体→商工団体→中小企業」といった上意下達型，ピラミット型の行政システムを思い切ってフラット化し，地域関係者と行政の「協働」をベースにした，地域主導のガバナンス・モデルを構築していく必要がある。行政主導ではなく，地域のアクター間の連携に行政も参加するという方向に，発想の転換が図られなければならない。こうした地域の自発性，自律性を尊重する仕組みづくりは，「国のタテ割り行政」の弊害を改善することにも繋がると考えられる。

(2) 大学の役割への期待

　地域が主体性を発揮し，行政との協働を実現していく上では，とりわけ，地域の開かれた拠点である大学の担うべき役割が大きいことは言うまでもない。しかしながら，企業と大学，行政と大学という異なるドメインの間での連携の具体像は必ずしも明らかになっていない。産学連携が，企業や行政による大学の安価な（あるいは安易な）利用のための手段に過ぎないとすれば，大学教員も自らの使命である研究や教育を犠牲にしてまで地域に奉仕する必要性を感じないのではなかろうか。

　2006年の教育基本法改正により大学の社会貢献が明文化され，地域における産学連携は，文系分野においても大学の基本的任務として広く意識されるようになった。しかしながら社会貢献と言う概念は大学の知識，ポテンシャルをできるだけ社会や地域に生かすべきという範囲での発想であり，地域のための大学のあり方といった根本的な問いの答えは曖昧なままであることに留意せねばならない。

2　持続的な産学連携への取組み

(1) 大学の組織的対応

　これまで，産学連携，とりわけ文系産学連携は，大学教員個人の責任におい

て実施されることが多かった。その結果，大学の産学連携は熱心な少数の教員に依存しがちであり，当該教員の関与がなくなれば，大学の産学連携自体も後退してしまうといった例も散見される。こうした状況を改善するには，大学ごとに文系産学連携を推進する組織を設立し，事業の継続性，組織的対応を担保すると共に，大学の責任の範囲を明確にし，教員個人に過度に依存しない体制を確立していくことが急務であると考える。

(2) 専門家の配置とビジネス原理の導入

文系産学連携の在り方を考える一つの素材として，センター設立の際，参考にしたミシガン大学の仕組み[18]を紹介しておこう。ミシガン大学のMBAでは，大学が本格的な商店街振興や地域づくりのプラン策定を行っていた。すなわち，プロジェクトを実現するために，MBAには教員以外に専任のスタッフ（専門家）が常駐し，夏休みなどの時期に学生や関係する教員を組織し，本格的なプラン作りに取り組んでいた。また，プランの策定は有償であり，学生やスタッフには十分な報酬が支払われるため，MBAの学生は，結果として学費負担を軽減できるメリットもあるとのことであった。

商店街振興や地域づくりといった文系産学連携においても，大学がしっかりと役割を果たしていくためには，専門家の配置とビジネス原理の活用（連携の有償化）は極めて重要な要素となると考えられる。地域の事情を把握し，大学のポテンシャルを生かした取組みを実現するためには，片手間の地域貢献では不十分である。地域の課題に対して本格的な取組みを積み重ね，関係者の息の長い協働をコーディネートしていくことが出来て，初めて問題解決に繋がると言えよう。

(3) 行政の継続性の担保

日本の行政システムは専門人材が育ちにくい仕組みである。最近では，いろいろ配慮がなされているが，行政の担当者は，原則として数年で交代する例が多い。こうした制度は，特定の者との癒着を防止し公平性を確保する観点，他部門の経験を生かす観点等から重要なしくみであることは疑いがないが，持続的に文系産学連携を推進する上では，インフォーマルなネットワークが形成さ

れにくいなどの制約も存在する。こうした問題を克服するには，民間の専門的人材の育成・活用に，行政が本腰を入れていく必要がある。また，行政の継続性を確保する観点からは，現状では，国，都道府県，市町村，経済団体等がそれぞれ策定しているビジョンや計画に，個別の産学連携プロジェクトをしっかりと位置づけ，関係者が問題意識を共有し，その実効性，協働を担保していくことも一案である。

3　地域と歩む社会起業家の育成

(1) 意識改革の必要性

　起業の重要性が叫ばれて久しい。とりわけ，地域の課題と取り組む社会起業家には大きな関心が集まっている。しかしながら，わが国は他の先進諸国と比べ，依然として開業率が極めて低い水準に止まっている。その背景には，起業や社会起業家に関する家族や社会の理解が他の先進諸国に比べ大きく立ち遅れている状況があると言われる[19]。前述の信州大学調査でも，学生の起業や社会起業家への関心はかなり高い。こうした意欲を実際の起業に繋げるには，大学だけでなく地域関係者の連携が不可欠である。学生起業家を地域の起業家へと育てることが地域の活力を高め，地域の課題を解決するテコとなるのではなかろうか。

(2) 新たな社会的企業制度の導入

　欧米諸国と比較すると，わが国においては，社会的ニーズ，地域の課題に応える企業のための法制度の整備が大きく立ち遅れている。英国のコミュニティ利益会社制度は2005年に会社法改正により導入された社会的企業制度[20]であり，これまでに1万社近い株式会社，有限責任会社等がコミュニティ利益会社として認定されている[21]。本制度では，レギュレーター（監査人）と呼ばれる独立機関が社会目的（地域貢献）の企業を個別に認定する。コミュニティ利益会社となった企業は，利益の使途制限がある他，毎年その活動を公表しなければならないなど，会社法上の義務を課されることとなる。他方，こうした会社には，優秀な人材や資金が集まるなどのメリットも見込まれる。わが国に

おいても，今後，地域社会のニーズを受けて，文系産学連携を本格的に展開する事例が増加すると予想されるが，コミュニティ利益会社のような法制度があれば，その受け皿として活用できるのではなかろうか。

4　ソーシャル・メディアの活用

　ここ数年，ソーシャル・ネットワーキング・サービス（SNS）などのソーシャル・メディアの普及が著しい。ソーシャル・メディアにより形成されるバーチャル・コミュニティは，地域や国境を超えて広がりつつある。文系産学連携においても，こうした状況の変化は連携の在り方を大きく変化させつつある。センターでも，各地の大学等を結ぶ環境人材育成のためのオンライン公開講座や，オンライン消費者相談など，新たな仕組みづくりに取り組んでいる。また，長野県では，2013年度から起業支援にフェイスブックを活用している。ソーシャル・メディアの活用により，バーチャルなネットワークは飛躍的に拡大し，ソーシャル・キャピタルの蓄積が進む可能性を有している。これを産学連携とどう連動させていくのかが新たな政策課題となっている。

5　産学連携の透明性の向上

(1) 自己評価とアカウンタビリティ

　文系産学連携は，第13章でも論じているように，評価が難しい分野である。ソーシャル・キャピタルの蓄積は，数値化にはなじみにくい。筆者は，長野県の5カ年計画の評価に携わった経験を有するが，政策ビジョンの評価は客観指標だけで行うことが困難な分野が多い。長野県の事例では，①行政の目標の達成度に関する自己評価，②県民アンケート，③第三者委員会での審議，④議会での審議等を組み合わせて評価を行った。産学連携プロジェクトについても，目標を明確化しその達成度を自己評価して公表するなどの仕組みづくりを政策面からサポートし，できるだけ地域のステークホルダーや住民に判りやすい情報提供を行っていくよう務める必要があると考える。

(2) 既存組織・制度の徹底した見直し

　産学連携については，すでにさまざまな仕組みが構築されている。大学と企業，大学と自治体の間では，多くの連携協定が結ばれている。大学には産学連携組織が置かれていることも多い。大学が企業人や行政職員を特任（客員）教授，研修員などの形で受け入れるケースも一般化しつつある。行政のコーディネートによるネットワークやプラットホームも多くみられる。今後，文系産学連携を推進していくためには，制度作りで屋上屋を重ねるよりは，こうした既存の組織・制度をうまく活用していくことが重要であると考えられる。地域における産学連携は息の長い取組みを求められる分野である。既存の制度・組織をまず徹底的に見直し，既存の信頼のネットワークを手繰り寄せながら，重層的なネットワークや，幅広い交流の軸となるプラットホームを整備していくことが大切であると言えよう。

V　結びに代えて

　地域振興に向けた中小企業と文系大学の戦略的地域連携を推進していくためには，地域の産学関係者が問題意識をしっかりと共有し，主体的に取り組んでいくことが不可欠である。行政は，プラットホームやネットワークの構築を通じて，そのための環境づくりに徹すべきである。近年，地域ブランドに大きな関心が寄せられているが，地域ブランド戦略も行政や専門家からのお仕着せではなかなかうまくいかない。地域の主体的取組み，内発的取組みがなければ，産学連携や戦略的地域連携も効果を上げることが出来ない。地域をどうマネジメントするかは，地域自身が決める問題なのである。

(注)

(1) Goddard, J. (1997) '*Universities and Regional Development: An Overview*': CURDS, University of Newcastle Upon Tyne.
　　Keane, J. and J. Allison (1999) '*The Intersection of the Learning Region and Local*

and Regional Economic Development: Analysing the Role of Higher Education' Regional Studies Vol.33, No.9, Routledge
(2) 産業構造審議会地域経済部会（1999）
(3) 経済産業省ホームページより。
(4) Boekema, F. et al eds. (2000) Knowledge, Innovation and Economic Growth. E. Elgar
(5) 姜娟・原山優子（2005）参照。
(6) 産業構造ビジョン2010，p.376
(7) 筆者は，2005年のセンター創設以来2012年度までの8年間，センター長を務めた。
(8) 公的機関等の間で，それぞれの組織のドメインを残したまま，実施部門等を統合する手法を，「組織の融合化」と呼んでいる。詳しくは樋口（2006）p.52参照。
(9) UFO長野は，University Factory of Naganoの略称。「長野市ものづくりセンター」として，2005年に信州大学工学部のキャンパス内に建設された。
(10) 今村英明・髙相栄美（2012）「イノベーション・マネジメント専攻での教育体験に対する修了生の意識調査　結果報告」『信州大学イノベーション・マネジメント研究』No.8, pp.50-62）
(11) 信州大学の総合工学系研究科（博士課程），理工学系研究科（修士課程）及び経営大学院（修士課程）の大学院生が対象。
(12) 信州大学イノベーション研究・支援センター（2012）「信州大学イノベーション研究・支援センターのあゆみー2005年の発足から，これまでの7年間を振り返る」による。
(13) 2009年度は「中小企業サマースクール　イン　長野」として実施した。
(14) 故西村哲明センター元次長（元中小企業大学校関西校校長）が始めた個人塾的色彩の強い事業であり，現在は，大熊省三前信州大学特任准教授（現桜美林大学准教授）に引き継がれている。
(15) 「Business co-operative innovation project」の頭文字を取って，B-cipと名付けた。
(16) グリーンMOTプログラムの経緯，内容等については，樋口（2008），信州大学グリーンMOT研究会（2011）参照。
(17) 本調査の結果については，白井信雄・樋口一清・東海明宏（2011）「飯田市民の環境配慮意識・行動の形成要因—環境施策等と社会関係資本に注目して」（土木学会環境システム研究論文集第39巻Ⅱ p.19～Ⅱ p.28）参照。
(18) センター設立のための先行事例調査（2003年～2005年実施）に基づく。
(19) Global Entrepreneurship Monitor (GEM) 2009によれば，起業が望ましい職業

選択とする者の割合は，調査対象国54カ国中，最も少ないという結果が得られている。
(20) 英国のコミュニティ利益会社制度（CIC）については，樋口・三木・白井（2010）「第6章　英国における社会的企業政策の新たな展開」を参照。
(21) 2013年11月1日現在，8551社がコミュニティ利益会社として認定されている。

【参考文献】

清成忠男・岡本義行（2000）『地域における大学の役割』日本経済評論社
姜娟・原山優子（2005）「地域科学技術政策の展開」『研究技術計画』Vol.20, No.1, pp.63-77
樋口一清（2006）「地域イノベーション・システムと公的部門の役割に関する一考察」『信州大学イノベーション・マネジメント研究』No.2, pp.42-55
樋口一清（2006）「長野地域におけるイノベーション・システムの形成と大学の役割」『信州大学経済学論集』第54号, pp.143-152
樋口一清（2008）「ものづくり中小企業のグリーン化と大学教育の新たな役割」『信州大学イノベーション・マネジメント研究』No.4, pp.104-112
樋口一清・三木　健・白井信雄（2010）『サステイナブル企業論』中央経済社
吉田健太郎（2012）「地域振興と産学官連携—起業家育成と中小企業革新における大学の役割」（三井逸友編著『21世紀中小企業の発展過程』同友館, pp.151-170
信州大学グリーンMOT研究会（2011）『グリーンMOT入門』中央経済社
通商産業省大臣官房企画室監修（2000）『競争力ある多参画社会—21世紀経済産業政策のビジョン』通商産業調査会
経済産業省編（2010）『産業構造ビジョン2010』経済産業調査会
Florida, R. (1995) "*Towards the learning region*", Future, 27(5), pp.27-36
Luger, M.I. and Goldstein, H.A. (1989) "*Research Parks and Regional Economic Development*", Chapel Hill, The University of North Carolina Press

（樋口　一清）

おわりに

　以上みてきたように，文系産学連携の可能性が広がりつつある。果たして文系産学連携の取り組みは地域再生の起爆剤となり地域の救世主となりえるのだろうか。

　本書では，こうした問題意識のもと，文系産学連携がどのような分野で展開され，どのように奮闘しどのような結果をもたらしているのか，課題や限界はどこにあるのか，その実態の解明と文系産学連携の有効性を説明する理論的枠組みを検討することで，その答えを探求してきた。

　具体的には，文系産学連携がもたらす役割，意義そして限界に関して「大学は，社会的課題，地域課題の解決へつなぐ，橋渡し役あるいは先導役としてのソーシャル・キャピタルになる。そのための仕組み，仕掛け，評価，政策支援が重要となる。」を仮説として掲げフィールド調査を用いた定性的手法によってこの仮説検証を試みた。

　理論研究（第1部）では，ソーシャル・キャピタル論をキーコンセプトとして，人材育成，地域振興，組織，ブランドマネジメント，評価を切り口に，文系産学連携の意義や役割を明らかにしてきた。また，アンケート調査を実施し，全国の大学から得られた約170サンプルを基に文系産学連携における実態を把握しその有り様について体系的な整理を行うとともに，上述の仮説を構築した。

　実証研究（第2部）では，理論編で示した仮説検証を，聞き取り調査とフィールドワークによる実践的なケーススタディによって明らかにした。聞き取り調査では全国津々浦々約20大学を訪問し機微な情報を収集し，本書の執筆者が実践してきたフィールドワークでは，15プロジェクトを超える事例を実践しそのうち9事例を調査対象として仮説検証を行った。

　結論として，概ねこの仮説は支持されることが検証できたのではないかと考える。同時に，地域再生における文系産学連携の可能性を示唆できたものと思

われる．勿論，事例数に限りがあること，分析の切り口が限定的であることを鑑みれば，文系産学連携の有効性と戦略的な実践法を解明していくためには，今後さらに検証の切り口を広げることに加え，より多くの事例数を検証する作業が不可欠となろう．

そうした前提を踏まえつつも本書が文系産学連携に係る研究に些かながらも貢献があったとすれば，それは次のように整理できるものと考える．

第1に，アンケート調査と聞き取り調査の実施，そして執筆者自らの実践を通じて未だ明らかにされていない文系産学連携の実態を明らかにできたことである．特に，聞き取り調査を行ったほとんどすべての大学が共通する悩みや課題を抱えていた事実は興味深い．実践者は皆，試行錯誤の中で文系産学連携を行っているのである．このことから，本研究分野の基礎材料を示すとともに，今後の発展の潜在可能性を示唆できたものと考える．

第2に，実態から文系産学連携の目的，プロセス，成果などを含む「仕組み」と取り組み内容やその成果を含む「傾向」を体系的に整理し，活動を持続発展的なものにしていくための「課題」を示せたことである．簡潔に示せば，その目的とは，経済性のみならず社会性を視野に入れた持続可能な地域社会づくりであり，そのプロセスとは，大学が中立的立場から発展に必要となる地域アクターを結びつけていく展開である．まさしく大学が地域社会におけるネットワーク内の橋渡し役を果たし，結ばれた関係者との信頼関係を構築していく「ソーシャル・キャピタル」として機能する姿である．

その取り組み内容とは，まちづくりや商店街活性化，企業連携などの地域振興に関わる分野での事業実施である．その成果とは，端的に申せば，人材育成とコミュニティ再生への寄与である．目的と手段は何であれ，大学がコーディネーター役として先導し，共に考え，共創していく文系産学連携事業の中で連携相手や参加学生，事業に関わった方々に学習効果をもたらしていく，そんな試行錯誤の姿である．学習を共に行った大学を介在して形成されたFace to Faceのネットワークは，地域再生に対する問題意識を共有させ，今後新たに発生する問題に取り組むネットワークの基層となっている．これこそが，文系

産学連携の有効性を示唆する肝所であろう。

その課題とは,事業継続のための組織体制,評価と政策支援である。どの大学や地域も,事業の改善と発展には持続性が重要であることを認識しつつも,教員の業務負担の問題,事業を支える組織体制の問題,評価と予算執行の方法,資金調達などの面で課題を抱え暗中模索しているのである。

このような仕組み,傾向,そして課題が,地域の再生や発展に寄与する文系産学連携の実態から浮かび上がってくる一つの姿である。この有り様を示せたことは,今後の研究の基礎材料となるだけでなく,文系産学連携に取り組む大学関係者,行政関係者,現場で地域振興を考える方々に役立つ材料となろう。

こうした実態,悩みや課題を踏まえ,文系産学連携をさらに改善を図り機能させていくためにどのようなポイントを押さえる必要があるだろうか。

本書を書き終えて感じるそのポイントとは,既に仕組み化されたスキームをプレイヤーに適用あるいは強要させるのではなく,プレイヤーが己の問題意識のもとに奮闘し創り上げる取り組みを実現していくための「環境整備」をすることである。現代社会における地域再生の出発点に必要不可欠なことは「人づくり」である。荘厳華麗な都市開発ではない。豪華絢爛な企業誘致でもない。泥臭く手垢にまみれたその土地特有の連綿と続く「地域性」を次の世代に繋ぐことのできる人づくりが求められているのである。

大学の使命は元来,人づくりである。コミュニティが寸断し衰退する地域の実態と大学とがここに接点を持つことは必然ともいえる時代といえよう。文系産学連携の黎明期到来である。

今日の地域や社会に求められていることは自立化である。大企業と二人三脚で走り続けた高度成長期は遥かかなたの記憶となった。グローバル化が進展する中で,国内に残された地域も産業も企業も人も自らの力で生き続け存立していかなくてはならない。護送船団方式によって,親企業や国家行政に守られてきた時代は終焉した。これまで親企業や国家行政に育てられてきた企業も地域も人も「親離れ」し,自らの力で成長していかなくてはならないそんなパラダイムシフトに遭遇しているのである。

この人づくりや自立化が継続的に実現されるための「環境整備」および「体制づくり」を慎重に行っていくことが重要となる。
　したがって，行政はやる気があり奮闘する地域や人を支援するためのプラットフォームを整備していく必要がある。従来のトップダウン型の政策支援からボトムアップ型の政策支援を可能にするシステム転換が求められる。大学は，教員が文系産学連携に能動的に取り組める体制を整備する必要があろう。結局のところ，教員や実施主体の資質が問題意識そしてモチベーションを規定する。この資質は文系産学連携の内容の濃淡ひいては成果の高低を規定するひとつのファクターとなっている。このように考えると，教員ならびに地域の実施主体の資質を高めるための業績評価や政策支援の役割と意義があらためて問われるといえそうである。今後は，教員のみにこのような役割を期待するのではなく，文系産学連携の専門職としてコーディネーターを大学や地域行政に常駐させていくことも検討に値するだろう。

吉田　健太郎

265

| 科研費助成調査 | 産学連携(文系分野)に関するおたずね |

提出締切り：平成 24 年 7 月 6 日(金)

ご回答者についてのお願い

A、B については、産学連携事業窓口(文系)のご担当者様がお答えください。
C 以降は、個別の事業実施者様がお答えください。

※以降の A,B の質問は産学連携事業窓口(文系)のご担当者様がお答えください。

【貴学の大学・大学院名や連絡先をご記入ください。】

大学・大学院名	
担当部署	
所在地	〒
電話番号	FAX 番号
記入者名	役職名
E-mail	

A. 貴学の産学連携事業(文系分野)の実施状況と事業を始めるに至った契機についておたずねします。

※産学連携とは、大学と企業(または地域)とが共同で取り組む連携の形態を意味し、これを活用し、連携相手(企業経営や地域)を改善・革新・成長(あるいは社会的課題もしくは地域課題を解決)させ、大学の研究・教育成果を社会還元しようとする取り組み(事業)についておたずねします。
※今回は、理系分野ではなく文系分野の連携事業に焦点を当てておたずねします。

問1. 貴学では文系分野の専門を活用し大学内専門部署あるいは各研究室あるいはゼミナール(「以下「研究室」という」)(各教員の裁量)などで文系産学連携事業(以下「産学連携」という)を実施しているか否かをお聞かせください。

　　1. している　　　　2. していない　⇒問6へお進みください。

＜問 1 で実施している人は以下の設問に順次お答え下さい＞＜問 1 で実施していない人は問 6～8、14～18 へ＞

・付問1. 産学連携事業の実施件数をお答えください。

1	大学専門部署(コーディネーター)で実施	⇒	件
2	各研究室(教員のみ)で実施	⇒	件
3	各研究室(学生含む)で実施	⇒	件
4	その他(具体的に　　　　　　　)	⇒	件

・付問2. 産学連携事業内容の分野はどのようなものですか。(○印はいくつでも)

1	まちづくり	⇒	件
2	商店街活性化	⇒	件
3	地場産業振興	⇒	件
4	観光振興	⇒	件
5	企業連携	⇒	件
6	その他(具体的に　　　　　　　)	⇒	件

・付問3. 上記の分野に対してどのような切り口で問題解決(成長)を図ろうとしましたか。(〇印はいくつでも)

1	新商品・新サービス開発	5 業務の効率化	9 地域資源発掘・地域ブランド
2	流通システムの改善	6 多角化展開	10 コミュニティ再生
3	PR・情報発信の改善	7 顧客満足度向上	11 ビジネスコンテスト
4	新規販路の開拓・技術相談	8 ネットワークの構築	12 その他(具体的に　　　)

・付問4. 最初の産学連携事業はいつ開始しましたか。

西暦(　　)年

・付問5. 最初の産学連携事業を始めるきっかけを作ったのはどなたですか。(〇印はひとつ)

1	大学専門部署	5	自治体・行政
2	大学研究室(教員)	6	商工会議所
3	大学研究室(学生)	7	非営利団体(NPO)
4	企業	8	その他(具体的に　　　)

・付問6. 最初の産学連携事業の実施相手についてお聞かせください。(〇印はひとつ)

1	小企業(従業員規模 20人以下)	5	商工会議所
2	中小企業(従業員規模 20人以上 300人以下)	6	非営利団体(NPO)
3	大企業(従業員規模 300人以上)	7	金融機関
4	自治体・行政	8	その他(具体的に　　　)

・付問7. 産学連携事業を始めた目的はなんですか。(〇印はいくつでも)

1	予算の獲得	7	受験生の増加
2	研究成果の教育・社会への還元	8	社会的責任
3	参加学生の成長	9	地域貢献・地域振興
4	外部ネットワークの構築・深化	10	大学存続の手立て(経営状況の改善)
5	コミュニケーション活性化による情報共有・蓄積	11	その他(具体的に　　　)
6	知名度・認知度の向上、地域への定着		

・付問8. 産学連携事業を統括する公式な組織(部署・機関)の有無をお聞かせください。

1 有	2 無

・付問9. 専任教員・事務スタッフの配置の有無をお聞かせください。

1 有	2 無

・付問10. 貴学における昨年度の産学連携事業の各種割合についてお聞かせください。

1-1 産学連携事業全体(文理総合)による文系分野の割合(全体を100として)

約(　　)%

1-2 上記割合は3年前と比較していかがですか。(〇印はひとつ)

1 増加している	2 横ばい	3 減少している

2-1 先方からの申し入れの割合(全体を100として)

約(　　)%

2-2 上記割合は3年前と比較していかがですか。(〇印はひとつ)

1 増加している	2 横ばい	3 減少している

3-1 継続案件(2年以上続いているもの)の割合(全体を100として)

約(　　)%

3-2 上記割合は3年前と比較していかがですか。(〇印はひとつ)

1 増加している	2 横ばい	3 減少している

・付問11. 産学連携を行うことにより、外部資金数の割合は3年前と比較してどのような傾向にありますか。
（〇印はひとつ）

| 1 増加している | 2 横ばい | 3 減少している |

問2. 貴学では教員（コーディネーター）にどのような産学連携事業に対するインセンティブを与えていますか。
（〇印はいくつでも）

1 案件のマッチング・照会	5 予算措置	9 その他（具体的に　　　　　）
2 勉強会・講習会の開催	6 専門部署の設置	10 実施していない
3 授業負担・学内行政の軽減	7 専門人員の配置	
4 評価システムの導入	8 起業機会の提供	

問3. 大学において産学連携事業の導入・展開は重要だと思いますか。（〇印はひとつ）

| 1 かなり重要 | 2 やや重要 | 3 どちらとも いえない | 4 あまり 重要ではない | 5 全く 重要ではない |

問4. 今後産学連携に対する投資（予算措置・組織づくり・人員配置等）を行うべきとお考えですか（〇印はひとつ）

| 1 ぜひ行いたい | 2 まあ行いたい | 3 どちらとも いえない | 4 あまり 行いたくない | 5 全く 行いたくない |

問5. 昨年度の産学連携事業で支出した予算をお聞かせください。（任意）

| 約（　　　　）万円 |

⇒問6～8については、問1で「2：（文系産学連携事業を）実施していない」とお答えの方も含めて、全ての方がご回答ください。

問6. 今後の産学連携事業に関して行政に期待することをお聞かせください。（〇印はいくつでも）

| 1 産学連携事業セミナーの開催（認知度の普及・浸透） |
| 2 起業家教育の充実・実施 |
| 3 情報共有とネットワーク化 |
| 4 文系分野の産学連携に関わる競争的資金の充実 |
| 5 プロデューサー人材の育成・派遣 |
| 6 産学連携事業のビジネスモデル等の表彰制度 |
| 7 マッチング交流会の開催 |
| 8 各種規制緩和 |
| 9 その他（具体的に　　　　　　　　　　　　　　） |

・付問1では、問6でお答えいただいた中で最も大きく期待されることから順に1位から3位まで、上記の番号
（1～9）でお聞かせください。

| 1位 | 2位 | 3位 |

B 貴学の経営状況についておたずねします。

問7. 貴学が直面している問題・課題をお答えください。（○印はいくつでも）

1	学生定員の確保	5	財務・経営
2	良質な教職員の確保	6	学生の就職支援
3	学生の質・基礎学力	7	その他（具体的に　　　　）
4	キャンパス・立地		

問8. 次のような事柄は、貴学にどの程度あてはまりますか。（1～15の項目について、それぞれ、○印は一つずつ）

		かなりあてはまる	まああてはまる	どちらともいえない	あまりあてはまらない	全くあてはまらない
1	教職員に対して大学の経営業績や成果を公表している	1	2	3	4	5
2	教職員には責任と権限を与えている	1	2	3	4	5
3	他大学の失敗事例を学び、その教訓を学内に取り入れている	1	2	3	4	5
4	教職員の意見を取り入れ経営改善に取り組んでいる	1	2	3	4	5
5	絶えず新しい教育・研究環境の改善に取り組んでいる	1	2	3	4	5
6	予算の収支バランスを意識した経営を行っている	1	2	3	4	5
7	教職員に対してFD研修を実施している	1	2	3	4	5
8	教職員に国内外での一定期間自由な研究活動を行えるための研修の機会を与えている	1	2	3	4	5
9	将来構想を教職員に周知している	1	2	3	4	5
10	カリキュラムや入試戦略が毎年、見直し改善されている	1	2	3	4	5
11	入学生は過去の指定校推薦が多い	1	2	3	4	5
12	取扱商品の価格は、自社で決定できている	1	2	3	4	5
13	ライバル大学との競争が激しくなっている	1	2	3	4	5
14	この数年40歳代以下の若い教員の採用ができていない	1	2	3	4	5

⇒問1で「2：（文系産学連携事業を）実施していない」とお答えの方は、ここから問14に進んでください。

※以降の質問は個別の産学連携事業実施担当者様がお答えください。

【産学連携事業名や連絡先をご記入ください。】

産学連携事業名			
代表者		役職名	
電話番号		FAX 番号	
E-mail			

C 個別の産学連携における効用・成果・課題等についてのご意見をおたずねします。

問9. ご担当している産学連携事業は大学が組織的に展開しているものですか、教員が個別に展開しているものですか。（○印はひとつ）

1 大学専門部署(コーディネーター)で実施	3 各研究室(教員のみ)で実施
2 各研究室(学生含む)で実施	4 その他(具体的に　　　　)

・付問1. 産学連携事業内容の分野はどのようなものですか。（最も近いものに○印をひとつ）

1 まちづくり	4 観光振興
2 商店街活性化	5 企業連携
3 地場産業振興	6 その他(具体的に　　　　)

・付問2. 産学連携事業の実施相手の規模についてお聞かせください。（○印はひとつ）

1 小企業(従業員規模 20 人以下)
2 中小企業(従業員規模 20 人以上 300 人以下)
3 大企業(従業員規模 300 人以上)

・付問3. 産学連携事業を行なっている相手の業種についてお聞かせください。

1 林業・農業・漁業・鉱業	5 飲食・宿泊
2 製造業・建設・不動産	6 教育・学習支援
3 金融・保険・運輸・情報通信	7 医療・福祉
4 小売・卸売	8 その他(具体的に　　　　)

・付問4. 上記分野に対してどのような切り口で問題解決(成長)を図ろうとしましたか。（○印はいくつでも）

1 新商品・新サービス開発	5 業務の効率化	9 地域資源発掘・地域ブランド
2 流通システムの改善	6 多角化展開	10 コミュニティ再生
3 PR・情報発信の改善	7 顧客満足度向上	11 ビジネスコンテスト
4 新規販路の開拓・技術相談	8 ネットワークの構築	12 その他(具体的に　　　　)

・付問5. 実際に産学連携事業開始のきっかけとなったものは何ですか。（○印はいくつでも）

1 案件のマッチング・照会	5 予算措置	9 その他(具体的に　　　　)
2 勉強会・講習会の開催	6 専門部署の設置	10 実施していない
3 授業負担・学内行政の軽減	7 専門人員の配置	
4 評価システムの導入	8 起業機会の提供	

・付問6. 産学連携事業のテーマあるいは解決すべき社会的課題に関して自由にお書きください。

問10. **産学連携実施担当者側の視点**からお答えください。産学連携の効用について次のようなことをどの程度期待していますか。(1~9または10の項目について、それぞれ、〇印は一つずつ)

	大いに期待している	やや期待している	あまり期待していない	全く期待していない
1 予算の獲得	1	2	3	4
2 研究成果の教育・社会への還元	1	2	3	4
3 参加学生の成長	1	2	3	4
4 教員の研究へのフィードバック	1	2	3	4
5 外部ネットワークの構築・深化	1	2	3	4
6 コミュニケーション活性化、情報知識の蓄積や共有	1	2	3	4
7 地域貢献・地域振興	1	2	3	4
8 社会的責任の達成	1	2	3	4
9 所属機関への貢献	1	2	3	4
10 その他（具体的に　　　　　）	1	2	3	4

・付問1. 産学連携事業を実施したことで次のようなことがどの程度達成できましたか。
(1~9または10の項目について、それぞれ、〇印は一つずつ)

	かなり達成できた	やや達成できた	あまり達成できていない	全く達成できていない
1 予算の獲得	1	2	3	4
2 研究成果の教育・社会への還元	1	2	3	4
3 参加学生の成長	1	2	3	4
4 教員の研究へのフィードバック	1	2	3	4
5 外部ネットワークの構築・深化	1	2	3	4
6 コミュニケーション活性化、情報知識の蓄積や共有	1	2	3	4
7 地域貢献・地域振興	1	2	3	4
8 社会的責任の達成	1	2	3	4
9 所属機関への貢献	1	2	3	4
10 その他（具体的に　　　　　）	1	2	3	4

問11. 実施担当者から見て**連携相手（企業・地域）側の視点**からお答えください。産学連携の効用について次のようなことをどの程度期待したと思いますか。（1～11または12の項目について、それぞれ、〇印を一つずつ）

	大いに期待している	やや期待している	あまり期待していない	全く期待していない
1　収益の向上	1	2	3	4
2　経営管理面での生産性向上（業務の効率化など）	1	2	3	4
3　商品開発面での生産性向上（商品開発力の向上など）	1	2	3	4
4　新たな取引先開拓・流通面での生産性向上（販路開拓など）	1	2	3	4
5　外部ネットワークの構築・深化	1	2	3	4
6　販売促進・宣伝・広告面での業務改善（情報発信力の向上）	1	2	3	4
7　コミュニケーション活性化、情報・知識の蓄積や共有	1	2	3	4
8　企業の社会的責任としての信頼力	1	2	3	4
9　商品やサービスの向上による顧客満足度の向上	1	2	3	4
10経営者や従業員の能力開発（企画力の向上など）	1	2	3	4
11自社・地域ブランド力の向上	1	2	3	4
12その他（具体的に　　　　　　　　　　　　　　　）	1	2	3	4

・付問1. 産学連携事業を実施したことで次のようなことがどの程度達成できたと思いますか。
（1～10または11の項目について、それぞれ、〇印を一つずつ）

	かなり達成できた	やや達成できた	あまり達成できていない	全く達成できていない
1　収益の向上	1	2	3	4
2　経営管理面での生産性向上（業務の効率化など）	1	2	3	4
3　商品開発面での生産性向上（商品開発力の向上など）	1	2	3	4
4　新たな取引先開拓・流通面での生産性向上（販路開拓など）	1	2	3	4
5　外部ネットワークの構築・深化	1	2	3	4
6　販売促進・宣伝・広告面での業務改善（情報発信力の向上）	1	2	3	4
7　コミュニケーション活性化、情報・知識の蓄積や共有	1	2	3	4
8　企業の社会的責任としての信頼力	1	2	3	4
9　商品やサービスの向上による顧客満足度の向上	1	2	3	4
10経営者や従業員の能力開発企画力の向上など	1	2	3	4
11その他（具体的に　　　　　　　　　　　　　　　）	1	2	3	4

問12. 産学連携事業の「成果」をどのような指標で捉えることができると思われますか。自由にお書きください。

問13. 上記でお答えいただいた「成果」で既に具体的に達成できているものがあれば、自由にお書き下さい。

⇒**問14～18については、問1で「2：(文系産学連携事業を)実施していない」とお答えの方も含めて、全ての方がご回答ください。**

問14. 現在の文系産学連携の事業に問題点・課題があると思われますか。(○印はひとつ)

| 1 かなりある | 2 ややある | 3 どちらともいえない | 4 あまりない | 5 全くない |

問15. あなたの産学連携事業を開始するに際して問題点・課題があると思われることをお聞かせください。
　　　(○印はいくつでも)

1	産学連携事業に対してリーダーシップを発揮する人がいない
2	要員が不足している
3	適切なコーディネーターが不足している
4	産学連携事業によって達成すべき経営目標が明確にされていない
5	受け入れ体制が整備されていない
6	産学連携事業が各研究室任せになっている
7	提案が企業や地域任せになっている
8	当該分野に対する知識が不足している
9	現場の理解が得られない
10	コーディネートが大変そうである
11	本学の専門領域に合うスキームがない
12	それぞれの教員に個別対応が求められる
13	投資(労力)に見合う成果が不透明である
14	事業運営に資金がかかる
15	責任の所在があいまいである
16	調整に時間がかかる
17	評価の仕組みが整備されていない
18	そもそもやり方がよく分からない
19	その他(具体的に　　　　　　　　　　　　　　　　　　)

・付問1. 中でも、最も重要だと思われる問題を1位から3位まで上記の番号(1～19)でお聞かせください。

| 1位 | 2位 | 3位 |

問16. 大学において産学連携事業の導入・展開は重要だと思いますか。(〇印はひとつ)

| 1 かなり重要 | 2 やや重要 | 3 どちらともいえない | 4 あまり重要ではない | 5 全く重要ではない |

問17. 今後産学連携をこれまで以上に展開したいとお考えですか。(〇印はひとつ)

| 1 ぜひ展開したい | 2 まあ展開したい | 3 どちらともいえない | 4 あまり展開したくない | 5 全く展開したくない |

問18. 今後産学連携に対する投資(予算措置・組織づくり・人員配置など)を行うべきとお考えですか。(〇印はひとつ)

| 1 ぜひ行いたい | 2 まあ行いたい | 3 どちらともいえない | 4 あまり行いたくない | 5 全く行いたくない |

⇒問1で「2:(文系産学連携事業を)実施していない」とお答えの方は、以上で終了です。

D 産学連携事業の実際の運営方法と役割についておたずねします。

問19. 産学連携事業は次のどの段階にあると考えられますか(〇印はひとつ)

1	共通認識が形成され、全体の目標やビジョンが明確になる段階【計画段階】
2	構造や制度を整えながら、活動を実施する段階【実行段階】
3	運営の評価や改善が可能になる段階【チェック段階】
4	課題や目標が拡張・深化する(場合によっては相手の追加・交替がなされる)【改善段階】
5	その他(具体的に　　　　　　　　　　　　　　　　　　　)

問20. 実際に産学連携事業のリーダーシップをとっているのはどなたですか。(〇印はひとつ)

1 大学専門部署	5 自治体・行政
2 大学研究室(教員)	6 商工会議所
3 大学研究室(学生)	7 NPO
4 企業	8 その他(具体的に　　　　　　)

・付問1. 産学連携事業をうまく機能させるために誰がリーダーシップをとるべきだと思われますか。
(〇印はひとつ)

1 大学専門部署	5 自治体・行政
2 大学研究室(教員)	6 商工会議所
3 大学研究室(学生)	7 NPO
4 企業	8 その他(具体的に　　　　　　)

・付問2. 産学連携におけるリーダーの要件はなんですか。(〇印はいくつでも)

1 公平性・中立性	5 コミュニケーション力	9 ネットワークの広さ
2 独創性	6 ビジョン形成力	10 判断力・意思決定能力
3 専門性	7 問題解決能力	11 先見性
4 誠実さ	8 プロジェクト管理能力	12 その他(具体的に　　　)

問21. 産学連携事業の予算を獲得(あるいは出資)しているのはどなたですか。(○印はひとつ)

1	大学専門部署	5	自治体・行政
2	大学研究室(教員)	6	商工会議所
3	大学研究室(学生)	7	NPO
4	企業	8	その他(具体的に)

問22. 連携相手との主なコミュニケーションの手段はなんですか。(○印はいつくでも)

1	Face to Face の打ち合わせ(面会)	3	スカイプやテレビ会議システム
2	E-mail または Fax	4	その他(具体的に)

・付問1. 連携相手とはどの程度頻繁に打合せを行いますか。

1	数日に一度程度	4	数か月に一度程度
2	週に一度程度	5	半年に一度程度
3	月に一度程度	6	それ以上

問23. 産学連携事業における大学の役割について以下にあてはまると思われるものをお選びください。

1	リーダーシップ	5	コミュニケーション
2	コーディネート	6	啓蒙・教育・先導役
3	資金獲得・提供	7	社会資本(信頼関係)
4	コンサルティング	8	その他(具体的に)

問24. そのほか産学連携事業にご意見やご要望があればどのようなことでもご自由にご記入ください。

問25. <u>本調査を踏まえて、今年度後期または来年度前期に追加ヒアリング調査を予定しております。</u>
貴学・貴研究室の聞き取り調査(訪問)を希望した場合、ご協力いただけますか。

1	はい	2	いいえ

●アンケートは以上です。ご協力まことにありがとうございました!

●お手数ですが、ご回答にご記入もれがないか、ご確認ください。
⇒問1で「<u>1:(文系産学連携事業を)実施している</u>」 とお答えの方・・・・<u>全ての設問</u>にご回答ください。
⇒問1で「<u>2:(文系産学連携事業を)実施していない</u>」とお答えの方 ・・・・<u>問6~8、14~18</u>をご回答ください。

●ご確認の上、同封の返信用封筒に入れて、7月6日(金)までにポストにご投函ください。

【執筆者紹介】

加藤　吉則（かとう　よしのり）……………………………………… 第1章執筆
明治大学大学院商学研究科博士課程単位取得満期退学。立正大学経営学部教授，立正大学経営学部長，学監，立正大学常任理事・副学長を経て，現在・立正大学名誉教授
主著書：『現代簿記』森山書店（共著，1991年），『現代会計学』高文堂書店（単著，1995年），『会計と社会』同友館（共訳，1995年），『戦略経営への新たなる挑戦』森山書店（共著，1997年），『基本財務会計論』中央経済社（共編著，2000年），『人がいきる組織』日経BP（共著，2008年）

松村　洋平（まつむら　ようへい）……………………………… 第3章，第8章執筆
明治大学大学院経営学研究科博士後期課程単位取得満期退学。東京経営短期大学，青森中央学院大学を経て，現在・立正大学経営学部教授
主著書：『経営者論』中央経済社（共著，2009年），『企業文化（カルチャー）経営理念とCSR』学文社（編著，2006年），『経営戦略（ストラテジー）企業戦略と競争戦略』学文社（共著，2006年）

浦野　寛子（うらの　ひろこ）…………………………………… 第4章，第9章執筆
慶應義塾大学大学院経営管理研究科博士後期課程修了。博士（経営学）。京王電鉄株式会社総合企画本部を経て，現在・立正大学経営学部准教授
主著書：『日本型マーケティングの新展開』有斐閣（共著，2010年）

小川　雅人（おがわ　まさと）…………………………………… 第5章，第10章執筆
千葉商科大学大学院政策研究科博士後期課程単位取得。博士（政策研究）。東京都商工指導所，東京都産業労働局産業政策部，福井県立大学地域経済研究所教授を経て，現在・千葉商科大学大学院商学研究科客員教授，桜美林大学ビジネスマネジメント学群非常勤講師，福井県大型小売店舗立地審議会会長他，中小企業診断士
主著書：『持続性あるまちづくり』創風社（編著，2013年），『地域小売商業の再生とまちづくり』創風社（単著，2012年），『地域小売商業革新の時代』創風社（共著，2010年）

藤井　博義（ふじい　ひろよし）・・・・・・・・・・・・・・・・・・・・・・・・・・・第6章，第13章執筆

大阪市立大学大学院経営学研究科博士後期課程修了。立正大学経営学部講師を経て，現在・立正大学経営学部准教授

主著書：『チャレンジ・アカウンティング』同文舘（共著，2011），『社会・組織を構築する会計』中央経済社（共訳，2003年）

秦野　眞（はたの　まこと）・・・・・・・・・・・・・・・・・・・・・・・・・・・・・・・・・・第7章執筆

立命館大学大学院経営学研究科博士後期課程単位取得満期退学。京都経済同友会，立正大学短期大学部商経科教授，立正大学経営学部長を経て，現在・立正大学理事，立正大学経営学部教授

主著書：『産・官・学ならびに地域連携と品川学の試み』立正大学（共著，2007年），『生活都，国際都市としての品川の現状と課題に関する調査研究』立正大学総合研究機構（共著，2009年），『いいものいい人いい暮らし』三和書籍（共著，2009年）

久保田典男（くぼた　のりお）・・・・・・・・・・・・・・・・・・・・・・・・・・・・・・・第11章執筆

横浜国立大学大学院環境情報学府博士後期課程単位取得満期退学。日本政策金融公庫総合研究所主任研究員を経て，現在・島根県立大学総合政策学部准教授／島根県立大学キャリアセンター長，法政大学イノベーションマネジメント研究科兼任講師，中小企業診断士

主著書：『21世紀中小企業の発展過程』同友館（共著，2012年），『中小企業の国際化戦略』同友館（共著，2012年），『老舗学の教科書』同友館（共著，2011年）

樋口　一清（ひぐち　かずきよ）・・・・・・・・・・・・・・・・・・・・・・・・・・・・・第14章執筆

東京大学経済学部卒業。通商産業省消費経済課長，小規模企業政策課長，九州経済産業局長，平成13年信州大学経済学部教授，大学院経済・社会政策科学研究科教授，イノベーション研究・支援センター長などを経て，現在・信州大学名誉教授，法政大学大学院政策創造研究科教授

主著書：『サステイナブル企業論』中央経済社（共著，2010年），『ビジネスと環境』建帛社（共著，2007年），『日本の消費者問題』建帛社（共編著，2007年）

【編著者紹介】

吉田健太郎（よしだ けんたろう）………はじめに，第2章，第12章，おわりに 執筆

横浜国立大学大学院環境情報学府博士後期課程修了。JETRO，アジア経済研究所研究員，Center for Strategic & International Studies, Washington D.C, Visiting Fellow，敬和学園大学人文学部専任講師を経て，現在・立正大学経営学部准教授，横浜市立大学大学院国際マネジメント研究科兼任講師

主著書：『持続性あるまちづくり』創風社（共著，2013年），『21世紀中小企業の発展過程―学習・連携・承継・革新』同友館（共著，2012年），The Flowchart Approach to Industrial Cluster Policy. Palgrave Macmillan（共著，2008年），『一村一品運動と開発途上国―日本の地域振興はどう伝えられたか』アジア経済研究所（共著，2006年）

2014年3月15日　第1刷発行

地域再生と文系産学連携
ソーシャル・キャピタル形成に向けた実態と検証

Ⓒ 編著者　　吉 田 健太郎
発行者　　脇 坂 康 弘

発行所　株式会社 同友館　〒113-0033 東京都文京区本郷 3-38-1
TEL.03(3813)3966
FAX.03(3818)2774
http://www.doyukan.co.jp/

落丁・乱丁本はお取り替えいたします。　　西崎印刷／三美印刷／東京美術紙工
ISBN 978-4-496-05051-0　　　　　　　　　　Printed in Japan

本書の内容を無断で複写・複製（コピー），引用することは，特定の場合を除き，著作者・出版者の権利侵害となります。